Conflit et coopération France – Allemagne

XIXe-XXe siècle

COLLECTION

CONTACTS

Nouvelle série

Volume 3

La Collection CONTACTS est placée
sous la direction de Jean-Marie Valentin

Conflit et coopération France – Allemagne XIXe-XXe siècle

Mélanges en l'honneur d'Anne-Marie Saint-Gille

Réunis et édités par Jean-Michel Pouget

PETER LANG
Bern · Bruxelles · Frankfurt a.M. · New York · Oxford · Warszawa · Wien

Information bibliographique publiée par «Die Deutsche Nationalbibliothek»
«Die Deutsche Nationalbibliothek» répertorie cette publication dans la «Deutsche Nationalbibliografie»; les données bibliographiques détaillées sont disponibles sur Internet sous ‹http://dnb.d-nb.de›.

Avec le soutien du CIERA
Laboratoire LCE de l'université Lyon 2 (EA 1853).

ISBN 978-3-0343-2623-0 br.
ISSN 2504-1207 br.
ISBN 978-3-0343-2626-1 MOBI
ISBN 978-3-0343-2624-7 eBook
ISSN 2504-1517 eBook
ISBN 978-3-0343-2625-4 EPUB

Wabernstrasse 40, CH-3007 Berne, Suisse
bern@peterlang.com, www.peterlang.com

Avant-propos

Le présent volume qui parait chez Peter Lang grâce au soutien du CIERA et de l'EA 1853 de l'université Lyon 2 est un hommage rendu à notre collègue Anne-Marie Saint-Gille dont la carrière dans l'enseignement supérieur s'est achevée à Lyon 2 en 2012. Avant de rejoindre l'université, elle avait acquis une solide expérience pédagogique dans le secondaire où elle fut conseillère pédagogique et professeure-formateur dans l'académie de Créteil (1975–1992). Docteur d'Etat en 1992 avec une étude sur les idées politiques d'Annette Kolb, elle fut nommée professeure à l'université Lyon 2 en 2002 après avoir exercé les fonctions de maitre de conférences à l'université d'Artois (1992–1996), puis à Paris Sorbonne (1996–2002).

Partageant son temps de service entre le CIERA, où elle était membre du comité de pilotage, et l'université Lyon 2, Anne-Marie Saint-Gille a marqué du sceau de sa personnalité le département d'études allemandes et scandinaves qu'elle a dirigé pendant trois ans. En plus de ses compétences pédagogiques, ses qualités humaines resteront particulièrement dans les mémoires parmi lesquelles la disponibilité, l'écoute, la gentillesse et l'humilité. Sans doute y-a-t-il un lien avec ses propres travaux de recherche centrés sur l'idée de paix ? La liste de ses publications montre que, dans le prolongement de sa thèse de doctorat, elle n'a cessé de s'intéresser aux différents acteurs impliqués dans la réflexion sur la construction de la paix au sein d'un continent européen gangréné par le nationalisme. Paix, Europe, rapports franco-allemands constituent les axes majeurs de la réflexion d'Anne-Marie qui a toujours tenu à accorder une large place à l'exploitation du matériau littéraire dans ses travaux. Le lecteur pourra se faire une idée de cette marque personnelle en parcourant la liste des publications de notre collègue.

Pour aller dans le sens des recherches d'Anne-Marie Saint-Gille, ce volume d'hommage a été conçu autour d'une des clés de la construction de la paix en Europe : les relations franco-allemandes. Les contributions réunies, qui couvrent le XIXe et le XXe siècle, sont présentées chronologiquement. Elles laissent entrevoir l'une des constantes les plus remarquables de ces relations : l'attirance mutuelle des deux voisins tiraillés depuis plus de deux siècles entre une volonté de coopération et la tentation du conflit.

Jean-Michel Pouget

Travaux et publications d'Anne-Marie Saint-Gille

Thèse de doctorat et habilitation à diriger des recherches

La France, L'Allemagne, l'Europe. Les idées politiques d'Annette Kolb (1870–1967), thèse de doctorat soutenue le 14 janvier 1992 à l'université Paris IV-Sorbonne.

Perceptions et conceptions de l'ordre européen dans la première moitié du vingtième siècle, rapport de synthèse des travaux en vue de l'HDR soutenue le 7 décembre 2001 à l'université Paris IV-Sorbonne.

La « Paneurope ». Un débat d'idées dans l'entre-deux-guerres, nouveau travail en vue de l'HDR soutenue le 7 décembre 2001 à l'université de Paris IV-Sorbonne.

Ouvrages

Monographies

Les idées politiques d'Annette Kolb (1870–1967). La France, l'Allemagne et l'Europe, Berne, Peter Lang, collection « Contacts » II. 9, 1993.

La vraie patrie, c'est la lumière : Annette Kolb et Romain Rolland. Correspondance et documents, Berne, Peter Lang, collection « Contacts » II.13, 1994.

La « Paneurope ». Un débat d'idées dans l'entre-deux-guerres, Paris, Presses de l'Université de Paris-Sorbonne, collection « Monde Germanique », 2003.

Direction d'ouvrages collectifs

Écritures franco-allemandes de la Grande Guerre, dir. avec Jean-Jacques Pollet, Arras, Artois Presses Université, 1996.

Recherches sur le monde germanique. Regards, approches, objets. En hommage à l'activité de direction de recherche de Jean-Marie Valentin, dir. avec M. Grimberg, M.-T. Mourey, E. Rothmund, M. Silhouette et W. Sabler, Paris, Presses de l'Université de Paris-Sorbonne, 2003.

Cultures et partis politiques aux XIXe et XXe siècles : l'exemple allemand, dir., Lyon, Presses Universitaires de Lyon, collection « Regards sur l'Allemagne », 2005.

Europadiskurse in der deutschen Literatur und Literaturwissenschaft, Akten des XI. Internationalen Germanistenkongresses, Paris, 2005 « Germanistik im Konflikt der Kulturen », dir. avec Claudia Benthien et Paul Michael Lützeler, Berne, Peter Lang, collection « Jahrbuch für Internationale Germanistik », vol. 88, 2007, p. 13–185.

Canon et mémoire culturelle. Œuvres canoniques et postérité, Revue « Etudes Germaniques », Paris, Klincksieck, n° 3/2007 (dir. avec Fabrice Malkani et Ralf Zschachlitz).

De la guerre juste à la paix juste. Aspects confessionnels de la construction de la paix dans l'espace franco-allemand (XVIe-XXe siècle), dir. avec Jean-Paul Cahn et Françoise Knopper, Presses Universitaires du Septentrion, collection « Histoire et civilisations », 2008.

Penser et construire l'Europe. De la « paix éternelle » à la sécurité collective, dir. avec Hélène Miard-Delacroix, Revue « Études Germaniques », Paris, Klincksieck, n° 2/2009.

La Société civile organisée aux XIXe et XXe siècles : perspectives allemandes et françaises, dir. avec Jay Rowell, Lille, Presses universitaires du Septentrion, 2010.

Canon et identité culturelle. Élites, masses, manipulation, dir. avec Fabrice Malkani et Ralf Zschachlitz, Saint-Etienne, Presses Universitaires de Saint-Etienne, 2010.

Le premier féminisme allemand 1848–1933. Un mouvement social de dimension internationale, dir. avec Patrick Farges, Villeneuve d'Ascq, Presses universitaires du Septentrion, 2013.

Pouvoir civil, pouvoir militaire en Allemagne. Aspects politiques, sociaux et culturels, dir. avec Corine Defrance et Françoise Knopper, Villeneuve d'Ascq, Presses universitaires du Septentrion, 2013.

Articles

« Und ich hatte dort meine Narrenfreiheit... Annette Kolbs Beiträge in der Luxemburger Zeitung », in : *Galerie*, Luxembourg, n°1/1993, p. 87–95.

« Die Deutsch-Französin und die Politik », in : Sigrid Bauschinger (éd.), *Ich habe etwas zu sagen. Annette Kolb, 1870–1967*, Munich, Eugen Diederichs Verlag, 1993, p. 44–49.

« Annette Kolb : La précieuse radicale », in : M.C. Hoock-Demarle (éd.), *Femmes, Nations, Europe*, actes du colloque international des 13–14 et 15 mai 1993, Paris, Publications de l'université Paris 7-Denis Diderot, 1995, p. 259–267.

« A la recherche de nouveaux paradigmes politico-religieux : Hermann Hesse, Annette Kolb et Romain Rolland face à la Grande Guerre » in : Jean-Jacques Pollet et Anne-Marie Saint-Gille (dir.), *Écritures franco-allemandes de la Grande Guerre*, Arras, Artois Presses Université, 1996, p. 65–82.

« Les oscillations de la société munichoise d'avant 1914 dans le roman d'Annette Kolb 'Die Schaukel' » in : Gilbert Merlio, Nicole Pelletier (dir.), *Munich 1900. La modernité munichoise*, coll. « Jahrbuch für internationale Germanistik », Berne, Peter Lang, 1998, p. 175–188.

« De Jeanne d'Arc aux droits de l'homme : la vision de la France dans la revue 'Paneuropa' » in : Pascale Avenel, Pierre Vaydat (dir.), *La France fascinante et détestée*, Arras, Artois Presses Université, 2000, p. 257–272.

« Le legs politique des résistants allemands au national-socialisme » in *Études Germaniques*, Paris, n° 2 /2002, p. 585–589.

« Le dialogue entre milieux pacifistes et milieux européistes dans la revue 'Die Friedenswarte' » in : Michel Grunewald, Hans-Manfred Bock (dir.), *Le milieu intellectuel de gauche, sa presse et ses réseaux (1890–1960)*, Berne, Peter Lang, collection « Convergences », 2002, p. 453–476.

« Les réseaux paneuropéens dans l'Allemagne de Weimar » in : Michel Grunewald et Uwe Puschner (dir.), *Le milieu intellectuel conservateur, sa presse et ses réseaux (1890–1960)*, Berne, Peter Lang, collection « Convergences », 2003, p. 557–574.

« L'Europe, continent de la transgression, à propos de quelques thèses de K. Pomian », in : Jean-Charles Margotton (dir.), *La Transgression*, n° thématique de la revue *Textures*, 2005, p. 61–73.

« Regards pluriels sur les partis politiques en France et en Allemagne » in : A.-M. Saint-Gille (dir.), *Cultures politiques et partis aux XIX*e *et XX*e *siècles : l'exemple allemand*, Lyon, PUL, 2005, p. 7–14.

« Le philistin, la corrida et le mythe d'Europe. Réflexions sur le roman 'Der ewige Spießer d'Ödön von Horváth' », in : F. Malkani, M.-H. Pérennec (dir.), *Images, mythes et sons : des figures de l'art dans la littérature allemande*, Lyon, 2005, p. 311–323.

« La mémoire culturelle est-elle quantifiable ? A propos des 'Lieux de mémoire' autrichiens », in : *Études Germaniques*, n°4/2006, p. 647–654.

« Geschichtliche Last als politische Verpflichtung. Zu Günter Grass' Europaverständnis, in C. Benthien », P.-M. Lützeler, A.-M. Saint-Gille (dir.), *Europadiskurse in der deutschen Literatur und Literaturwissenschaft. Akten des XI. Internationalen Germanistenkongresses,*

Paris 2005, Jahrbuch für internationale Germanistik, Reihe A : Kongressberichte, Berne, Peter Lang, 2007, p. 69–78.

« Einleitung » zu „Europadiskurse in der deutschen Literatur und Literaturwissenschaft“, in : *Akten des XI. Internationalen Germanistenkongresses*, Paris 2005, Band 12. Jahrbuch für internationale Germanistik, Reihe A : Kongressberichte, Berne, Peter Lang, 2007, p. 13–20. [avec C. Benthien und P.-M. Lützeler].

« L'offensive de la vérité : Le Journal des premiers mois de guerre de Wilhelm Muehlon » in : Pierre Béhar, Françoise Lartillot, Uwe Puschner (dir.), *Médiation et Conviction*, Paris, L'harmattan, 2007, p. 637–650.

« Canonisation culturelle et identités nationales : l'élaboration des « lieux de mémoire » in : *Canon et mémoire culturelle. Postérité des œuvres canoniques*, Revue « Etudes Germaniques », Paris, Klincksieck, n° 3/2007, p. 573–586.

« La mémoire culturelle. Entre canonisation et hypolepse », *Etudes Germaniques*, Paris, Klincksieck, n° 3/2007, p. 525–527, [avec F. Malkani et R. Zschachlitz].

« Weltfriede statt Seelenfriede. Fondements religieux du pacifisme de Leonhard Ragaz (1868–1945) », in : J.-P. Cahn, F. Knopper, A.-M. Saint-Gille (dir.), *De la guerre juste à la paix juste*, Lille, Presses Universitaires du Septentrion, 2008, p. 177–187.

« Introduction », in : J.-P. Cahn, F. Knopper et A.-M. Saint-Gille (dir.), *De la guerre juste à la paix juste*, Lille, Presses Universitaires du Septentrion, 2008, p. 7–17 [Avec Jean-Paul Cahn et Françoise Knopper].

« De la guerre éternelle à la grande paix. Paneuropéisme et pacifisme. », in : Hélène Miard-Delacroix, Anne-Marie Saint-Gille (dir.), *Penser et construire l'Europe. De la paix éternelle à la sécurité collective*, Revue « Études Germaniques », Paris, Klincksieck, n° 2/2009, p. 385–399.

« Avant-propos », in : Hélène Miard-Delacroix, Anne-Marie Saint-Gille (dir.), *Penser et construire l'Europe. De la paix éternelle à la sécurité collective*, Revue « Études Germaniques », Paris, Klincksieck, n° 2/2009, p. 267–269.

« Le mouvement de jeunesse allemand à l'épreuve de la Grande Guerre », in : Marc Cluet, Monique Mombert (dir), *Mouvements de jeunesse/ Jeunes en mouvement*, revue « Recherches Germaniques », Strasbourg, hors-série n°9, 2009, p. 135–148.

« Coudenhove-Kalergis Paneuropa und Apologie der Technik. Versuch einer Überwindung des Kulturpessimismus. », in : Angela Oster (Hg.), *Europe en mouvement. Mobilisierungen von Europakonzepten im Spiegel der Technik*, Berlin, LIT-Verlag, 2009, S. 188–199.

« La paix par les textes : le pacifisme d'Alfred Hermann Fried (1864–1921) », in Heike Baldauf, Jacques Poitou (dir.), *Histoires de textes*, Lyon, 2009. Ouvrage en ligne sur le site LyLiA [http://langues.univ-lyon2.fr/1184-Histoires-textes.html].

« Les pacifistes allemands et le Traité de Versailles : une rencontre manquée, mais un tournant historique », in : Rolf G. Renner, Fernand Hörner (Hrsg.), *Deutsch-französische Berührungs- und Wendepunkte*, Fribourg en Brisgau, Frankreich-Zentrum, 2009, p. 323–328.

« De l'idéal-type de société civile à la société civile incarnée : pour une approche empirique et plurielle », in : Jay Rowell, A.-M. Saint-Gille (dir.), *La Société civile organisée aux XIXe et XXe siècles : perspectives allemandes et françaises*, Lille, Presses universitaires du Septentrion, 2010, p. 13–20. (avec Jay Rowell)

« L'Europe des lettres », in : Études Germaniques, Paris, Klincksieck, n°4/2010, p. 387–392.

« Mutations des identités pacifistes allemandes entre 1914 et 1918/19 » in : François Bouloc, Rémy Cazals, André Loez (dir.), *Identités troublées. 1914–1918 : les identités sociales et nationales à l'épreuve de la guerre*, Paris, Privat, 2011, p. 255–268.

« Mehr als die Völker bedarf der Völkerbund des Schutzes ! Annette Kolb als europagesinnte Außenseiterin », in : Franciszek Grucza (dir.), *Einheit in der Vielfalt ? Der Europadiskurs der SchriftstellerInnen seit der Klassik Akten des XII. Internationalen Germanistenkongresses, Warschau, 2010*, vol. 5, Berne, Peter Lang, 2012, p. 111–115.

« Pour l'émergence d'une nouvelle génération de chercheurs sur l'Allemagne : le projet et les activités du CIERA, in : Michel Grunewald et al., *France – Allemagne au XXe siècle – La production du savoir sur l'autre (vol. 3)*, Berne, Peter Lang, collection « Convergences », 2013, p. 179–190.

« 'Den Tempel des Janus auf immer schließen' Karl Salomo Zachariaes Beitrag zur Friedensdiskussion um 1800 », in : Thomas Bremer, Wolfgang Fink, Thomas Nicklas (dir.), *Patriotismus, Kosmopolitismus, Nationalismus. Entstehung und Entwicklung einer deutschen Gemengelage 1756–1815*, Halle, Universitätsverlag Halle-Wittenberg, 2013, p. 217–232.

« Les féministes allemandes actrices du pacifisme pendant la Première Guerre mondiale », in : Patrick Farges, Anne-Marie Saint-Gille (dir.), *Le premier féminisme allemand 1848–1933. Un mouvement social de dimension internationale*, Villeneuve d'Ascq, Presses universitaires du Septentrion, 2013, p. 63–76.

Table des matières

Le XIXe siècle jusqu'à 1914

La Grande Guerre et l'entre-deux-guerres

L'Occupation

Après 1945

Le XIXe siècle jusqu'à 1914

Françoise Knopper

Le séjour en France de Theodor Mundt (1837–1838) : soyez panthéistes et voyagez !

Theodor Mundt (1808–1861) fut confronté aux difficultés que les représentants de la Jeune Allemagne[1] rencontraient dans la Confédération Germanique depuis que la Diète avait promulgué le décret de décembre 1835 qui censurait strictement leurs publications. Ayant été sanctionné pour avoir souhaité l'unité allemande, Mundt ne put pas entamer sa carrière universitaire au moment où il l'avait envisagé et il fut contraint de se limiter temporairement à des activités journalistiques. Il entreprit alors des périples qui le conduisirent de Londres jusqu'aux Carpates. Il a en particulier séjourné à Paris et traversé la France jusqu'à Marseille en 1837 et 1838. D'abord partiellement publiées dans la presse, ses observations ont ensuite été regroupées dans deux recueils : *Spaziergänge und Weltfahrten* (Altona, Hammerich, 1838–1839), et *Völkerschau auf Reisen* (Stuttgart, Krabbe, 1840).

Conformément à bien d'autres voyageurs allemands à Paris[2], il décrit des débats à la Chambre des Députés, assiste à une séance de

1 Bien que très souvent cité dans les articles sur la Jeune Allemagne, Theodor Mundt a rarement fait l'objet de monographies. Signalons Petra Hartmann, *‚Von Zukunft trunken und keiner Gegenwart voll'. Theodor Mundts literarische Entwicklung vom Buch der Bewegung zum historischen Roman*, Bielefeld, Aiesthesis, 2003; Norbert Otto Eke, « 'Man muß die Deutschen mit der Novelle fangen'. Theodor Mundt, die Poesie des Lebens und die ‚Emancipation der Prosa' im Vormärz », in : Wolfgang Bunzel, Norbert Otto Eke, Florian Vaßen (dir.), *Der nahe Spiegel. Vormärz und Aufklärung*, Bielefeld, Aisthesis 2008, p. 295–312. Plus datés: Otto Draeger, *Theodor Mundt und seine Beziehungen zum Jungen Deutschland*, Marburg, Eluert, 1909 ; Walter Prinz, *Theodor Mundt als Literarhistoriker*, Halle (Saale), Gebauer-Schwetschke, 1912.

2 Sur l'intensité de ces échanges culturels, cf. Michel Espagne, « Réaliser l'idée. Le moment 1840 dans l'œuvre de Heine », *Revue germanique internationale*, 8,

l'Académie, va à des concerts de bienfaisance. A côté de ses échanges d'idées au plus haut niveau, il s'amuse aussi de rencontres dues au hasard et ses flâneries de touriste allègent le propos. Placées en plein printemps des peuples, les dates de ce séjour permettent d'examiner plus précisément quels étaient les liens qu'un représentant notoire de la Jeune Allemagne tel que Mundt avaient entretenus avec la France avant que n'éclate la guerre des poètes de 1840. Il relate les entretiens qu'il a eus avec des figures connues et reconnues à son époque, telles que Quinet, Chateaubriand, Victor Hugo, Lamennais, Mignet, Eckstein, Heine. Bien évidemment, il n'était pas reçu sans avoir été préalablement recommandé et on comprend que le réseau qu'il fréquenta fut celui des saint-simoniens.

C'est à sa manière, très personnelle, qu'il témoigne de l'intérêt que le lectorat français portait alors à l'Allemagne et qu'il présente les « intercesseurs[3] » français du germanisme qu'il a interviewés. Outre leur intérêt intrinsèque, ces reportages permettent de vérifier si l'année 1840 et la crise du Rhin ont modifié la représentation de la France que Mundt exposera ensuite dans un contexte théorique, en 1842 dans *Geschichte der alten und neuen Literatur* et en 1844 dans *Geschichte der Gesellschaft.*

L'humour corrosif affectionné par Mundt n'était certes pas fait pour calmer les tensions entre écrivains, mais annonçait-il pour autant la guerre que se livreront des poètes français et allemands en 1840 ? Il nous semble que la réponse à cette question doit être négative, même si Mundt ne fut pas un francophile inconditionnel et si, durant tous ses déplacements, il ne fait jamais oublier que son poste d'observation est

2008, p. 129–142 [aussi online] ; et Marie-Ange Maillet et Norbert Waszek (dir.), *Heine à Paris – Témoin et critique de la vie culturelle française*, Paris, L'éclat, 2014.

3 Cf. les travaux de Christine Lombez sur ces traducteurs de la poésie allemande : *La traduction de la poésie allemande en français dans la première moitié du XIX*^e^ *siècle – Réception et interaction poétique*, Tübingen, Niemeyer, 2009 ; « La Revue de Paris et la poésie allemande (1829–1845) », *Revue de littérature comparée*, 2/2003 n° 306, 2003, p. 133–154, « Remarques sur le rôle des anthologies de poésie allemande en France entre 1814 et 1850 », *Etudes Germaniques*, n° 56, 2001, p. 369–384.

celui d'un journaliste allemand. Certes, ses jugements sur la bourgeoisie – parisienne ou provinciale – ne sont pas tendres, mais ses rencontres avec des exilés montrent que, en matière de combats, il participe plutôt à ceux que se livraient les écrivains allemands entre eux. Il en était un acteur et une victime : il était personnellement critiqué par ses pairs et ne fut pas épargné par Gutzkow ; il lui fut en particulier reproché un hégélianisme confus, sans doute à juste titre[4]. Dans la querelle entre Heine et Börne, il prit le parti de Börne. En revanche, à la fin des années 1830, l'essentiel a consisté pour lui à placer sa représentation de la France au service d'un objectif principal : celui de démontrer la complémentarité de la France et de l'Allemagne, une complémentarité culturelle qui pourrait préparer l'avenir social et politique des deux sociétés. L'année 1840 ne l'a pas amené à changer sa position.

Cette attention portée à la France relève plus précisément d'une tentative unifiante, qui avait été aussi celle de Heine[5] dont la *Geschichte der Religion und Philosophie in Deutschland*[6] – également publiée en français, dans la *Revue des deux mondes*, en 1834 – démontrait la complémentarité des cultures allemande et française afin d'enrichir

4 Gutzkow déplorait l'insistance de Mundt à affirmer que tout n'était que devenir et à renvoyer à l'avenir. Lors de la publication de la relation des voyages de Mundt, Gutzkow commente : „Es war ein schöner Traum, das junge Deutschland! […] und [man] muß sich doch schämen dessen, was der vermeintliche Freund an's Licht bringt, schämen seiner Flüchtigkeit und Unreife, schämen seiner witzelnd-pedantischen Spaziergänge und Weltfahrten" (*Telegraph für Deutschland*, 1838, n° 154, p. 1226). Cf. entre autres études, Joachim Grimm, *Karl Gutzkows Arrivierungsstrategie unter den Bedingungen der Zensur (1830–1847)*, Francfort-sur-le Main, Peter Lang, 2010, p. 74 et 90; Wolfgang Rasch (dir.), *Karl Gutzkow: Erinnerungen, Berichte und Urteile seiner Zeitgenossen. Eine Dokumentation*, Berlin, de Gruyter, 2011, p. 525.

5 Ce « schéma intellectuel » est analysé par Jacques Revel : « D'une part, le rapport de complémentarité entre esprit et action, entre activisme révolutionnaire français et profondeur de l'esprit allemand – une construction inventée par les jacobins allemands et actualisée, quelques décennies après, par Victor Cousin, Marx, Proudhon ou encore Hippolyte Taine. Et, de l'autre, l'idée d'un rapport d'échange intense entre les deux nations qui confère à leur relation une qualité particulière » (Jacques Revel, « Retour sur une histoire : Heine entre la France et l'Allemagne », *Revue germanique internationale* [aussi online], n° 9, 1998, p. 11–25).

6 Cf. Heine, *Der Salon II*, Hambourg, Hoffmann und Campe, 1835.

chacune d'elles par une meilleure connaissance de l'autre. Pour Mundt, comme d'ailleurs pour Heine[7], cette tentative se plaçait sous le signe d'un saint-simonisme qui signifiait pour eux la foi dans le progrès de l'humanité, la revendication de l'égalité entre les classes sociales dans l'accès aux nourritures terrestres, la réhabilitation de la matière au nom d'un panthéisme qui reste, chez Mundt, une nébuleuse mêlant religion, poésie, philosophie et pensée sociale[8]. Cette option idéologique sera reprise en 1844 dans *Die Geschichte der Gesellschaft* :

> Er [Saint-Simon] sah alsdann die Partei der Gironde hinsterben, und mit ihr den geächteten Philosophen Condorcet, der sich vergiftete, nachdem er in seinem letzten Buch (*Esquisse d'un tableau historique des progrès de l'esprit humain*) die erste Grundidee alles Socialismus aufgestellt hatte, nämlich die Idee der unendlichen Vervollkommnungsfähigkeit des Menschengeschlechts, die Idee der Perfectibilität.[9]

Mundt préconise d'associer la diffusion des idées saint-simoniennes et le voyage à l'étranger : en fonction d'une approche qui reste essentialiste, il pose en préalable les spécificités de chaque caractère national et il prête aux intellectuels l'aptitude à les décoder grâce aux observations qu'ils peuvent faire sur le terrain. Tel est le leitmotiv qu'il décline sur tous les tons, sérieusement aussi bien qu'humoristiquement. Par exemple, dans un court texte satirique et programmatique, il prétend qu'il serait imaginable de trouver dans la *Evangelische Kirchenzeitung* – journal conservateur qui avait été fondé par Gerlach – un article qui

7 Sur Heine et le panthéisme, cf. Michel Espagne, *Federstriche – Die Konstruktion des Pantheismus in Heines Arbeitshandschriften*, Hamburg, Hoffmann und Campe, 1991; Norbert Waszek, « L'excursion panthéiste dans l''Histoire de la religion et de la philosophie en Allemagne (1834/35)' de Heinrich Heine » in : Christophe Bouton (dir.), *Dieu et la nature. La Question du panthéisme dans l'idéalisme allemand*, Hildesheim, Olms, 2005, p. 159–178 ; Myriam Bienenstock, « Hermann Cohen sur le panthéisme. Sens et usages du terme dans sa réception de Spinoza », *Revue de métaphysique et de morale*, n°69, 2011, p. 29–45.

8 Le ralliement de la génération de Heine à cette troisième variante du saint-simonisme a été étudié par Nina Bodenheimer, *Heinrich Heine und der Saint-Simonismus 1830–1835*, München, Beck, 2014.

9 *Die Geschichte der Gesellschaft in ihren neueren Entwicklungen und Problemen*, Berlin, Simion, 1844, p. 296.

fulminerait contre « Mundt, Pückler, Laube, Heine etc. » et qui s'intitulerait « Contre les voyages », le ton de Mundt étant bien entendu ici purement ironique :

> Gegen das Reisen:
> Das Reisen ist ein Pantheismus.
> a) die Kirche zerstörend, wie aller Pantheismus.
> b) eine Weltreligion befördernd, deren Gott überall und nirgends ist.
> c) zu dem Wahn führend, daß wir alle Gottes Kinder sind, Engländer wie Franzosen, Deutsche wie Lappländer, während doch die Franzosen offenbar des Teufels Kinder sind, wie die französische Revolution und die Beinkleider tragende Madame Dudevant beweisen.[10]

Cependant, si Mundt aspire à ce qu'il y ait des interactions entre Français et Allemands, c'est pour que les intellectuels germanophones réactivent des repères identitaires. C'est pourquoi il reproche à Heine d'être un mauvais patriote et il ne lui pardonne pas d'avoir été dur envers Börne[11]. Symétriquement, lors de ses interviews d'intellectuels français, il exprime une grande méfiance aussi bien envers ceux qui font preuve d'une germanophilie exacerbée qu'envers ceux qui manifestent de la germanophobie, laquelle lui semble tournée surtout contre la politique menée par la Prusse et dont il parle au demeurant plus rarement. C'est ce paradoxal jeu de miroir que le présent article voudrait analyser. Bien que se proclamant indéfectiblement attaché aux valeurs nationales, Mundt est passionnément intéressé par ce qui se passe et s'écrit en France à la fin des années 1830, et il multiplie les articles pour le faire savoir en Allemagne. Par ailleurs, face à ses interlocuteurs français, il s'efforce inlassablement d'expliquer voire de nuancer et, le cas échéant, de justifier ce qui se pense et s'écrit[12] en Allemagne.

---

10 *Spaziergänge und Weltfahrten*, t.1, « Tagebuch aus Paris », Altona, Hammerich, 1838, p. 384.

11 Jean-Claude Wolf, *Pantheismus nach der Aufklärung. Religion zwischen Häresie und Poesie*, Freibourg, Munich, Herder, 2013.

12 Mundt ne fait pas mystère de son ralliement au saint-simonisme mais, à la différence d'autres Jeunes Allemands venus à Paris, il n'explicite plus ses options politiques quand il s'agit de l'Allemagne, cf. Helga Brandes, *Die Zeitschriften des*

Après le coup d'arrêt que signifia le décret promulgué par la Diète en 1835, Mundt est venu en France pour s'approvisionner – parfois au prix de stéréotypes – en arguments destinés à ce que les intellectuels allemands reprennent cœur à l'ouvrage et ne se résignent pas. Il examine aussi dans quelle mesure les interactions entre les deux aires culturelles permettraient de trouver éventuellement le moyen d'éviter le déclenchement d'une révolution sociale. Malgré tout, il s'irrite à maintes occasions de l'incompréhension dont la philosophie, la critique de la religion, la philologie allemandes lui paraissent faire l'objet.

A la recherche d'affinités électives

L'intérêt porté par Mundt à la France est à la fois littéraire, politique et social. Les arguments littéraires, en particulier les hommages qu'il rend à Mme de Staël et à George Sand, et à leurs combats féministes, figuraient déjà dans les revues qu'il avait publiées depuis 1835 et ils seront longuement développés dans son histoire de la littérature de 1842. La différence est l'instrumentalisation qui en est faite : l'arrière-plan de ces éloges est, en 1838, le ralliement de Mundt au saint-simonisme ; en 1842, l'orientation littéraire rend cet arrière-plan social et politique moins explicite.

Rejoignant la revendication saint-simonienne de la parité sociale à accorder aux femmes, il estime que Mme de Staël a été la première à ouvrir cette voie, George Sand et « quelques auteurs allemands » (dont, bien entendu, Mundt) lui ayant ensuite succédé. L'éloge de ces deux écrivains n'est pas d'une grande originalité à cette époque, si ce n'est qu'il ne s'accompagne pas chez Mundt de la misogynie qui serait perceptible par exemple chez Heine[13]. Pour notre propos, il importe de

Jungen Deutschland: Eine Untersuchung zur literarisch-publizitischen Öffentlichkeit im 19. Jahrhundert, Opladen, Westdt. Verlag, 1991, notamment p. 58.

13 Kerstin Wiedemann, *Zwischen Irritation und Faszination: George Sand und ihre deutsche Leserschaft im 19. Jahrhundert*, Tübingen, Narr, 2003, p. 52.

souligner surtout, d'un côté, le fait que Mundt cautionne « les affinés électives » entre les littératures allemande et française que Mme de Staël aurait décelées, et, d'un autre côté, qu'il entend cependant circonscrire le périmètre de ces « affinités », puisqu'il ne saurait être question, pour lui, d'appauvrir son patrimoine littéraire national:

> Diese Aneignung der deutschen Literatur und Wissenschaft ist in ihrer Art noch immer die gründlichste und tiefsinnigste, welche dem französischen Geist bis jetzt gelungen, und die Stael hat darin zuerst das Wahlverwandtschaftsverhältniß zwischen der deutschen und französischen Literatur durchgreifend begonnen.[14]

Les trois qualités que Mundt apprécie chez Mme de Staël, et qui résulteraient de cette complémentarité entre les deux cultures à laquelle il aspire, sont : l'empathie avec « l'esprit » de la littérature allemande, empathie qu'elle aurait acquise moins par les livres que par ses conversations avec les grands écrivains ; l'association d'une « virilité » et d'une « dignité », termes qui suggèrent sa proximité avec les classiques de Weimar ; enfin une spiritualité qui serait un transfert de la culture allemande :

> In keinem Franzosen aber ist es noch zu dieser productiven Durchdringung mit dem deutschen Literaturgeist gekommen, wie sie die Stael in ihrem Buche über Deutschland erreicht hat. Ihr persönlicher Umgang mit den deutschen Literaturheroen in Weimar trug dazu allerdings das Wesentlichste bei, und sie hat Vieles mündlich zu erforschen verstanden, was andre Franzosen niemals aus deutschen Büchern erlernen mögen. Wie sie aber das Erforschte aufnahm und gestaltete, zeugt von einer männlichen Kraft und Würde des Geistes, und doch wieder von dem weiblichen Tact und Instinct, der sich auch in das Tiefste gewissermaßen hineinzuschmeicheln versteht [...]. Die deutschen Studien scheinen aber auf Frau von Stael's eigene Bildung auf das Entscheidendste zurückgewirkt zu haben. Sie brachte auch von dort den religiösen christlichen Inhalt wieder mit, dessen sich Frankreich in der Revolution entleert hatte.[15]

Sous sa plume, la référence à Mme de Staël devient l'un des exemples à inlassablement citer aux Allemands, afin qu'ils consolident leur propre image et en soient conscients. Au-delà de ces stéréotypes qui font

---

14 *Geschichte der Literatur der Gegenwart*, Berlin, Simion, 1842, p. 136.

15 *Ibid.*

quelque peu sourire tant ils sont ancrés dans le discours du temps[16], l'interprétation de Mundt correspond effectivement aux bénéfices que Mme de Staël en personne estimait avoir tirés de son « voyage » en Allemagne[17].

Prolongeant ces considérations littéraires, il arrive que Mundt les transpose au niveau de la pratique. Ainsi cette connaissance de la littérature allemande par des Français et l'échange de bons procédés qu'elle génèrerait seraient-elles un moyen que les instances universitaires auraient trouvé pour pacifier les esprits dans une France confrontée à des turbulences sociales et politiques. Apprenant en 1838, lorsqu'il rend visite à Quinet, que deux jeunes germanistes érudits, Xavier Marmier et ledit Edgar Quinet, sont nommés à Lyon, Mundt avance par exemple une hypothèse qui correspond à son optimisme souriant : ces recrutements de connaisseurs de la littérature et la philosophie allemandes, dit-il, pourraient aider à « apaiser les tensions », sans que l'on sache s'il se réfère aux conflits sociaux et aux récentes révoltes des canuts ou bien à des querelles intestines :

> Es sieht fast so aus, als wollte man jetzt das schöne arme verzweifelte Lyon in Friedfertigkeit einlullen durch dies deutschgelehrte junge Frankreich, das seine beschwichtigende philosophische und literarische Bildung dorthin verpflanzen soll.[18]

Mundt ne laisse pas non plus passer l'occasion de signaler que le système des écoles primaires a été inspiré par le modèle allemand :

---

16 Les stéréotypes étaient particulièrement nombreux quand il était question de la sociabilité parisienne, cf. Christoph Grubitz, « Deutsche Tiefe und französische Höflichkeit. Zur Politisierung einer Leitunterscheidung in den Paris-Berichten des Vormärz », in : Ruth Florack (dir.), *Nation als Stereoyp. Fremdwahrnehmung und Identität in deutscher und französischer Literatur*, Tübingen, Niemeyer, 2000, p. 305–318.

17 Les propos de Mme de Staël sont analysés par exemple par Stephanie Genand : « 'Je suis entrée dans cette littérature allemande'. De l'Allemagne ou les vertus de l'intercession féminine », in : Anne Baillot, Ayşe Yuva (dir.), *France-Allemagne: Figures de l'intellectuel, entre révolution et réaction 1740–1848*, Villeneuve d'Ascq, Septentrion, 2014, p. 101–113.

18 *Spaziergänge und Weltfahrten*, t. 3, Altona, Hammerich, 1839, p. 28.

« Reißende Fortschritte hat der dritte Stand in Frankreich gemacht, und es ist sonderbar, daß wir in neuester Zeit zum Theil die Hand dazu bieten mußten durch das Beispiel unserer deutschen Volksschulen »[19]. Cette information – qu'il serait tentant de relier à l'influence du pédagogue Herbart[20] – ne s'accompagne d'aucune précision, ce qui est significatif du discours de Mundt sur la France : ce qui lui importe est de vérifier l'existence d'échanges culturels et leur utilité sociale. Peu lui chaut en l'occurrence de creuser la théorie et la pratique pédagogiques, et encore moins de compléter, éventuellement même d'inverser le transfert, alors que cela faisait en réalité longtemps que les modèles se croisaient dans les deux sens en matière d'enseignement en France et en Allemagne[21].

Mais un des intérêts de ces écrits de Mundt nous semble avant tout concerner son empirisme et l'émergence d'un nouveau journalisme, le journalisme d'investigation[22]. Ici, c'est la quête des convergences entre France et Allemagne, ainsi que de leurs limites, qui fut en définitive l'objectif primordial de Mundt à Paris. Peut-être pour contourner la censure, il place le début de la relation sous le signe d'un objectif cosmopolite et insère une lettre adressée à un ami bruxellois qui commence par: « Unsere kosmopolitischen Gespräche in dem Park von Brüssel sind in Paris und London oftmals bei mir wiedergeklungen, und ich habe dann bedauert, daß ich nicht dazu kommen konnte, Ihnen versprochenermaßen zu schreiben.[23] » Endossant ainsi le masque du narrateur, Mundt affichait certes un « cosmopolitisme » de bon aloi mais son

19 *Spaziergänge*, t.2, « Deutschland in Frankreich. Briefe an einen deutschen Kleinstädter », Altona, Hammerich, 1838, p. 129.

20 Cf. les travaux de Katja Grundig de Vazquez, dont son article « Science de l'éducation et éducation comme science. La réception des théories pédagogiques de J. F. Herbart et de ses disciples en France », in : *Revue germanique internationale*, « La pédagogie allemande dans l'espace francophone. Appropriations et résistances », n° 23, 2016, p. 95–110.

21 Pauline Pujo l'a montré pour l'enseignement de l'histoire : *Transmettre l'histoire pour former les citoyens ; Ecriture et réécritures des livres d'histoire pour la jeunesse dans l'espace germanophone et en France (1760–1800)*, thèse soutenue à la Sorbonne en 2015.

22 Hannes Haas, *Empirischer Journalismus. Verfahren zur Erkundung gesellschaftlicher Wirklichkeit*, Wien, Böhlau, 1999.

23 *Spaziergänge*, t. 1, p. 118.

choix de Bruxelles comme point de départ pouvait laisser sous-entendre un intérêt politique pour la formation d'un Etat-nation comme cela venait de se passer dans la jeune Belgique. C'est pourquoi, d'emblée, il ajoute que sa préoccupation est de voir comment prévenir les risques d'une révolution sociale, tout en prétendant que ce risque ne pourrait pas (encore) se profiler dans l'Allemagne de 1838.

Prévenir les risques de révolution

Une préoccupation de Mundt fut d'examiner comment, à la suite de l'industrialisation en Grande Bretagne et en France, une « grande guerre historique » pourrait être évitée dans ces pays :

> [...] Wer kann in Paris und London auch nur über die Straße gehen, ohne daß er an den Fragen von Armuth und Reichthum, von Bevölkerung und Uebervölkerung, von Volksrechten und Standesprivilegien, hängen bliebe? Wie oft stutzte ich bei dem drohenden Medusengesicht, das diese Fragen hier in den Hauptlagern der modernen Weltbewegung machen, und dann dachte ich der Stunden auf unsern Spaziergängen oder in Ihrem traulichen Cabinet, wo unsere Ideen sich darüber begegnet, mein Verehrter! Unsere Sorgen waren nicht auf unser deutsches Vaterland gerichtet, denn das zeigt sich noch keinesweges gefährlich berührt von diesen brennbaren Stoffen der modernen Staatsökonomie, und es wird sobald noch nicht der Herd sein, auf dem sie lichterloh entlodern. Das Ausland wird einem jetzt so theuer, weil man seine weltgeschichtlichen Sorgen da hat, und wo man sorgt, fängt man an zu lieben.
>
> Wir stritten uns über die Mittel, durch welche man dem Ausbruche des großen historischen Krieges zwischen den Armen und Reichen vorbeugen könne.[24]

Sa démonstration consiste à démonter les solutions proposées par la France, si bien que, *ex negativo*, le lecteur pourra en conclure que c'est grâce à l'Allemagne que la question sociale pourrait un jour se résoudre en Europe.

24 *Ibid.*

La solution ne serait en aucun cas à concevoir dans la filiation de la Révolution française, et le recours à la périphrase « grande guerre historique » va dans ce sens. Mundt affirme[25] sans détours que « l'humanité actuelle » ne l'aurait toujours pas « digérée ». Elle aurait plongé l'Allemagne dans « le plus profond malheur » en y renforçant le camp des réactionnaires et en faisant triompher l'immobilisme sur l'idée de la liberté. Par voie de conséquence, pouvons-nous supposer, il ne cesse de critiquer la monarchie de Juillet et le parlementarisme français qui souffrirait de multiples dysfonctionnements. Chez les personnes qu'il interviewe, il décèle une première impasse, celle d'une forme de surdétermination politique. Cela ressort de son scepticisme face aux revirements de Chateaubriand ou de son ironie face aux appétences parlementaires de Victor Hugo ; ces grands écrivains se serviraient de la politique par ambition personnelle, pour soigner leur image de marque. Ou encore, sa description des séances de la Chambre des Députés est celle d'un spectacle affligeant de la désunion des partis. Quant à la monarchie constitutionnelle, elle permettrait au roi de tout bloquer, d'arrêter les réformes, tant et si bien qu'il accuse Louis-Philippe du « suicide de l'histoire ».

Le sort qu'il réserve au prophète du pacifisme qu'était Lamartine retient l'attention. Mundt le mentionne avec une relative indulgence, se montre ému par sa physionomie, ses talents poétiques, sa spiritualité, mais il le représente comme un politicien plutôt médiocre, qui chercherait à charmer lyriquement et à bercer « le serpent » de la révolution sociale, à le plonger dans un sommeil aussi harmonieux que pieux ; quand il prend la parole à la Chambre, les auditrices se tamponnent les yeux de leurs mouchoirs brodés. En somme il voit en Lamartine une personnalité attendrissante mais politiquement peu efficace. L'allusion qu'il fait au plaidoyer que Lamartine prononça le 2 mars 1837 à la tribune de la Chambre en faveur de la loi de disjonction (loi qui, face à un délit politique, aurait prévu de renvoyer les militaires devant la justice militaire et les civils devant des juges ordinaires) est un exemple judicieusement choisi, puisque Lamartine échoua et cette loi fut rejetée le

25 *Spaziergänge*, t. 2, p. 358.

7 mars par le parlement[26]. Ce faisant, le laconisme avec lequel Mundt, en 1838, liquide le cas de Lamartine – alors qu'il lui consacrera un assez long passage en 1842 dans son histoire de la littérature – donne une idée de son agacement : ni le parlementarisme ni les belles paroles ne suffiraient à concrétiser le projet de Saint-Simon. Lamartine en serait resté à des tactiques littéraires désuètes, héritées du siècle précédent, caricaturales :

> Wenn man Lamartine als Politiker in der Deputirtenkammer reden hört, sollte man glauben, er habe unsere deutschen Familienromane von Lafontaine fleißig studirt, oder er sei ein edler Familienvater aus einem Stück von Iffland, der jetzt in Frankreich Deputirter geworden, um alle Parteien zu sänftigen.[27]

Nous pourrions évoquer, en écho à ce traitement réservé à Lamartine, la manière dont il décrit Charles Dupin : alors que Dupin fut un brillant polytechnicien, célèbre pour sa philanthropie, pour son engagement en faveur de la formation technique des ouvriers et de l'épargne populaire, pour son ancrage dans la tradition des Encyclopédistes, Mundt se borne à rapporter qu'il l'a entendu à l'Académie des sciences le 5 mai 1837. Dupin aurait plaidé pour le recours au « système », ce qui, selon Mundt, serait certes exaltant mais utopique. Si nous interprétons ce bref commentaire, cela signifierait que la rationalité et l'abstraction ne seraient à ses yeux pas plus efficaces que la poésie. Mais Mundt ne propose pas pour autant d'autre solution que sa foi dans le progrès et l'avenir, de sorte que, derrière une investigation journalistique qui se voulait empirique, sa représentation des échanges entre France et Allemagne en reste au constat négatif de ce qui ne serait pas suffisant.

Son diagnostic désabusé l'amène à positiver les atouts de la liberté d'opinion, conformément à ce que nous pouvons attendre de la part d'un représentant de la Jeune Allemagne :

> man wäre thöricht, wenn man die Preßfreiheit als solche darum anklagen wollte, da es in den Ländern, welche keine Preßfreiheit haben, noch bei weitem

26 *Cf.* Dominique Dupart, « Suffrage universel, suffrage lyrique chez Lamartine, 1834–1848 », *Romantisme*, n° 135, 2007, p. 9–21.

27 *Spaziergänge*, t. 2, p. 73.

> schlimmer steht mit der Verfälschung der öffentlichen Meinung. In Frankreich liegt das Unglück in der ganzen Constellation des gegenwärtigen Staatslebens, in dem Mißverhältniß der positiven und negativen Resultate, in der skeptischen Stellung zu den Ergebnissen der Revolution und in einer gewissen allgemeinen Organisation des Nationalcharakters.[28]

A défaut, c'est donc vers le modèle allemand qu'il conviendrait de se tourner. Le point de départ d'un tel raisonnement n'a rien de nouveau et il avait déjà eu cours chez les *Spätaufklärer* : la Réforme luthérienne aurait tracé le chemin du progrès et de l'émancipation mais le protestantisme aurait évolué trop lentement et aurait été dévoyé par le piétisme. Quant à la Révolution française, elle aurait éradiqué les sources chrétiennes, et lèserait de ce fait les besoins et les intérêts de l'humanité. Mundt y ajoute un jalon, celui d'une révolution qui englobera une pensée de l'histoire en mouvement, qui respectera l'essence de chaque peuple, et c'est ce message qu'il trouve chez Saint-Simon[29].

De là découle la fonction que Mundt confère aux voyages des intellectuels. Ils apportent une dimension empirique qu'il estime indispensable pour connaître les autres peuples. C'est ce qu'il applique à lui-même durant les années 1837–1838, et c'est aussi ce qu'il attend des autres Européens. Ainsi, tout comme il appréciait l'empathie que Mme de Staël manifestait pour « l'esprit » de la littérature allemande, il croit que c'est de ses voyages que Saint-Simon avait tiré le pressentiment d'une rédemption philosophique en germe en Allemagne :

> Doch scheint ihn immerhin der deutsche Geist mit eigenthümlicher Ahnung erfüllt zu haben, denn obwohl er über Deutschland sagte, daß die Wissenschaft (die Science generale, welche Saint-Simon selbst suchte) sich noch in der Kindheit befinde, weil sie nur auf mystische Prinzipien begründet sei, so sprach er doch zugleich eine merkwürdige Hoffnung aus, die ihn beim Anblick Deutschlands erfaßt habe, denn er glaubte schon zu sehen, daß diese große Nation, wie Saint -Simon die deutsche nennt, in sich leidenschaftlich entbrannt sei für den Fortschritt der Wissenschaft, welche der einzige Gedanke Saint-Simons war. Saint-Simon

28 *Spaziergänge*, t. 1, « Tagebuch aus Paris », p. 117.

29 Marie-France Piguet, « L'Europe des Européens chez le comte de Saint-Simon », in : *Mots*, n°34 : *Europe / Allemagne. Réunifications*, sous la direction de Pierre Fiala et Jeannine Richard-Zappella, 1993, p. 7–24.

> ist der erste Franzose, welcher die große Entwickelung des deutschen Geisteslebens auf ihrem eigensten Punkt angedeutet hat, und was er eigentlich suchte, was er sich selbst nicht deutlich zu sagen wußte, es war im Grunde die Philosophie selbst, die er als deutsche Philosophie schon in mächtiger Bildung begriffen sehen konnte, von der er aber eine Philosophie der Zukunft verlangte. Diese Philosophie der Zukunft sollte der Socialismus sein.[30]

Mundt a lu – sans doute, car il ne cite pas ses sources – les écrits de Saint-Simon tels que publiés par Olinde Rodrigues en 1832. Il résume en tout cas ici la partie qui y est intitulée « Vie de Saint-Simon écrite par lui-même », avec une reprise littérale de certains passages.[31] Sa lecture est aussi attentive qu'assurément partiale. La principale divergence nous semble résulter du fait que Mundt, comme Saint-Simon, croit certes à une évolution naturelle et progressive vers une société industrielle, mais qu'il ne va pas jusqu'à en faire une théodicée scientiste puisque, lui, ne renonce pas à l'héritage du luthéranisme, dans la mesure du moins où il y voit un pan de l'histoire politique et intellectuelle allemande.

Causes d'incompréhension

S'il pouvait être aisé de s'approprier les arguments d'un penseur défunt comme l'était Claude de Saint-Simon et de les ajuster à sa propre pensée, il n'en allait pas de même quand il s'agissait de contemporains sitôt que ces derniers s'avisaient de critiquer l'Allemagne. Comme nous l'avons mentionné, ce fut une cause de désaccord entre Mundt et d'autres représentants de la Jeune Allemagne, en particulier Heine. Ce fut aussi une source d'irritation quand il s'entretint avec des interlocuteurs francophones qu'il estimait mal informés ou, pire, dilettantes. Mundt a alors

---

30 *Geschichte der Gesellschaft*, p. 295.

31 *Saint-Simon, textes regroupés par Olinde Rodrigues*, Paris, Librairie saint-simonienne, 1832, ici p. XXII.

parfois recours à des arguments d'ordre philologique, la méconnaissance de la langue allemande le désespérant voire l'exaspérant[32].

Le plus souvent, l'incompréhension lui parait due au fait qu'un étranger ne peut que rester à l'extérieur du développement organique d'une autre nation. Par exemple, de son entretien avec un ami de Heine, François Mignet, qui était alors directeur des Archives et de la Chancellerie au ministère des Affaires étrangères, Mundt retient l'information que cet académicien (qui ne sait pas l'allemand et se fait traduire les textes) s'attelle à une histoire de la Réforme. Or Mundt porte une accusation de taille : Mignet ne serait pas en mesure de comprendre la portée que le protestantisme aurait eue pour les Allemands ; son approche ne pourrait que rester descriptive. Nous devinons que Mundt stigmatise ici ce qu'il reproche fréquemment aux académiciens : leur maitrise de la rhétorique serait indéniable mais leurs exposés fort ennuyeux :

> Es gehört tiefe Gelehrsamkeit, philosophischer Witz und eine großartige historische Wehmuth dazu, um eine Geschichte der Reformation zu schreiben und die tragischen Velleitäten des menschlichen Geschlechts darin. Aber im bloß pragmatischen Sinne auseinandergelegt, muß sie lediglich eine langweilige und gräuelvolle Schattenseite der Weltgeschichte darstellen, doch giebt es in dem außerordentlichen Talent des Herrn Mignet eine Eigenschaft, durch welche er oft das zu ersetzen vermag, was ihm an philosophischem Geist in seinen Geschichtsdarstellungen gebricht [... :] die große Kunst der Darstellung.[33]

Cette limite n'est pas un détail anodin car, pour Mundt, c'est l'intégralité de l'histoire politique, sociale, culturelle qui ne pourrait être appréhendée que de l'intérieur, et ce parce que la Réforme aurait enclenché un processus plus politique et intellectuel que seulement religieux, aurait transformé la relation entre les princes et le peuple, aurait conféré

32 Mundt, au regard de ses réflexions sur la prose et vu la qualité de son style, a peut-être été injustement négligé par les historiens de la littérature (Walther Dieckmann, *Reichthum und Armut deutscher Sprache: Reflexionen über den Zustand der Sprache im 19. Jahrhundert*, Berlin-New York, Walter de Gruyter, 1989, p. 176).

33 *Spaziergänge*, t. 1, p. 95.

au Tiers-Etat des repères identitaires (« selbständiges Bewußtsein[34] ») que la France n'aurait découverts que plus tard.

Il y aurait donc une méconnaissance congénitale du caractère national de la culture allemande. Ce jugement, qui était en l'occurrence un procès d'intention puisque Mignet commençait à travailler à son histoire de la Réforme, a été conforté à maintes reprises. En particulier chaque fois qu'un interlocuteur lui vantait les mérites d'écrivains tels Goethe ou Tieck sous le prétexte qu'ils sont des représentants de la « littérature universelle », littérature que Mundt juge obsolète. C'est pourquoi, de façon globale, les germanistes français lui inspirent force sarcasmes. Il nourrit en revanche de plus grands espoirs quand il mise sur les « matières appliquées », probablement en songeant aux ingénieurs et entrepreneurs :

> Die großen Völkersympathieen, auf welche die Weltgeschichte hinarbeitet, werden sich schwerlich jemals durch die Literatur oder in derselben verwirklichen, und sie werden vielleicht auf einem ganz materiellen und praktischen Wege zu Stande kommen. Die Literaturen sind der Privatbesitz der Völker, und es kann ebenso wenig eine gleiche Theilung des literarischen Eigenthums unter den Nationen geben, als eine gleiche Geld und Ländervertheilung zwischen Armen und Reichen. Die Franzosen sind jetzt wieder so weit von der Weltliteraturidee abgekommen, daß selbst diejenigen unter ihnen, welche der deutschen Wissenschaft und Production wirklich etwas verdanken, so vornehm thun, es nicht eingestehen zu wollen, während wieder Andere, die sich mit deutschen Studien etwas modisch in die Brust werfen möchten, leider beinahe so unwissend sind, wie ich im Chinesischen.[35]

Des Allemands installés en France, c'est à l'orientaliste Ferdinand Eckstein qu'il réserve le plus de compliments, non seulement parce que ce dernier a été pour lui un intermédiaire précieux et l'a recommandé auprès des hauts personnages interviewés, mais aussi parce qu'il serait impitoyable dans ses jugements critiques envers les épigones français :

> Eckstein äußerte unter Anderem sehr richtig, daß den Franzosen höchstens nur daran gelegen sein könne, die deutsche Literatur zu plündern, um sich dann mit der Beute, die sie ihr abgenommen, stolz über sie zu erheben; keineswegs aber

34 *Ibid.*
35 *Spaziergänge*, t. 1, p. 78.

> käme es ihnen darauf an, unsere Literatur als eine selbständige Welt kennen zu lernen und für sich bestehen zu lassen in ihrem eigenthümlichen Werth. Diese Meinung ist die einzig richtige, die sich bis jetzt über die deutschen Studien der Franzosen aufstellen läßt, und es ist noch dazu komisch, wenn das Wort Studien gebraucht wird, bei einer so stümperhaften und vorurtheilsvollen Kenntniß unseres Landes, unserer Sprache, unseres Charakters und unserer Sitten.[36]

Inversement, la synthèse de ses réserves ressort de ses entretiens avec Edgar Quinet, lequel se trouvait encore à Heidelberg fin 1838, de sorte que Mundt lui a probablement rendu visite en revenant de France. Pour notre part, nous constatons la proximité de leurs analyses. Dans un essai publié en 1836 dans la *Revue des deux Mondes*[37], Quinet observait par exemple lui aussi les préjugés et les différences qui, « malgré les efforts de tant d'hommes remarquables des deux parts », sépareraient la France et l'Allemagne : « Quand les idées que ces deux peuples se forment l'un de l'autre ne sont pas absolument fausses, elles sont toujours en arrière d'au moins un demi-siècle. Un perpétuel anachronisme les sépare »[38]. Une différence est la responsabilité que Quinet (à l'instar de Heine) fait endosser à Mme de Staël pour ces préjugés, alors que Mundt avait trouvé qu'elle a su s'approprier le génie germanique. Plus lourd de conséquence est l'avis qu'ils partagent sur une recrudescence de la germanophobie. Quinet l'attribue d'une part à des causes culturelles, à savoir la critique de la religion par Strauss (à propos duquel il venait de publier une étude critique)[39], d'autre part à des causes politiques (la politique de la Prusse – probablement le *Zollverein*), tandis que ce que la France aurait aimé de l'Allemagne jusqu'alors, c'était son « esprit cosmopolite et impartial » et « la force de sa croyance »[40].

Le discours qui est tenu par Quinet face à Mundt à Heidelberg est apparemment le même que celui de l'essai de 1836 de sorte que l'on

---

36 *Ibid.*, p. 146.

37 « L'Allemagne », in : *Revue des deux mondes*, octobre 1836 , p. 171–195.

38 *Ibid.*, p. 174.

39 *Ibid.*, p. 191.

40 Selon Pierre Pénisson, « Michelet, Quinet et l'Allemagne », in : *Revue de synthèse*, IV, n° 2, avril-juin 1988, p. 247–263, Quinet distinguait entre « une bonne Allemagne, celle d'un Age d'Or herderien, solidaire de la Révolution française, et une mauvaise Allemagne, fataliste et impérialiste, Hegel et Bismarck ».

comprend quelles sont les éminentes qualités accordées à Quinet : son érudition, sa maîtrise de la langue allemande, son appréhension de tensions entre les deux pays. Mais Mundt ajoute, comme il l'avait fait à propos de Mignet, une cause de profonde divergence : l'interprétation de la théologie. A la différence de l'allemande, l'approche française ne serait pas encore « scientifique et spéculative ». Le ton adopté ici suggère que ce serait là une antinomie insurmontable, conclusion d'autant plus percutante que la rencontre se situe à la fin de son voyage :

> Auch Herr Quinet ist in der Art, wie er die deutsche Theologie aufgefaßt hat, Franzose geblieben, das heißt, er hat den Standpunkt des gläubigen Gefühls, welcher der französischen Natur in religiösen Dingen vorzugsweise eignet, dabei nicht überwinden können. Bei den Franzosen gestaltet sich das Verhältniß zur Religion gewöhnlich sehr entschieden in zwei Extremen, entweder als vollendete Orthodoxie, die dann auch eifrig und inbrünstig ist in der Beobachtung aller Formen, oder als ebenso vollendeter Unglaube, der hier im Lande die Waffen des Äeltervaters Voltaire noch immer von neuem blank putzt und damit in dem prächtigen Schlamm der französischen Gesellschaftszustände einherstolzirt. Zwischen diesen beiden äußersten Enden des Seins und des Nichtseins in der Religion haben aber die Franzosen noch nicht die wissenschaftliche und spekulative Mitte ausfindig gemacht, welche in Deutschland durch das schillernde und allseitige Wesen der Theologie dargestellt wird , denn der eigentliche Begriff der Theologie ist in Frankreich so gut wie unbekannt.[41]

A cet égard encore, Mundt, *volens nolens*, relève plus de la tradition de l'*Aufklärung* que de celle des Lumières françaises[42].

Dans de telles conditions, les personnages qui trouvent grâce aux yeux de Mundt sont rares. Outre Mme de Staël et George Sand, déjà signalées, il traite pourtant avec beaucoup d'amitié deux jeunes gens, Custine et Carnot. L'objet de leurs conversations aurait été l'Allemagne mais, exceptionnellement, nous n'en apprendrons pas davantage sur ce point : sans doute est-il suffisant de sous-entendre que des opinions et des sentiments ont été partagés à propos de cet objet.

41 *Spaziergänge*, t.3, p. 13.

42 Olaf Briese, « '... dann wollen wir von ganzem Herzen sterben!'. Theodor Mundt und die Unsterblichkeitsauffassungen des Jungen Deutschland », in : *Zeitschrift für Germanistik*, Neue Folge, vol. 5, n° 3, 1995, p. 523–534.

Par sa finesse et son élégance de cœur, le marquis de Custine le charme, à tel point que Mundt donne l'impression d'avoir presque trouvé un *alter ego* romancier et voyageur. D'une part Custine ne serait pas pédant, il ne ferait pas étalage de son savoir et de sa maîtrise de la langue allemande. D'autre part, il voyage beaucoup et la finalité qu'il confère à cette mobilité correspond à la motivation officielle que Mundt donne à la sienne : Custine dit s'être intéressé à la société espagnole de 1831, à l'époque du règne de Ferdinand VII, mais sans se laisser surdéterminer par le contexte politique de l'Espagne. Enfin, Custine est aussi un romancier qui fait état de sa marginalité et se met à l'écart tout en souffrant de sa solitude[43]. Ce sont des qualités pour lesquelles Mundt se sent des affinités.

L'éloge d'Hippolyte Carnot est encore plus appuyé et, là encore, il semble s'agir d'un *alter ego*, dans sa variante journalistique et saint-simonienne. Carnot connaît l'Allemagne, pour y avoir résidé aux côtés de son père, déplorerait les déviances de Fourier et d'Enfantin, et Mundt s'attribue alors le rôle de celui qui entend contribuer à resserrer la solidarité entre disciples de Saint-Simon :

> Der junge Carnot repräsentirt nämlich eine Nuance des Saint-Simonismus, welche man als die positive und vernünftige Fortgestaltung desselben betrachten kann und deren große Bedeutsamkeit Niemand verkennen wird, der eine umfassende Anschauung besitzt von der heutigen Weltbewegung. Herr Carnot beklagte sich öfters gegen mich, daß man in Deutschland eigentlich nur die kranke und chimärenhafte Seite des Saint-Simonismus vorzugsweise aufgefaßt und dieses System, denn ein solches sollte es werden, dort nur an den Ausschweifungen abgemessen habe, in denen es sich bei einigen erhitzten Köpfen gezeigt. Ich versicherte ihn indessen, daß es in Deutschland auch sehr vernünftige Ansichten über den Saint-Simonismus gäbe, die alle Thorheit und Weisheit dieser Doctrin zu würdigen und daraus ein Prognostiken für die Zukunft zu gestalten wüßten.[44]

Du père Lazare Carnot, Mundt ne signale que l'engagement républicain, sans du tout mentionner ses activités militaires. Il insiste en revanche sur l'héritage des idées paternelles pour justifier qu'Hippolyte Carnot se déclare à son tour en faveur d'un régime républicain, option

43 *Spaziergänge*, t. 2, p. 211.

44 *Ibid.*, p. 212–213.

qui suscite le scepticisme de Mundt. Il insistera sur leur désaccord politique dans l'*Histoire de la littérature*.

Si on compare ses notes de voyage à cette *Histoire de la littérature* publiée en 1842, sous la forme de conférences (« Vorlesungen »), on constate à la fois une indulgence rétrospective et une plus grande visibilité des frontières qu'il entend maintenir entre France et Allemagne. En lieu et place des articles fragmentés de 1838, Mundt consacre un chapitre synthétique à l'histoire des lettres et de la philosophie françaises sous la Restauration, signale les principaux courants, énumère des séries de noms. Son admiration reste manifeste pour le saint-simonisme, pour sa philosophie de l'histoire, de l'économie et des sciences politiques, pour le « panthéisme », pour le projet de voir s'instaurer un jour « une grande société des nations » et une Europe des peuples (« ein große[r] allgemeine[r] Völkerbund, ein[e] organisch[e] Vereinigung der ganzen europäischen Völkerfamilie, die unbeschadet der Selbstständigkeit und Freiheit jeder einzelnen Völkerindividualität, stattfände[45] »).

L'esprit de son argumentation ne change pas puisque l'accent reste mis sur le constat des spécificités propres à chaque aire culturelle. Les flèches qu'il avait lancées contre les individus, les sarcasmes, l'agacement qu'il avait éprouvé en 1838, disparaissent en tant que tels, mais cela a un prix, celui d'un accent encore plus fortement placé sur les bienfaits de la culture allemande. De ses amis du *Globe*, il ne garde que leurs efforts – intéressants, dit-il – de s'approprier la philosophie hégélienne pour « élargir l'horizon littéraire » de la France :

> Die jungen lebensmuthigen Kritiker, welche im *Globe* ihre neuen Bekenntnisse ablegten, zeichneten sich alle durch ein ernstes, in den tieferen Grund der Erscheinungen eindringendes Streben aus, wie man es bis dahin in Frankreich auf diesem Gebiet noch nicht gekannt hatte. Besonders suchten sie durch eigenthümliche Beurtheilungen der ausländischen Literaturen und der deutschen Philosophie zu wirken, und daran den einheimischen Literaturhorizont zu erweitern und zu vertiefen.[46]

45 *Ibid.*, p. 267–268.

46 *Ibid.*, p. 251.

Si le saint-simonisme s'est ensuite dilué en France, ce serait à cause des excès fouriéristes. Et sa rétrospective se solde quasiment par un aveu de désintérêt, chaque Etat et chaque nation étant appelés à suivre son chemin particulier :

> Es ist dies ein Wendepunkt des französischen Nationalcharakters, der in seiner Richtung auf das Ernste, Tiefsinnige und Spekulative die größte Beachtung verdient, und sich auf eine merkwürdige Weise auch in der gegenwärtigen französischen Jugend weiter gebildet hat. Namentlich war es Deutschland und deutsche Bildung, welche eine Zeitlang als der Centralpunkt dieser jungen französischen Bestrebungen erschienen, und nach allen Seiten hin erforscht und ausgebeutet wurden. Deutsche Philosophie, Literatur, Elementar- Unterricht, Universitäten-Einrichtung, wurden zum Theil in Deutschland selbst von ausgezeichneten Franzosen studirt, außer den schon genannten Ampere, Quinet, Marmier, besonders von Cousin, Saint-Marc Girardin, Lerminier, Guizot, Carnot, Jourdain, welche tiefer oder oberflächlicher davon ergriffen wurden und zum Fortschritt der eignen Nationalinteressen davon Gebrauch erstrebten.[47]

Le schéma en devient en quelque sorte rankéen : peuples, hommes, destins étant des entités autonomes, l'histoire serait « le chef d'œuvre retraçant leurs conflits et de discordes, le tout dominé par la colombe divine de la paix qui délimiterait les ères historiques et les relierait entre elles, à l'instar d'un poète cyclique ».[48]

En cette période de paix des armes telle qu'elle avait été imposée par les ténors du Congrès de Vienne depuis 1815, Mundt s'interrogea sur la possibilité d'une unité européenne qui ne se ferait pas au détriment de chaque nation. Il examina les possibilités qu'auraient les intellectuels allemands et français de coopérer. Il a trouvé la paix des cœurs chez des écrivains comme Mme de Staël et George Sand, il fut ému par un Lamartine dont il jugeait l'irénisme plus noble qu'héroïque,

---

47 *Ibid.*, p. 252.

48 « In der Weltgeschichte ist nichts als Individualität, Volk, Mensch, Verhältniß und Schicksal sind durch die Individualität in Bewegung, in Kampf und in Ideenverbindung gesetzt. Der Streit um die Rechte und Geltendmachung der Individualitäten ist die Geschichte. Ein Kunstwerk voll Streit und Hader, und doch darüberschwebend der Friedensgeist des herrschenden Gottes, der genau Epoche gegen Epoche abgränzt und doch wieder aneinander knüpft, wie ein cyklischer Dichter » (*Ibid.*, p. 527).

il aspira à une interaction et un rapprochement des prouesses intellectuelles françaises et allemandes, à l'instar de ce qu'il décelait chez son maître à penser, Saint-Simon. Mais, du fait d'une approche essentialiste que son enquête de terrain n'a fait que consolider, il conclut de ses investigations de 1838 qu'il existerait des domaines d'incompatibilité : sens philosophique émoussé chez les interlocuteurs français, apathie politique chez ses homologues allemands, approche divergente des questions de croyance religieuse. Si datées ses globalisations semblent-elles, leur héritage a perduré puisque c'est à elles qu'on peut attribuer le mérite qu'a eu Mundt, dans son *Histoire littéraire* de 1842, de conférer à la germanistique le statut d'une « science ».

Fritz Taubert

Fédéralisme et centralisme chez les libéraux allemands du *Vormärz* : la comparaison entre la France et l'Allemagne dans le *Staatslexicon* de Rotteck et Welcker

Dans un livre programmatique sur une Europe fédérale Daniel Cohn-Bendit et Guy Verhofstadt écrivent :

> Trop de dirigeants européens, échaudés par la crise de l'euro et crispés sur le concept passéiste d'Europe des États-nations, plaident pour le statu quo. La crise actuelle démontre pourtant que le statu quo n'est pas une solution viable. Soit nous œuvrons à une Europe véritablement unie et fédérale. Soit nous en restons aux États-nations, et l'émergence d'une Europe-puissance dans le monde globalisé du XXIe siècle est irrémédiablement compromise[1].

Un Etat fédéral serait donc à leurs yeux la seule solution pour un avenir digne d'une Europe qui a perdu sa position dominante dans le monde.

Pour Georg August Wirth[2], l'un des principaux orateurs de la Fête de Hambach en 1832, un tel projet n'était pas encore pensable, mais le rêve d'une Europe unie était déjà présent dans son discours qu'il terminait en s'exclamant :

> Hoch! dreimal hoch leben die vereinigten Freistaaten Deutschlands! Hoch! dreimal hoch das konföderierte republikanische Europa![3]

---

1 Daniel Cohn-Bendit, Guy Verhofstadt, *Debout l'Europe !*, Bruxelles, André Versaille, 2012, p. 9.

2 Georg August Wirth, fondateur du très célèbre « Deutscher Preß- und Vaterlandsverein ».

3 Cité in: Michael Behnen, « Deutschland unter Napoleon. Restauration und Vormärz (1806–1847) », in: Martin Vogt (éd.), *Deutsche Geschichte. Von den Anfängen bis zur Wiedervereinigung*, Stuttgart, Metzler, 1991, p. 386.

Les « Etats allemands libres et unis » étaient la revendication première des libéraux allemands. Elle ne pouvait se concrétiser que sous la forme d'une fédération, puisque l'« Allemagne » avait une déjà structure confédérale, la « Confédération germanique ».

On le sait, l'idée d'une Europe fédérale est toujours très débattue, une fédération européenne est contestée aussi bien par les souverainistes de toute sorte et de tous les pays européens que par d'autres partisans d'Etats-nations forts. La structure même d'une fédération est peu appréciée dans certains pays européens comme par exemple la France : on pourrait aller jusqu'à affirmer qu'une telle structure y est presque délibérément méconnue. Jusqu'à une époque très récente, on ne trouvait pas, dans des encyclopédies françaises, le terme de « subsidiarité », concept pourtant essentiel pour le fonctionnement d'un Etat fédéral. Dans ce contexte, Reinhart Kosellek écrit dans son article « Nation oder Föderation ? Erfahrung der deutschen Geschichte » :

> Schon der Begriff des Föderalismus erzeugt [...] in Frankreich Aversionen, weil er entweder die von den Girondisten befürwortete Pluralität französischer Provinzen entgegen dem jakobinischen Einheitsstreben in Erinnerung ruft, oder aber weil sich die blutig niedergeworfene Kommune des Jahres 1871 auf föderale Prinzipien berufen hatte[4].

Cette brève étude se propose d'observer la question du fédéralisme et du centralisme dans une période de l'histoire franco-allemande où la France était un Etat-nation depuis longtemps, tandis que « l'Allemagne » n'existait toujours pas en tant qu'Etat, une période où la France était une sorte d'exemple pour nombre d'Allemands « progressistes »,

---

4 Reinhart Kosellek, « Nation oder Föderation? Erfahrungen der deutschen Geschichte », in: Martin Sabrow, *Abschied von der Nation? Deutsche Geschichte und europäische Zukunft*, Leipzig, Akademische Verlagsanstalt, 2003, p. 31–32. Concernant la littérature en français sur la pratique du fédéralisme, il convient de consulter les ouvrages sur la Suisse, l'Allemagne et la Belgique, entre autres: Jean-Jaques Bouquet, *Histoire de la Suisse*, Paris, PUF, 2007 ; Michel Fromont (dir.), *Les institutions de la République fédérale d'Allemagne*, Paris, La Documentation Française, 1994; Georges-Henri Dument, *La Belgique*, Paris, PUF, 2008 ; plus généralement Olivier Beaud, *Théorie de la Fédération*, Paris, PUF, 2007 et François Vergniolle de Chantal, *Fédéralisme et antifédéralisme*, Paris, PUF, 2005.

non seulement pour la raison évoquée, mais aussi parce qu'elle représentait un système libéral, plus libéral en tout cas que les Etats allemands. Un certain nombre d'Allemands s'était réfugié dans ce pays, qui, en 1830, avait déjà derrière lui la deuxième révolution depuis la Grande Révolution de 1789.

En Allemagne, pendant cette période du *Vormärz* , les libéraux qui étaient restés dans les divers Etats allemands (bien qu'il y eût des représailles contre les « Sept de Göttingen », contre Karl von Rotteck[5] et Karl Theodor Welcker[6] de Fribourg et autres, ceux-ci n'étant cependant pas obligés de s'exiler) défendirent la cause d'une Allemagne unie et libérale. Une grande partie d'entre eux participa en 1848 à la révolution – déclenchée en France, une fois de plus – et qui avait gagné l'Allemagne.

Puisque l'une des références – positive ou négative – pour les libéraux allemands était la France, l'on peut se poser la question : comment voyaient-ils le système très centralisé d'outre-Rhin par rapport à leur projet pour l'Allemagne? Ils ne pouvaient l'imaginer centralisée, l'histoire des peuples allemands habitués à une forte autonomie des différents territoires s'y opposait, ni confédérale, puisque selon ces « progressistes » la Confédération germanique ne pouvait être considérée comme une réussite.

L'une des sources essentielles pour l'étude de l'opinion des courants libéraux au sens large dans l'Allemagne de cette époque est le *Staatslexicon* de Rotteck et Welcker, initié par Friedrich List, grand propagateur de l'Union douanière *Zollverein* et des chemins de fer, luimême exilé pendant un certain nombre d'années, d'abord en France (Strasbourg, 1822/23) puis aux Etats-Unis (de 1825 à 1833)[7].

---

5 Karl von Rotteck (1775–1840), juriste, professeur d'Histoire mondiale à Fribourg en Brisgau.

6 Karl Theodor Welcker (1790–1869), juriste, professeur de Droit à Fribourg en Brisgau.

7 Nous utilisons ici la deuxième édition du *Staatslexikon*, publiée à partir de 1843, qui reprit en totalité les articles de la première édition et fut enrichie de quelques autres, voire de quelques suppléments aux articles existants. Cette édition est accessible en facsimile : *Das Staats-Lexicon. Encyklopädie der sämmtlichen Staatswissenschaften für alle Stände. In Verbindung mit vielen der angesehensten Publicisten Deutschlands herausgegeben von Carl von Rotteck und Carl Welcker.*

Cette encyclopédie politique de propagande ouvertement libérale[8], que l'on a appelé « la bible du libéralisme »[9] ou encore « le livre de base du libéralisme du *Vormärz* » peut être considérée comme une sorte d'essence des idées politiques non conservatrices de l'époque. En effet, les rédacteurs – List fut écarté rapidement de la direction de l'entreprise, mais y contribua avec quelques articles, notamment sur les chemins de fer – distribuèrent parmi les contributeurs les articles de façon réellement libérale, c'est-à-dire sans prendre en compte leurs opinions politiques. Ces « experts » de chaque thématique n'étaient donc pas censés être sur la ligne politique modérée des éditeurs, la seule condition était de ne pas être « réactionnaire » au sens « metternichien ». Ainsi l'article « Démocratie » fut rédigé par Wilhelm Schulz[10], un démocrate convaincu et radical et non partisan d'une monarchie constitutionnelle

---

Neue durchaus verbesserte und vermehrte Auflage. Mit einer Einleitung zum Nachdruck von Hartwig Brandt und einem Verzeichnis der Mitarbeiter von Helga Albrecht, Keip, Francfort-sur-le Main, 1990 (12 volumes). La littérature sur le *Staatslexicon* est rare, aussi bien en Allemagne qu'encore davantage en France. Pour l'Allemagne, il faut toujours consulter: Claudia M. Igelmund, *Frankreich und das Staatslexikon von Rotteck und Welcker. Eine Studie zum Frankreichbild des süddeutschen Frühliberalismus*, Francfort-sur-le Main, Peter Lang, 1987. Pour la France, il convient de consulter les travaux d'Ingrid Rademacher, entre autres: Ingrid Rademacher, « La première encyclopédie politique allemande : le Staats-Lexikon de Rotteck et Welcker (1834–1848) », in : *Revue Française d'Histoire des Idées Politiques*, n° 24, 2006 et quelques petits travaux de l'auteur de ces lignes.

8 Vol. 1, p. XVII ; l'encyclopédie a comme projet « [...] möglichste Verbreitung oder Allgemeinmachung gesunder politischer Ansichten und Richtungen unter allen Classen der Gesellschaft. [...] Dahin also gehe die Richtung der politischen Lehre, [...] alle der verständigen Beurtheilung fähige oder zu solcher Fähigkeit mit Erfolg heranzubildende Bürger zur klaren Erkenntniß dessen, was Noth thut und was wirklich in Frage steht, zu führen. » Les opinions politiques doivent être « saines » et la reconnaissance de ce qui « est nécessaire » doit être « claire » – les rédacteurs savent ce qu'ils veulent que le citoyen pense...

9 Dieter Langewiesche, *Liberalismus in Deutschland*, Francfort-sur-le Main, 1988, p. 13.

10 Wilhelm Schulz-Bodmer (1797 à 1860), ami de Georg Büchner, inspire certaines parties de *Le Capital* de Karl Marx, contribue au *Staatslexicon* avec plus de 50 articles.

comme l'étaient les rédacteurs principaux, Rotteck et Welcker. Un phénomène encore plus étonnant est que les deux articles sur l'Italie et sur la France furent confiés d'un côté à un Italien, Terenzio Mamiani della Rovere (à l'époque de la rédaction de son article en exil à Paris), de l'autre côté à un Français, Marie-Philippe de Golbéry[11]. Compétence avant adhésion à une opinion politique, pourrait-on appeler l'attitude des directeurs du « Staatslexicon » ; en fait, ils étaient convaincus que la « vraie » compétence était automatiquement dans leur camp – ceci ressort de la longue préface de K. v. Rotteck à la première édition de l'encyclopédie.

Karl Theodor Welcker introduit la deuxième édition (la préface de Rotteck, décédé en 1840, fut reprise telle quelle) avec un long traité intitulé « Introduction générale encyclopédique et synopsis sur la science de l'Etat et ses parties »[12] qui évoque déjà deux systèmes de gouvernement et où Welcker affirme clairement ses préférences :

> [...] so wird auch in politischer Hinsicht [...] die einer reichen und selbständigen Bildung feindliche Idee einer geistlichen oder weltlichen Universalmonarchie [p. 67] der Idee eines freien, mithin auch constitutionell organisierten Bundessystems weichen.[13]

Welcker était donc convaincu que le système moderne, celui de l'avenir – sous-entendu « libéral » – , serait une sorte de fédération (*Bundessystem*). Welcker continue dans son élan programmatique :

> Bei so bedeutenden Völkern, wie die Deutschen, die Schweizer, die Amerikaner, suchten bereits die einzelnen Stämme und Provinzen durch Bundesverfassung die Vermittlung ihrer besonderen inneren selbstständigen Entwickelung mit einer zugleich freien und friedlichen und hülfreichen Nationalverbindung, und hierdurch ein freieres und zugleich reicheres Leben, als der einfache Staat gewährt.[14]

---

11 Marie-Philippe de Golbéry (1786 à 1854), juriste, historien de l'Antiquité et traducteur d'ouvrages de Barthold Georg Niebuhr et de Friedrich Christoph Schlosser de l'allemand en français, homme politique (député élu de Colmar de 1834 à 1848), auteur de récits de voyage, ami personnel de Karl von Rotteck.

12 Allgemeine enzyclopädische Einleitung und Übersicht der Staatswissenschaft und ihrer Theile (vol. 1, p. 35 à 68).

13 *Ibid.*, p. 66–67.

14 *Ibid.*

Pour les libéraux allemands – on le constate dans la première citation – le système fédéral était certes moderne, mais l'essentiel était l'aspect constitutionnel. L'importance de ces deux éléments réunis se manifeste par ailleurs dans le conseil que Welcker donne par la suite à l'empire autrichien qui devrait, selon lui, se transformer en une fédération constitutionnelle – sous-entendu pour survivre.[15]

Karl Theodor Welcker, qui a rédigé la plupart des articles cités, n'hésita pas à prendre à témoin les anciens – comme c'était le cas pour beaucoup de ses collègues. Ainsi, l'article « *Achäischer Bund* » (ligue achéenne) dans le premier volume s'occupe certes de la structure de cette confédération de la Grèce antique, mais il évoque aussi, on pourrait dire primordialement, les avantages d'une union fédérale dans l'actualité allemande.

Deux choses sont significatives pour cet article – comme pour quelques autres. D'un côté, on peut se demander pourquoi une telle « fédération » de l'antiquité fut placée à un tel endroit d'une encyclopédie politique dont l'objectif affirmé était ouvertement de favoriser l'action libérale dans une confédération dominée par le système de Metternich. La réponse me semble plausible quand on voit que cette encyclopédie était à la fois un moyen de propagande et une entreprise économique qui fonctionnait selon le système de la souscription. Les rédacteurs avaient donc tout intérêt à rendre particulièrement attractifs les premiers volumes. J'en veux pour preuve que l'article traitant de la liberté d'association, problème essentiel pour le libéralisme, se trouve tout au début du deuxième volume bien que le terme allemand commence avec la lettre « V » (*Verein*). L'ordre des mots-clefs pour association est par ailleurs curieux, car le premier est « Association », le deuxième est « Verein ». A mon avis, ceci s'explique par le fait que l'on

15 W. Schulz, dans son article "Österreich" (vol. 10, p. 386) va dans le même sens : "Wäre Österreich eine constitutionelle Monarchie oder ein Bundesstaat verfassungsmäßig regierter Lande unter einem gemeinschaftlichen Oberhaupte; fänden die [...] Bedürfnisse und Interessen seiner Völker ihr Organ in einer allen Classen der Gesellschaft entsprungenen Volksvertretung: dann wäre auch die Politik der Regierung so gut wie ein zweites Großbritannien [...] die Erhalterin und Mehrerin der Macht und Größe der deutschen Nation und der österreichischen Monarchie" (sous-entendu contrairement à la politique de Metternich).

ne voulait pas attendre le volume consacré à la lettre « V » pour traiter un phénomène aussi important. En outre, les rédacteurs ne pouvaient savoir quand la censure frapperait leur entreprise et empêcherait donc éventuellement la parution des derniers volumes où « normalement » le terme « Verein » devait être traité. « Achäischer Bund » précède de très loin les termes « Bund, Bundesverfassung, Staaten- oder Völkervereine, oder Föderativsysteme, insbesondere Staatenbündniß, Staatenbund und Bundesstaat oder Staaten-Staat. Gränzen der Gewalt, Politik und Verfassung der Bundesvereine im Allgemeinen »[16] et « Conföderation, Bund, Bundes- und Eidgenossenschaft, nach ihrer historischen Entwicklung dargestellt »[17]. Une raison plausible me semble effectivement que l'on pouvait ainsi traiter « fédération » et « confédération » avant les lettres « C » et « F ».

D'un autre côté il est significatif que Welcker, l'auteur de cet article sur la ligue achéenne, associe cet idéal grec d'une fédération – il la décrit comme « un Etat fédéral national en vue de décider de toutes les affaires nationales d'importance » en la distinguant d'une « simple confédération de droit international »[18] – à la situation allemande : en effet, si Welcker évoque une fois de plus les « petites tribus comme les Achéens et les Suisses » et les « grandes nations comme l'allemande et l'américaine », son objectif principal est la fédération comme moyen d'unir les forts et les faibles dans une structure étatique – et là, on voit l'Allemagne en tant qu'Etat nation comme but final :

> Politisch wichtig aber ist an sich die Theorie des Bundesverhältnisses in hohem Grade; vollends für uns Deutsche, die wir von einem Bundesverein beherrscht werden [...]. Im Bundesverhältniß lassen sich auch bei verschiedenen

16 A la fin du vol.. 2, p. 708 à 736 (C. Welcker).

17 A la fin du vol. 3, p. 411 à 451 (Friedrich Kortüm).

18 « [...] erscheint nun wohl der achäische Bund keineswegs als blos völkerrechtlicher Staatenbund, sondern als ein staatsrechtlicher Verein, als nationaler Bundesstaat zur souveränen Entscheidung aller wichtigsten Nationalangelegenheiten » (vol. 1, p. 189). Dans son article sur « Bund etc. » (vol.. 2, p. 708 à 736), Welcker distingue les deux systèmes fédéral et confédératif comme on les distingue aujourd'hui. Il cite par ailleurs comme « témoins » Aristote avec *politeia* ou koïnae *politeia Phokaioon* ainsi que Thucydide qui parlerait d'Etats fédérés (vol. 1, p. 184).

> Regierungsformen der einzelnen Bundesstaaten die Vorzüge, die Freiheit, die reiche Eigentümlichkeit und die größere Innigkeit der Verbindung kleiner Staaten mit der Unternehmungs- und Vertheidigungskraft großer Reiche vereinigen. Deshalb forderte nicht blos Rousseau, sondern auch Montesquieu für die höchste Entwickelung der Völker die Bundesverfassung.[19]

On pourrait croire que cela revenait à favoriser le système fédéral en tant que tel pour l'avenir des Etats progressistes. Or, même Welcker, auteur des articles cités jusqu'ici, n'était pas un partisan d'un système fédéral trop poussé, autrement dit, il n'était pas un adversaire absolu d'une certaine centralisation étatique. Il écrit dans son article sur la « Centralisation » de façon assez équilibrée :

> Man hört oft im Allgemeinen Tadel und Lob der Centralisation, die gleich einseitig und unbegründet ist, obwohl es leicht einzusehen ist, daß Frankreich noch immer an einem Uebermaß, die Schweiz an einem Mangel der Centralisation leidet. [...] Die Uebertreibung und Einseitigkeit der Centralisation, etwa einer Napoleonischen, führt im Staatsleben zu Absolutismus und Despotismus [...]. Einseitigkeit und verkehrte Richtung in der Freiheit und Selbständigkeit der einzelnen Theile führt zur Isolierung und Kraftlosigkeit, zum Widerstreit, zur Anarchie und Auflösung, zum Untergange auch der einzelnen Glieder. Beide verletzen das höchste Lebensgesetz des Staats [...].[20]

En effet pour le libéral Welcker, la « loi suprême de la vie de l'Etat » exige deux choses : d'un côté une liberté et une autonomie aussi grandes que possible de l'individu dans son environnement culturel, mais d'un autre côté elle demande aussi la garantie du bon fonctionnement de l'Etat, surtout en ce qui concerne les tâches de protection :

> Wo zu ihm [dem Föderativsystem, FT] die Verhältnisse sich nicht eignen oder wo seine großen Gefahren, seine großen Vortheile überwiegen, da muß doch wenigstens in größeren Staaten eine möglichst freie, kräftige provinzialständische oder Landraths- oder Departemental-Verfassung die individuellen Verhältnisse, Bedürfnisse und die besonderen patriotischen Bestrebungen und den Wetteifer der Provinzbewohner beschützen und erwecken und gegen die Monotonie und Despotie einer allgemeinen Abhängigkeit vom Hof und von der Hauptstadt sichern. [...] Wohl aber muß für die wesentliche Harmonie und Kraft des Ganzen, insbesondere

19 Vol. 1, p. 183.
20 Vol. 3, p. 160.

für wahre Collisions- und Noth-Fälle und in den äußeren Gefahren auch der Centralbehörde die hinlängliche Kraft bleiben.[21]

On voit que Welcker se réfère ici une nouvelle fois implicitement aux deux Etats de référence du début de son article, la France et la Suisse, avec leurs défauts, une trop grande centralisation et ses conséquences pour la vie en commun des habitants, ainsi que les dangers d'un Etat trop faible pour la protection de sa population. Il est significatif que Welcker réfute le système ultra-centralisateur de la France, tout en admettant que le système fédéral peut avoir de grands inconvénients et que « les circonstances » peuvent ne pas être adaptées à l'introduction d'un tel système dans un Etat. Cependant en bon libéral allemand, il ne réfute pas le système français par principe, mais parce que la trop grande étatisation de la France met en danger la vie autonome des citoyens, porte en elle le danger du despotisme, d'une trop grande dépendance de la culture du pays de la cour à Paris. Selon les libéraux autour de l'entreprise du *Staatslexicon*, ce défaut de l'ancien régime français avec sa cour centrale avait survécu aux profonds changements politiques du pays –malgré Rousseau qui sert une fois de plus à Welcker de témoin, parce qu'il « opposa le système fédéral des nations à la centralisation excessive par rapport à la constitution et la législation »[22].

Dans l'article « *Conföderation, Bund, Bundes- und Eidgenossenschaft, nach ihrer historischen Entwicklung dargestellt* », Friedrich Kortüm[23] retrace l'histoire des confédérations et des fédérations à partir de l'antiquité grecque, avec une forte préférence pour le second système (surtout celui de l'Amérique du Nord) ; Kortüm est ici très proche de l'analyse de Welcker, puisqu'il prend comme l'une des références quasi obligatoires des systèmes de la Grèce antique :

---

21 *Ibid.*

22 *Ibid.* : « Dem einseitigen Centralisiren in Beziehung auf die Verfassung und Gesetzgebung selbst setzte vorzüglich Rousseau [...] das Föderalsystem der Nationen [...] entgegen ».

23 Friedrich Kortüm (1788 à 1858), historien suisse d'origine de l'Allemagne du Nord, républicain convaincu, contrairement à Welcker.

> Umsonst riethen Thales und Bias, den lockeren Verein durch eine bleibende Bundesregierung, deren Sitz Teos werden könnte, für nahende Gefahren zu stärken. (Herodot I. 170.) Diesen Centralisationsgedanken, welcher wie ein Lichtstrahl auftauchend aus zwölf selbstherrlichen Städten eine Bundesrepublik bilden und die einzelnen Glieder als abhängige Gaue (Demen) der Gesammtheit unterordnen wollte, verwarf die Menge.[24]

Or son article est plus intéressant quand il oppose les systèmes français et allemand – ce dernier étant confédéral. En gros, Kortüm confronte l'histoire de quatre systèmes récents, celui de la République Française jusqu'à sa fin, celui des Pays Bas et leur sort « français », celui de la Suisse et sa confédération plutôt fédérale ainsi que celui de la Confédération germanique. Celle-ci apparaît comme une sorte de monstre dans le sens de Pufendorf presque deux siècles auparavant[25], n'ayant d'équivalent nulle part dans le monde, ce serait dû au fait que les deux principes de la souveraineté absolue et d'une fédération avec le Bundestag à Francfort-sur-le-Main, s'excluraient mais sans un « principat » au sens propre (puisque l'empereur du Saint Empire n'existe plus) s'excluraient, ce qui créerait des problèmes juridiques insurmontables[26]. Il est très clair que ce système ne convainc point le républicain Kortüm. Mais une république centralisatrice comme la première République française ne trouve pas davantage grâce à ses yeux, en raison justement de ses tendances à un unitarisme extrême qui, et c'est une des raisons pour lesquelles la République n'a pas réussi à s'imposer à la longue, ne respectait pas les particularités des différentes parties de l'Etat avec leurs histoires distinctes :

> Die Revolution äußert sich dabei rein destructiv und negativ, indem sämmtliche Errungenschaften der Vorzeit ohne weitere Wahl zwischen dem wirklich Brauchbaren und Veralteten nach besten Kräften von der Gegenwart abgelöst, zersetzt und verflüchtigt werden, die staatsmännische, organisirende Schule der Revolution tritt gegenüber dem real-historischen Prinzip [...] gleichfalls verneinend (negativ) auf und nimmt eine abstract-ideale oder naturrechtlich-universelle

24 Vol. 3, p. 416.

25 Samuel Pufendorf, après la Paix de Westphalie en 1648, avait appelé le Saint Empire un monstre.

26 Vol. 3, p. 448–49.

> Basis als Ausgangspunkt, vor welcher sich die Wirklichkeit als Abfall von dem Gedanken beugen muß. [...] Gegenüber dem Zweck des staatlichen Verbands wird die Behauptung der angebornen, allgemeinen Menschen- und Bürgerrechte [...] verkündigt (proklamirt), [...] gegenüber den Vollziehungsmitteln die rücksichtslose Einheit oder Centralisation als schneidende Waffe wider die Lähmung des provinziell-corporativen Föderalismus angewendet und ein unbedingtes Aufgehen der Theile im Ganzen des Massenstaats erstrebt.[27]

La conséquence devait être logiquement un affaiblissement de la pensée républicaine même, suivie d'une résistance des forces historiques :

> Denn [...] die unbedingte Centralisation [wurde] als nie versiegende Quelle provinziell-corporativer Unruhen nur durch Waffengewalt behauptet und das weltbürgerliche Humanitätsprincip von dem geschichtlich entwickelten Volksthum mit Mistrauen, zuletzt Haß empfangen und nach Kräften abgestoßen.[28]

Or, selon Kortüm, il ne faut pas chercher la raison pour laquelle la République française a finalement échoué dans ses « maladies constitutionnelles », mais justement son universalisme idéologique. L'imposition de l'idée universaliste d'une unité absolue dans des Etats soumis au règne de la République française (selon Kortüm dans un certain sens logique, il pense ici particulièrement à la République batave, à partir de 1797) a précipité la disparition de la république en France :

> Dennoch hätte die Republik [...] längern und festern Bestand gewonnen, wäre nicht [...] die gleichartige Umgestaltung der Filialfreistaaten hinzugetreten. In Folge dieses Verkennens einer historisch-volksthümlichen Grundlage, dieses Strebens nach einem universell-kosmopolitischen Princip [...] gingen manche sonst vielfach wohlthätige Schöpfungen auf dem Gebiet föderalistischer Freistaaten schon in der Geburt zu Grunde.[29]

Ici apparaissent deux arguments en défaveur de la centralisation à outrance que Welcker n'avait pas avancés, puisqu'il s'était limité à l'argument d'une autonomie aussi grande que possible pour le citoyen : d'un côté l'idée qu'il fallait prendre en considération les réalités historiques et

---

27 *Ibid.*, p. 440.
28 *Ibid.*
29 *Ibid.*, p. 442.

les respecter ; de l'autre côté l'idée que la contrainte – ici l'imposition par la force d'un système politique – peut avoir des conséquences néfastes pour l'Etat qui l'exerce. Il ne s'agit pas d'un jugement moral par rapport au système en question – Kortüm était républicain ! –, mais plutôt d'une sorte de mode d'emploi *ex negativo*, de la réfutation de l'universalisme révolutionnaire imposant un système politique qui s'avère contreproductif. Selon l'auteur, le système centraliste français eut certes de très grands inconvénients, mais il avait démontré aussi qu'un Etat devait fonctionner avec un pouvoir central, à l'exemple du système fédéral nord-américain.

L'un des contributeurs les plus sévères avec la France fut l'auteur de l'article consacré à… la France, Marie-Philippe de Golbéry[30]. Sa description du centralisme français est grinçante, probablement aussi parce qu'il le subissait dans un certain sens, dans son rôle de député à l'Assemblée nationale, d'une conscription provinciale éloignée de Paris, celle de Colmar.

Au plan culturel Golbéry voit certes en France des progrès d'ouverture vers le monde extérieur depuis le début du siècle :

> Das neunzehnte [Jahrhundert, FT] hat die Kenntnisse im Allgemeinen erweitert, und jetzt weiß man in Frankreich, dass die Wissenschaft nicht zwischen den Pyrenäen und dem Rheine eingeschlossen ist, und die Literatur sich nicht innerhalb der Mauern von Paris concentriert. [suivent Toulouse et Strasbourg comme universités notables, FT].[31]

En revanche, dans le domaine politique, la « machine centralisatrice[32] » française ne trouve pas grâce à ses yeux. Il vitupère le système préfectoral, le système pyramidal des décisions qui, à partir d'un certain niveau, sont toutes prises à Paris, la lenteur desdites décisions – et même les différences au plan des infrastructures d'hébergement entre les routes « normales » et celles qui mènent à Paris.

---

30 L'article de de Golbéry fut traduit par Karl Joseph Anton Mittermaier. L'auteur de ces lignes n'a jamais pu lire l'original de cet article qui se trouve probablement – s'il existe – dans la bibliothèque de Heidelberg, où il y a un fonds Mittermaier.

31 Vol. 5, p. 151.

32 *Ibid.*, p. 142, « Centralisationsmaschine ».

En bon provincial Golbéry exprime son agacement envers la position de Paris tout en vantant la variété des grandes villes allemandes :

> Es giebt nicht, wie in Deutschland, eine Menge von Hauptorten, die verschiedenen Gegenden Leben und Verkehr gäben; es giebt nur einen Punkt, der Alles verschlingt. Und Alles, was keinen Zusammenhang mit der Hauptstadt hat, was nicht dahin abzielt, wird durchaus vernachlässigt. So ist es mit den Communicationsmitteln für Briefe wie für Reisende, und sogar die meistentheils schlechten Gasthöfe sind nur auf den Straßen die nach Paris führen, etwas leidlicher.[33]

Mais Golbéry ne s'arrête pas aux lamentations d'un député provincial ; il donne des exemples très concrets de ce qu'il trouve néfaste pour la bonne gestion de la France, les méfaits d'une hypercentralisation ; il évoque à la fois la logique de l'incompétence des décideurs centraux – qui ne peuvent pas tout savoir –, la lenteur de la bureaucratie – due au fait qu'elle a trop de décisions à prendre –, et la logique égalisatrice du centralisme parisien – tout cela sur une seule page :

> Es wäre physisch unmöglich, daß ein Minister nur von dem tausendsten Theile der Geschäfte Kenntnis nähme, deren Entscheidung die Gesetze von ihm fordern. Daraus folgt, daß es seine Commis sind, die Befehle an die Präfecten ertheilen, über Dinge, die sie nicht verstehen [...]. Noch öfter bleiben die Geschäfte ganz unerledigt. [suivent quelques exemples sur les problèmes de lenteur au niveau du bâtiment, FT] [...] nach einigen Jahren erweckt bisweilen der Besuch eines Deputirten bei einem Divisionschef die Behörden aus ihrem tiefen Schlafe. [suit un exemple sur un problème de legs dans la circonscription de Golbéry] Von Verzug zu Verzug vergehen zwei Jahre [...]. Endlich fällt es dem Maire ein, an einen Deputirten (den Verfasser dieses Artikels) zu schreiben. Der Deputirte geht in die Bureaus. Man findet endlich die Acten, und die verlangte Autorisation wird expediert.
>
> Eine andere Wohlthat der Centralisation ist die Manie, auf ganz verschiedene Gegenden dieselben Regeln anzuwenden. Man regiert die Gascogner Steppen wie die fruchtbaren Ebenen des Elsaß, die Weinberge von Burgund wie die Oliven von Marseille, ohne Rücksicht darauf, was sich für jede Localität paßt.[34].

33 *Ibid.*, p. 143.
34 *Ibid.*

De Golbéry ne brilla pas par un patriotisme exagéré par rapport à son pays, loin de là. Dans la deuxième édition du *Staatslexicon*, Karl Theodor Welcker se sentit même obligé de défendre légèrement la France en évoquant les progrès qu'elle avait faits depuis la parution de la première édition...[35]. Ce qui est en un sens représentatif de l'article – et qui vaut également pour un grand nombre d'autres articles du *Staatslexicon* c'est la tendance à comparer ces deux pays de façon compétente. Quand de Golbéry évoque l'avantage des grandes villes allemandes et des conséquences sociales positives que leur multitude peut avoir pour le vivre ensemble et le développement de la population alentour, il révèle une connaissance approfondie des pays allemands – comme les auteurs allemands qui prennent comme référence la France connaissent le fonctionnement de cet Etat, citent des lois et des projets de lois, le système éducatif etc. Nous avons affaire, dans le *Staatslexicon*, à ce que l'on appellerait aujourd'hui de réels experts de la matière qu'ils étudient, qui n'hésitent pas à critiquer leur propre pays, à insister sur les inconvénients et les avantages de différents fonctionnements politiques, en l'occurrence d'un système fédéral et d'un système centralisateur – incarnés par le France, Etat-nation, et l'Allemagne qui ne l'était pas – pas encore espéraient ces observateurs à la fois ouvertement non-objectifs et tendanciellement justes.

De fait il n'y eut pas, dans le *Staatslexicon*, que des pourfendeurs du système français. On y rencontre aussi un admirateur du centralisme à la française. Ont été évoqués les opinions de libéraux comme Welcker et Kortüm qui exprimèrent leurs doutes par rapport à des systèmes politiques trop lâches ; ils avaient plaidé pour un pouvoir certain exercé par un organisme central, surtout au niveau de la sécurité de l'Etat luimême en temps de guerre. Friedrich List, initiateur du *Staatslexicon* et grand propagateur des chemins de fer en Europe, argumente en faveur d'un système centralisateur du point de vue de l'économiste. En effet, tout en admettant les inconvénients politiques de l'Etat central français, il lui trouve de très importants avantages qui seraient à l'origine de la modernité inattendue de la France et dont elle a pu se servir pour surpasser l'Allemagne dans le domaine de la technologie :

35 *Ibid.*, p. 156 à 167.

> Durch seine geographische Lage wie durch seine übrigen Zustände ist offenbar Deutschland berufen, das Centrum dieses europäischen Continental-Transportsystems zu bilden. Alle Anzeigen deuten jedoch darauf hin, daß Frankreich allen andern Nationen des Continents mit großem Beispiele vorangehen wird. [...] Welche Nachtheile die Centralisation der Staatsverwaltung, wie sie in Frankreich besteht, in jeder andern Beziehung haben mag, großen, eine ganze Nation umschließenden und verbindenden Unternehmungen ist der in Frankreich bestehende Zustand förderlicher als der in Deutschland bestehende.[36]

List va encore plus loin dans son plaidoyer pour la France : au lieu de fustiger le système français il vitupère au contraire la frilosité allemande en matière d'investissements dans des grands travaux, nécessaires surtout au niveau d'un réseau de chemins de fer pour parvenir à une meilleure communication entre les Etats allemands et à l'instauration d'une unité économique – qu'il appela « *Zollverein* » – thèmes dont il était l'inlassable propagateur depuis la période du Congrès de Vienne, donc depuis une quinzaine d'années :

> Dazu kommt, daß das französische Publicum in Dingen dieser Art schon mehr Einsicht erlangt hat als das deutsche; daß der constitutionelle Zustand Frankreichs dem Einflusse der öffentlichen Meinung auf die Entschlüsse der Regierung und auf die energische Ausführung derselben viel günstiger ist; daß die tausend Bedenklichkeiten und Hindernisse, die sich in Deutschland größern, das Einverständniß mehrerer Staaten voraussetzenden Unternehmungen entgegenstehen, dort wegfallen; endlich daß die französische Bureaucratie zur Zeit die Sache besser kennt, geneigter ist, in die öffentlichen Wünsche einzugehen, und in großen Geschäften schon größere Übung erlangt hat als die deutsche.
>
> In Deutschland erschrickt man noch vor dem Gedanken an Unternehmungen auf Staatsrechnung und an Garantien von Seiten des Staats. Da man sich bisher mit Recht viel darauf zu Gute gethan hat, alljährlich einen ziemlichen Theil der Staatsschuld abzutragen, so betrachtet man einen Vorschlag zu großartigen Staatsunternehmungen, wodurch die öffentliche Schuld wiederum in so außerordentlicher Weise vermehrt werden müßte, wie einen Vorschlag zum Selbstmord, mit Entsetzen. Dies wird sich ändern [...], aber bis es soweit kömmt, ganze Systeme auf Staatsrechnung zu beschließen, braucht es Zeit, und bis dahin wird Frankreich sein schon weit vorgerücktes Werk längst nach einem großartigen Maßstabe fortgesetzt haben.[37]

---

36 Vol. 4, « Eisenbahnen und Canäle », p. 238.
37 *Ibid.*, p. 248–249.

Ce texte date de l'année 1837 environ[38]. Il est suivi, dans la deuxième édition du *Staatslexicon* par une sorte de supplément, rédigé par Karl Mathy[39], probablement durant l'année 1846[40]. Dans cette période de déclin du règne metternichien, de mouvements sociaux, d'un essor de la pensée nationale allemande en raison de la crise du Rhin, une perspective plus concrète de formation d'un Etat allemand pouvait alimenter des idées de gouvernance d'un tel Etat. Mathy prend comme exemples de gouvernance les Etats de la France et de la Belgique, tous deux systèmes centralisés. Mais ce n'est pas le centralisme qu'il tient pour exemplaire, c'est l'unité d'un Etat-nation. Ainsi il cite List qui avait prévu un saut technologique unique de la France sur le continent du fait qu'elle était un Etat central et nuance cette prévision :

> Frankreich ist zwar nicht „allen andern Nationen des Continents mit großem Beispiele vorangegangen", aber es hat als einheitlicher Staat die Ausführung seiner Hauptlinien gesetzlich geregelt.[41]

L'intention de Mathy n'était pourtant pas de critiquer son collègue, mais d'insister sur la véritable supériorité de la France par rapport à l'Allemagne, l'unité qui permet de légiférer et par là de mieux organiser les affaires – en l'occurrence de la construction d'un réseau ferroviaire :

> Wir haben die wesentlichen Bestimmungen dieses Gesetzes hier aufgenommen, um daran zu zeigen, wie vortheilhaft für die Angelegenheiten einer Nation die Einheit ist. In Deutschland machen die Einzelstaaten große Anstrengungen für die Eisenbahnen; wie sich aber das nationale Transportwesen gestalten mag, das hängt mehr oder weniger vom Zufalle ab und inzwischen führt die Verfolgung von Sonderinteressen hie und da zu bedauerlichen Reibungen. Hätte, nach dem Wunsche des Verfassers (Fr. List), der deutsche Bund, oder, was wohl minder schwierig gewesen wäre, der Zollverein die Eisenbahnfrage in die Hand genommen, so hätte

38 Dans la deuxième édition, Karl Mathy écrit que son article supplémentaire (« Nachtrag ») arrive neuf ans après l'article de List.

39 Karl Friedrich Wilhelm Mathy (1807 à 1868), homme politique de gauche puis libéral modéré du Sud-Ouest de l'Allemagne, contributeur régulier au « Staatslexicon ».

40 Mathy se réfère à des lois françaises votées en 1846, mais n'évoque pas le suicide de Friedrich List en novembre de cette même année.

41 Vol. 4, p. 287.

> über die wichtigen Punkte, welche das französische Gesetz regelt, ein deutsches Uebereinkommen zu Stande gebracht werden können.[42]

Pour l'auteur, le problème de l'Allemagne n'est pas qu'elle ne soit pas capable de prendre des décisions – même la Confédération ou l'Union douanière, toutes deux loin d'être des systèmes centralisés, auraient pu en prendre – c'est le particularisme des Etats allemands qui empêche les affaires d'avancer. Or, c'est l'unité qui est l'un des objectifs de l'histoire de l'humanité – selon le démocrate Wilhelm Schulz à qui Rotteck et Welcker avaient confié l'article programmatique « *Einheit* ». Schulz voit l'avenir de l'Allemagne quand il évoque la volonté quasi naturelle des nations de s'unir sans tomber dans le piège d'une centralisation à outrance à la Française, contreproductive pour l'Etat central même :

> Und so begegnen wir denn auch hier, wie in allen bedeutenden Erscheinungen der Geschichte menschlicher Cultur, dem großen Gesetze der wachsenden Mannigfaltigkeit unter der sich erweiternden Form der Einheit. Ganz nach demselben Gesetze ist aber auch klar, daß die Folgen einer allzu weit getriebenen Centralisation der Staatsgewalt mehr als früher empfunden werden müssen. Dies wird der Fall sein, wenn die positiven politischen Bande, welche die verschiedenen Theile einer und derselben Nation verbinden, allzu eng gezogen werden, um eine mannigfaltigere Entwickelung und eine freie Wirksamkeit in der Verfolgung der besonderen und örtlichen Interessen gestatten zu können. [...] Namentlich in Frankreich, wo eine einseitige Centralisation auf den äußersten Punkt getrieben wurde, läßt sich in verschiedenen Departementen eine noch schwache aber wachsende Opposition gegen den von der Hauptstadt ausgehenden überwiegenden Einfluß nicht verkennen. Nirgends haben aber in neuerer Zeit diese Regungen eines selbstständigeren Geistes bei den verschiedenen Theilen einer und derselben auch politisch verbundenen Nation zu einer völligen Zerreißung des politischen Bandes geführt [...].[43]

Quelle autre issue qu'un système fédéral est imaginable pour les libéraux du *Vormärz* , quand ils voient les avantages, mais surtout les inconvénients d'un système centralisé comme celui de la France ?

---

42 *Ibid.*, p. 288.
43 *Ibid.*, p. 221.

Que peut-on conclure de ces quelques citations ?

D'abord il s'avère que la France était effectivement, dans cette problématique de l'organisation d'un Etat, une référence importante pour les auteurs du *Staatslexicon*, qu'elle fût positive ou négative ; elle était si importante que l'on choisit même un Français pour rédiger l'article sur la France, probablement dans un souci d'« authenticité » maximale. Dans ce contexte, il s'avère que les auteurs furent de vrais « experts », très bien informés, et qu'ils partirent de l'hypothèse que leurs lecteurs seraient à même d'apprécier cette expertise : la propagande libérale s'appuyait sur un savoir approfondi, sur des recherches allant jusque dans la législation d'autres pays et sur une culture classique sans laquelle ils n'auraient pas connu le succès qu'ils espéraient pour leur entreprise – de toute évidence, c'est au moins ce qu'ils pensèrent.

En ce qui concerne plus concrètement l'évaluation des deux systèmes, il est curieux de voir que la critique la plus acerbe du centralisme français que l'on trouve dans le *Staatslexicon* vient du Français de Golbéry, député libéral à la Chambre des Députés à Paris. En revanche, l'éloge du centralisme est de la plume d'un Allemand, Friedrich List, l'un des rares experts économistes de cette encyclopédie libérale. Les autres évocations de la problématique vont certes systématiquement dans le sens d'un refus du centralisme français, mais également dans le sens du souci d'un fonctionnement étatique efficace – Etat futur que proposaient à leurs contemporains ces Allemands mécontents de leur propre situation politique, en partie réfugiés en France, mais pas convaincus pour autant du fonctionnement de l'Etat qui les avait accueillis.

Si l'on regarde ces articles de près, on trouve presque toujours un sujet central derrière les différents exemples, contre-exemples, arguments pour ou contre le centralisme français, pour une gouvernance opérationnelle voire un fonctionnement efficace d'un Etat, ce sujet central étant l'unité inachevée de l'Allemagne.

Il est aussi intéressant d'observer l'extrême longévité des structures dans les relations franco-allemandes, même parmi les experts. Qui ne pense pas à des débats actuels, ceux de ce début du XXIe siècle, dans la France centralisé ou à propos des règlementations européennes, quand il lit l'article de de Golbéry ? Qui peut s'empêcher de sourire sur l'égalitarisme avec lequel fonctionne la France quand il lit les analyses de Golbéry ? Mais qui ne pense pas, en cette période de débat sur l'austérité en Europe, aux reproches que certains économistes font à la politique économique allemande, quand il lit les remarques de Friedrich List sur la frilosité financière de l'Allemagne ?

Structurellement, les pays ne changeraient-ils donc jamais ?

Ces lignes montrent à mon sens l'importance de la spécialité dans laquelle Anne-Marie-Saint-Gille a inscrit son enseignement et sa recherche, la « civilisation germanique » dans le cadre de la germanistique française, qui consiste en une observation attentive des phénomènes que connaît le pays voisin, tout en retenant les phénomènes qui marquent son propre pays. De Golbéry connaissait l'Allemagne, il savait la comparer avec son propre pays, la France, et la même chose valait pour Friedrich List qui connaissait la France et son propre pays. L'analyse critique des deux systèmes mène à ce qu'en histoire on appelle depuis une décennie « l'histoire croisée » – laquelle ne peut cependant pas faire l'économie d'une analyse du « présent croisé ». C'est là la tâche de la « civilisation germanique ». Et puisque le *Vormärz* est en quelque sorte pour le public actuel ce que l'antiquité fut pour les contributeurs au *Staatslexicon*, on pourrait voir dans ces quelques lignes la tentative d'un « civilisationniste » d'imiter les libéraux des années trente et quarante de l'avant-dernier siècle.

Gudrun Mattes

L'apprentissage d'un mouvement ouvrier à l'étranger : quelques réflexions sur l'émigration ouvrière allemande sous la monarchie de Juillet (1830–1848)

Pendant la monarchie de Juillet, la ville de Paris abrite un phénomène original : parmi les multiples artisans d'origine étrangère se trouve un groupe important d'artisans-compagnons allemands qui s'organisent entre eux et forment les tout premiers débuts d'un mouvement ouvrier allemand. Il s'agit de la « Ligue des bannis » (*Bund der Geächteten*) qui se transforme en 1836 en « Ligue des justes » (*Bund der Gerechten*) et qui devient pour sa part au début de l'année 1848 la « Ligue des communistes » (*Bund der Kommunisten).* La singularité de ce phénomène consiste dans le fait que cette naissance d'un mouvement ouvrier ne se produit pas en Allemagne mais à l'étranger, et notamment à Paris. Certes, en Suisse, en Belgique et en Angleterre existent également des populations de compagnons allemands, mais c'est en France – et particulièrement à Paris – qu'ils s'organisent pour la première fois, se nomment fièrement « ouvriers »[1] et expriment ainsi une conscience de classe balbutiante.

1 Voir sur ce sujet Jacques Grandjonc, « Ideologische Auseinandersetzungen im „Bund der Gerechten" », in : *Die frühsozalistischen Bünde in der Geschichte der deutschen Arbeiterbewegung. Vom „Bund der Gerechten" zum „Bund der Kommunisten" 1836–1847. Ein Tagungsbericht.* Bearbeitet und herausgegeben von Otto Büsch und Hans Herzfeld, in Verbindung mit Stefi Jersch-Wenzel, Momika Wölk, Wolfgang Wölk, Berlin, Colloquium Verlag, 1975, p. 81–94, p.82/83. Cette dénomination était en effet habituelle déjà dans la première partie du XIXe siècle en France et en Angleterre (*working man*) bien que les ouvriers de cette époque ne fussent pas encore des ouvriers industriels. Il s'agit d'un choix délibéré exprimant une certaine fierté d'appartenir non seulement à la classe la plus nombreuse,

Wolfgang Schieder a été le premier à étudier les organisations ouvrières allemandes à Paris[2], en effectuant de vastes études d'archives. D'autres études d'archives ont suivi de la part des chercheurs de la RDA sur les documents fondateurs de ces organisations allemandes à l'étranger[3] dans le souci de démontrer la continuité entre les formations diverses. Le sujet a été repris et élargi par Jacques Grandjonc dans une vaste étude sociologique sur « Les étrangers à Paris sous la monarchie de Juillet et la seconde République »[4]. Les résultats de cette recherche ont trouvé leur entrée dans les contributions à une conférence internationale sur les premières organisations ouvrières allemandes[5]. Quant à la recherche actuelle, il est intéressant de noter que les études allemandes se concentrent dorénavant plutôt sur l'aspect sociologique de la migration allemande pendant le XIXe siècle[6]. Côté français, les études récentes sur cette époque, par exemple les travaux de Maurizio Gribaudi et Michèle Riot-Sarcey[7] ne mentionnent l'émigration allemande qu'à la marge.

---

mais aussi la plus utile. Cette dénomination est reprise dès les années trente du XIXe siècle par les ouvriers allemands de Paris et apparaît ainsi dans leurs tracts. Pour cette raison, je parlerai dorénavant également d'« ouvriers », même si d'un point de vue sociologique, il s'agit d'artisans.

2 Wolfgang Schieder, *Anfänge der deutschen Arbeiterbewegung. Die Auslandsvereine im Jahrzehnt nach der Julirevolution von 1830*, Stuttgart, Ernst Klett-Verlag, 1963.

3 *Der Bund der Kommunisten. Dokumente und Materialien Band 1. 1836–1849*, Redaktion: Herwig Förder, Martin Hundt, Jefim Kandel, Sofia Lewiowa, Institut für Marxismus-Leninismus beim ZK der SED, Berlin, Dietz Verlag, 1970, ainsi qu'un recueil d'articles sur le sujet dans: *Bund der Kommunisten 1836–1852*, herausgegeben von Martin Hundt, Studienbibliothek DDR-Wissenschaft, Berlin, Akademie-Verlag, 1988.

4 Jacques Grandjonc, *Les étrangers à Paris sous la monarchie de Juillet et la seconde République*, in : *Population*, n°1, 1974, p. 61–88.

5 Grandjonc, "Ideologische Auseinandersezungen".

6 Klaus Bade (éd.), *Deutsche im Ausland – Fremde in Deutschland. Migration in Geschichte und Gegenwart*, Munich, C.H.Beck Verlag, 1992, et : Mareike König, *Deutsche Handwerker, Arbeiter und Dienstmädchen in Paris, eine vergessene Migration im 19. Jahrhundert*, Munich, R. Oldenbourg Verlag, 2003.

7 Maurizio Gribaudi, Michèle Riot-Sarcey, *1848, la révolution oubliée*, Paris, La Découverte, 2008; Maurizio Gribaudi, *Paris. Ville ouvrière. Une histoire occultée*

La recherche a jusqu'aujourd'hui insisté surtout sur le fait que ces artisans ouvriers allemands vivaient entre eux, ne s'adressaient qu'aux ouvriers allemands et n'avaient que peu de contacts avec leur environnement français[8]. Ce manque de contacts est expliqué par le fait que les artisans ouvriers allemands habitaient concentrés dans quelques quartiers seulement. Les contacts avec des radicaux français et l'influence des socialistes utopiques, comme Félicité Robert de Lammenais ou Etienne Cabet dans les programmes de la « Ligue des bannis » et la « Ligue des justes », ne s'expliqueraient que par les activités des quelques intellectuels du groupe. Les ouvriers allemands eux-mêmes ne parleraient d'ailleurs que rarement le français et le contact avec leurs collègues français se limiterait au travail. Cette explication des faits a été surtout mis en avant par Wolfgang Schieder dans son étude fondatrice sur les débuts du mouvement ouvrier allemand. Elle est largement reprise par des travaux actuels.

Sans vouloir remettre en cause le fonctionnement en réseau de ces ouvriers allemands de Paris, je voudrais toutefois nuancer le constat d'un microcosme hermétiquement clos. Je me pose au contraire la question de savoir si et à quel point l'environnement français a pu influencer cette gestation d'un mouvement ouvrier allemand dans la capitale française. Je m'intéresserai particulièrement au mode de vie dans les quartiers populaires de l'époque et son articulation avec le monde du travail et je confronterai le mouvement ouvrier allemand à Paris avec le mouvement ouvrier français, déjà important et politiquement actif depuis la révolution de Juillet de 1830.

1789–1848, Paris, La Découverte, 2014; Michèle Riot-Sarcey, « Marx et l'expérience singulière de 1848 », in : *Cités*, n°59, *2014/3* ; Michèle Riot Sarcey, « Le mouvement ouvrier en questions. Un entretien de Déborah Cohen avec Michèle Riot-Sarcey », in : *Actuel Marx*, Paris, PUF, 2014, p. 93–103 ; Michèle Riot-Sarcey, *Le procès de la liberté. Une histoire souterraine du XIXe siècle en France*, Paris, La Découverte, 2016 ; Michel Pigenet, Danièle Tartakowsky, *Histoire des mouvements sociaux en France de 1814 à nos jours*, Paris, La Découverte, 2014.

8 Schieder, *Anfänge*, p. 107. Cette analyse est largement reprise par Hans-Ulrich Thamer, „*Grenzgänger, Vaganten und fahrende Gewerbe*", in : Bade, *Deutsche im Ausland*, p. 231–236.

1. Dimension et caractère de l'immigration allemande

Pendant la monarchie de Juillet, il y a un afflux constant d'étrangers et de provinciaux à Paris[9]. Cette migration constitue le seul facteur de croissance de la population parisienne, dont la démographie est en berne. En conséquence, l'économie de la ville est en grande partie basée sur cet incessant flot d'ouvriers venant aussi bien de tous les coins de la France que des pays européens. La population des Allemands croît particulièrement. Selon les calculs de Jacques Grandjonc[10], elle est déjà importante en 1832, représentant 16% des étrangers de Paris. C'est à cette époque le troisième groupe d'étrangers séjournant à la capitale. L'immense majorité de ces Allemands sont des ouvriers. Sept années plus tard, leur nombre a considérablement augmenté. En 1839, les Allemands représentent avec 25%[11] le premier groupe de la population étrangère à Paris. Ce pourcentage s'accroît encore en 1841 à 27,3% et en 1846 à 34,1%. Le recensement de 1851 montre clairement la rupture que présente l'année 1848, car la proportion des Allemands chute à cette période à 21,8%[12].

Cette augmentation rapide suscite l'attention des autorités et des acteurs économiques. Une enquête de la Chambre de commerce de Paris de 1851 met effectivement en évidence l'importance de l'immigration allemande[13]. Selon cette étude, les ouvriers allemands se concentrent surtout dans trois branches particulièrement significatives pour l'industrie parisienne de l'époque[14]. Une grande partie d'entre eux sont tailleurs, travailleurs du cuir (cordonniers, selliers, bottiers, tanneurs,

9 Grandjonc, *Les étrangers.*

10 *Ibid.*, p. 80, *Tableau VII. – Répartition des étrangers par nationalité en 1832 et 1839.*

11 Wolfgang Schieder estimait le chiffre total des Allemands à Paris entre 1830 et 1848 à 30 000 personnes maximum (Schieder, *Anfänge*, p. 100 : « ...darf nicht angenommen werden, daß die Gesamtzahl der Deutschen in Paris zwischen 1830 und 1848 die 30 000 überschritten hätte. »).

12 Grandjonc, *Les étrangers*, p. 84.

13 *Ibid.*, p. 82.

14 *Ibid.*, p. 83.

corroyeurs) et du bois (ébénistes, menuisiers, charpentiers)[15]. Un tiers des cordonniers parisiens serait allemand, tout autant qu'un cinquième des ouvriers ébénistes. Deux cinquièmes des tailleurs seraient des étrangers, dont une majorité allemande[16]. Les ouvriers de ces trois branches concentrent sur elles environ la moitié des ouvriers allemands à Paris. La deuxième moitié est composée de maçons, serruriers, facteurs d'instruments, orfèvres et boulangers, branches dans lesquelles les Allemands étaient également nombreux.

Comme pour chaque minorité qui se partage le marché du travail avec d'autres groupes d'immigrés et la population autochtone, les rapports semblent mitigés. On reproche notamment aux ébénistes allemands de pratiquer des prix de dumping. Le Bulletin de Paris du 28 août 1839 rapporte par exemple que « rue du Faubourg Saint-Antoine des ébénistes poursuivent et maltraitent des ouvriers allemands du même état, les accusant de faire baisser la main-d'œuvre. »[17]. Afin d'éviter des tensions, un certain nombre de fabricants, notamment les maîtres ébénistes du faubourg Saint-Antoine composent leur atelier d'une manière homogène[18].

Ces conflits s'expliquent pour une grande part par le statut des Allemands dans les ateliers parisiens. Ces Allemands sont fréquemment à la recherche d'une qualification supplémentaire[19] pour laquelle Paris est renommée. Afin d'être embauchés, ils sont souvent obligés de payer de nouveau leur apprentissage ou d'accepter de travailler pour un salaire plus bas, comme c'est le cas des ébénistes séjournant au faubourg Saint-Antoine. La dureté de ces mesures ne concerne néanmoins pas exclusivement les Allemands. Le monde de travail de l'époque, connaît habituellement des conflits brutaux. Des rixes violentes éclatent

---

15 Pierre-Jacques Derrainne, « Migration de travail, conflits et sociabilités : l'exemple des ouvriers allemands en France sous la monarchie de Juillet et la seconde République », in : König, *Deutsche Handwerker*, p. 120–142, p. 124.

16 Hans-Ulrich Thamer, « Grenzgänger: Vaganten und fahrende Gewerbe », in : Bade, *Deutsche im Ausland*, p. 231–236, p. 234.

17 Grandjonc: *Les étrangers*, p. 83.

18 *Ibid.*, p. 82.

19 Voir sur ce sujet: Sven Steffens, « Frankreich-Wanderschaft und berufliche Ausbildung im Spiegel von Selbstzeugnissen deutscher und belgischer Handwerksgesellen des 19. Jahrhunderts », in : König, *Deutsche Handwerker*, p. 27–47.

fréquemment entre compagnons de différents corps d'état et entre compagnons et apprentis[20]. La prise de conscience que les ouvriers ont des intérêts en commun ne se fait que progressivement.

2. Les lieux de travail et de sociabilité des ouvriers allemands et français à Paris

Vu en soi, ces faits semblent plutôt confirmer la thèse que les émigrants allemands de Paris vivaient surtout entre eux et fréquentaient à peine la population française. Une vue plus précise sur les conditions de vie et de travail dans les quartiers ouvriers de l'époque met cependant en doute cette image monochrome.

La population ouvrière allemande n'a en effet pas constitué un bloc homogène mais était largement fractionnée selon la qualification et le métier. D'un côté, les études constatent un véritable sous-prolétariat allemand, employé comme terrassiers, chiffonniers ou balayeurs[21] établi à la barrière Fontainebleau, au quartier Saint Marcel, à la Villette et à Belleville, et qui vivait essentiellement replié sur lui-même. La même étude conçoit que la population allemande dans le quartier des travailleurs du bois, le faubourg Saint-Antoine, fut de nature très différente, constituée des ouvriers très spécialisés, largement sédentaire et souvent mariés avec des Françaises[22]. Or, les débuts du mouvement ouvrier – français comme allemand – sont basés sur les ouvriers venant de l'ancien artisanat, fiers de leurs compétences mais ébranlés par la crise économique et les changements de la révolution industrielle. Il est

20 Edouard Dolléans, *Histoire du mouvement ouvrier, 1830–1871*, Paris, Librairie Armand Colin, 1948, p. 30–31.

21 Wilfried Pabst, « Subproletariat auf Zeit: 'Gastarbeiter' im Paris des 19. Jahrhunderts », in : Bade, *Deutsche im Ausland*, p. 263–268. La plupart des récits et études de cas datent autour des années 1860, donc une génération après l'époque qui nous intéresse.

22 *Ibid.*, p. 267.

significatif que le leader de la « Ligue des justes » Wilhelm Weitling, théorise ce clivage. Lui-même tailleur et exposé à la précarité, il continue à miser sur les anciens artisans comme acteurs futurs d'un changement social. Selon lui, les personnes vivant dans la misère la plus profonde, n'y trouveraient pas l'énergie nécessaire[23].

Les anciens artisans en revanche disposent toujours d'un réseau social et de la solidarité d'un corps de métiers. Ainsi nombre de quartiers de la ville de Paris sont marqués par une organisation très dense entre ateliers et habitats ouvriers. Une étude récente de Maurizio Gribaudi[24] décrit deux zones différentes d'habitation d'ouvriers pendant la monarchie de Juillet qui correspondent aux deux tendances différentes de l'industrie parisienne de l'époque : d'un côté une tendance des grandes manufactures à s'installer dans les villages de la périphérie et dans les faubourgs du nord et l'est de la ville et d'un autre côté une densification et industrialisation des vieux quartiers du centre rive droite, suite à la vente des biens nationaux. Gribaudi parle d'une « fabrique collective parisienne ». Il se trouve que deux corps de métiers où les Allemands sont particulièrement nombreux, les tailleurs et les cordonniers, sont installés dans ces vieux quartiers rive droite, tandis que les ébénistes et plus généralement les travailleurs du bois travaillent au faubourg Saint-Antoine.

Les vieux quartiers rive droite développent une activité débordante avec plusieurs ateliers à chaque étage, une diversification et une spécialisation de la production autour d'un bien de consommation. Ainsi se constitue pour chaque îlot de maisons un noyau de production très performant. Chaque ilot, presque chaque maison a aussi son marchand de vin, son épicerie, etc. Presque chaque rue a sa goguette, lieu de sociabilité très fréquenté par les ouvriers de l'époque. De nombreux passages connectent ces îlots par des arrière-cours qui sont ainsi liés avec les grands axes de circulation. Les garnis qui hébergent les provinciaux et

23 Wilhelm Weitling, « Die Wertfälschung im heutigen Geldsystem », in : *Die junge Generation*, 1842, d'après : Ernst Schraeppler, *Handwerkerbünde und Arbeitervereine 1830–1853 Veröffentlichungen der Historischen Kommission zu Berlin Band 34*, Berlin, New York, Walter de Gruyter, 1972, p. 68.

24 Gribaudi, *Paris*, p. 174.

les ouvriers étrangers se trouvent au plus près des lieux de production. Ces lieux de production, très spécialisés, comptent très peu d'ouvriers par atelier, un ou deux. Mais une multitude de ces ateliers se trouvent à chaque étage. Ce mode exigu de travail et de logement ne permet pas une distinction nette entre vie et travail. Il crée au contraire un espace public typiquement prolétarien, où le voisinage et les contacts de travail se superposent et produisent des références sociales denses. Même si les ouvriers sont logés souvent dans les garnis selon leur origine, ils se fréquentent chez les marchands de vin, les épiciers et aux bals populaires. L'extraordinaire proximité physique compense souvent l'absence de la famille. Tandis que les ouvriers émigrés provinciaux ont parfois quelques parents dans la ville, ces liens manquent beaucoup plus aux ouvriers étrangers[25].

Les quelques informations sur les lieux d'habitat et de sociabilité des membres des organisations allemandes dont nous disposons, laissent supposer que les ouvriers allemands habitaient dans les mêmes quartiers et fréquentaient les mêmes lieux que leurs collègues français et que les groupes de nationalités diverses se côtoyaient quotidiennement.

Déjà la filiale parisienne du « Press et Vaterlandsverein » fondée en 1832, se réunit dans un petit restaurant d'une rue très populaire, au 7 rue Tirechappe, à quelques pas d'où habitait l'ouvrier cordonnier Zaël Efrahem, un des plus grands leaders du jeune mouvement ouvrier français[26]. Le cordonnier Schäfer, membre de la « Ligue des justes », habite en 1838 dans la rue Transnonin[27], rue qui fut tristement célèbre en 1834, lorsque la Garde nationale abat douze personnes dans la même rue, scène immortalisée par Honoré Daumier. Le tailleur Andreas Scherzer, membre de la « Ligue des justes », indique dans une lettre à Wilhelm Weitling son adresse au 20 rue des bons Enfants, dans le premier arrondissement, qui se trouve au début de la rue Saint-Honoré, un haut lieu

25 Voir à ce sujet : Martin Nadaux, *Mémoires de Léonard, ancien garçon maçon*, A.Duboueix, (Bourganeuf) Imprimeur-Libraire, 1895, Bibliothèque nationale de France, catalogue.bnf.fr/ark:/12148/cb341697562.

26 Dolléans, *Histoire*, p. 176.

27 « Carl Friedrich Hoffmann aus Hamburg » in : *Der Bund der Kommunisten*, p. 114.

des tailleurs. De même, Hermann Ewerbeck, leader de la « Ligue des justes » habite au 30 rue Saint Honoré[28]. L'adresse du personnage-clé de la « Ligue des justes », le tailleur Wilhelm Weitling est indiquée au 13 rue Honoré Grenelle[29]. C'était justement en 1833 l'adresse du bureau de l'atelier autonome des tailleurs parisiens[30]. En 1840, l'adresse des tailleurs allemands en grève est le 41 rue Coquillère dans le quartier des Halles, chez le tailleur Schick[31]. L'ébéniste Fr.Ehrhard par contre, habite comme ses collègues français plus à la périphérie, à Belleville, au 6 de la très populaire rue Ménilmontant[32].

Ces quelques indications ne sont évidemment pas exhaustives mais elles montrent néanmoins que l'appartenance à un corps de métier ne joue pas seulement pour les ouvriers français mais aussi pour les ouvriers allemands. Cela ne veut pas dire que l'origine ethnique ne compte pas pour la sociabilité[33] mais les liens professionnels semblent être au moins aussi importants.

Le chercheur Laurent Clavier qui a également travaillé sur la notion de quartier dans le Paris de 1848[34] cite le cas d'un jeune ouvrier de cuisine qui nomme son marchand de vin comme témoin de bonne conduite lors de son arrestation par la police. Les marchands de vin, comme les aubergistes, ont un rôle social prépondérant. Leur établissement est lieu de rencontre, ils sont préteurs d'argent et justement témoins de bonne réputation. Ce marchand de vin est allemand. Son établissement se trouve à la maison voisine de celle du jeune garçon, qui lui est français.

---

28 *Ibid.*, p. 156, Brief von Hermann Ewerbeck in Paris an Wilhelm Weitling in Vevey, 31. Januar 1843.

29 *Ibid.*, p. 126, « Aufruf an die Schneidergesellen in Magdeburg ».

30 Gribaudi, *Paris*, p.302. L'atelier des tailleurs se trouvait à quelques mètres, au 99 rue Saint Honoré.

31 *Der Bund der Kommunisten*, p. 123 (« Aufruf der streikenden deutschen Schneidergesellen in Paris, Juli 1840 »).

32 *Ibid.* p. 208 (« Brief von Friedrich Martens in Hamburg an Georg Weissenbach in Paris, 10. Februar 1845 »).

33 Gribaudi, *Paris*, p. 234.

34 Laurent Clavier, « *'Quartier' et expériences politiques dans les faubourgs du nord-est parisien en 1848* », Revue d'histoire du XIXe siècle, 2006, p. 121–142.

La densité de l'habitat et des lieux de travail explique que les réseaux professionnels, les coalitions ouvrières, sociétés philanthropiques et sociétés secrètes se côtoient dans l'espace d'un mouchoir de poche. En 1834, la presque totalité des membres de la « Société des droits de l'homme » habite dans les anciens quartiers du centre-ville, rive droite[35].

Les informations sur la naturalisation des ouvriers allemands parlent également contre le fait que la communauté ouvrière allemande à Paris soit entièrement close et sans contact avec son environnement français. Parmi les 3000 Allemands naturalisés entre 1830 et 1851, à peu près 77% sont des ouvriers[36]. Après la révolution de Février, non seulement les intellectuels comme Hermann Ewerbeck, mais aussi entre 700 et 800 ouvriers sont devenus français. Parmi les ouvriers qui se font naturaliser en 1848, se trouvent également les co-fondateurs de la « Ligue des bannis », les frères Goldschmidt[37].

L'historien Pierre-Jacques Derrainne cite un sondage de 1848, effectué auprès des témoins d'une cinquantaine de tailleurs allemands qui demandèrent leur naturalisation. Presque tous les témoins sont des marchands de vin, coiffeurs, épiciers du voisinage proche et probablement des Français, selon la sonorité de leur patronyme[38]. Ici aussi il ne s'agit que d'un exemple, un exemple qui « laisse toutefois entrevoir une sociabilité de proximité basée sur l'interconnaissance locale »[39]. Une grande partie de ces ouvriers se sont certainement mariés avec des Françaises, étant donné que la migration allemande est en 1848 encore presque exclusivement masculine ; la migration des bonnes à tout faire allemandes ne commence que pendant la deuxième moitié du XIXe siècle[40].

---

35 Gribaudi, *Paris*, p. 329.

36 Grandjonc, « Schlußwort zur Diskussion », in : *Die frühsozialistischen Bünde*, p. 46. Jacques Grandjonc a évalué le rapport entre itinérants et sédentaires à ½ pour les ouvriers étrangers en général.

37 *Ibid.*, p. 46.

38 Derrainne, « Migrations de travail », p. 134.

39 *Ibid.*

40 König, *Deutsche Handwerker*, p. 7–9 (*Vorwort*) et König, « 'Bonnes à tout faire' Deutsche Dienstmädchen in Paris im 19. Jahrhundert », in : *Deutsche Handwerker*,

3. L'apprentissage de la fraternité : coalitions ouvrières et grèves

Quelques phénomènes d'hostilité des ouvriers français persistent certes même après la révolution de Février[41] – expression de la crise économique – une hostilité qui se dirige d'ailleurs aussi bien contre les Allemands, les Anglais, les Belges, les Piémontais que contre les Auvergnats ou les Normands[42]. Mais ces phénomènes sont contradictoires et non uniformes. Ils diminuent dans l'ensemble, sans disparaître entièrement, avec l'avancée du mouvement ouvrier français.

Les premières coalitions ouvrières se forment dès le début de la Restauration, réaction de défense contre les attaques systématiques du patronat qui résiste à toute revendication ouvrière[43]. Pendant tous ces conflits il s'agit du droit de négocier librement les conditions de travail et les salaires. Des conflits incessants, souvent violents, ponctuent la relation entre ouvriers et patronat. Ces coalitions, toujours réprimées et criminalisées, et en conséquence éphémères, font partie de la vie quotidienne dans l'espace public des quartiers populaires du centre-ville et des faubourgs. Les ouvriers du livre ouvrent la voie pour la révolution de Juillet. La pression de l'industrialisation naissante mène aux insurrections des Canuts à Lyon en 1831 et en 1834. Dans les luttes sociales de la première partie du XIXe siècle à Paris, ce sont justement les coalitions des cordonniers, des ouvriers du bois et les tailleurs qui jouent un rôle de premier plan[44], c'est-à-dire les branches dans lesquelles les

---

p. 69–92. Voir aussi Grandjonc, *Les étrangers*, p. 84 : « Il va de soi qu'à cette époque l'ouvrier ou le compagnon étranger qui vient à Paris, de même l'ouvrier français venant de la province, est de sexe masculin à une écrasante majorité. »

41 Derrainne, « Migrations de travail », p. 128–131.

42 Remi Gosset, *Les ouvriers de Paris, Livre premier. L'Organisation 1848–1851*, la Roche-sur-Yon, Imprimerie Centrale de l'Ouest, 1967, p. 50–53.

43 Gribaudi, *Paris*, p. 269–282.

44 Alphonse Grignon, « Réflexions d'un ouvrier tailleur sur la misère des ouvriers en général, la durée des journées de travail, le taux des salaires, les rapports actuellement établis entre les ouvriers et les maîtres d'ateliers, la nécessité des associations ouvrières comme moyen d'améliorer leur condition », in : Alain Faure,

Allemands sont particulièrement nombreux. Ce rôle se concrétise pendant les grèves de 1833. Les ouvriers de ces métiers ne sont pas les seuls à se coaliser, mais ils sont particulièrement avancés dans les réflexions et la mise en œuvre des formes concrètes d'organisation.

Une coalition des ouvriers charpentiers par exemple, réussit déjà en 1832 à imposer une hausse de salaires et surtout à négocier une convention écrite et signée des ouvriers et des patrons, définissant normes et prix des travaux[45]. Dans ce conflit très dur, les ouvriers charpentiers avaient manifesté massivement pour la libération de leurs camarades arrêtés auparavant et ils avaient prononcé une interdiction de travail de cinq ans à l'encontre d'un de leur maître.

Ces conflits font émerger des personnages-clé du jeune mouvement ouvrier, comme le cordonnier Zaël Efrahem qui prône déjà la solidarité entre les coalitions des métiers divers en créant des associations comme moyen « d'union et de force »[46] ou le tailleur Alphonse Grignon qui réussit à unir les trois associations de tailleurs existant en septembre 1833[47]. Il est aussi le premier à lancer un appel public à la solidarité ouvrière et à demander la création d'un « Comité central des associations ouvrières » dans l'objectif de créer « des rapports d'indépendance et d'égalité avec les maîtres »[48]. En octobre 1833, s'ouvre même un atelier de production au 99 rue Saint Honoré, organisé par les ouvriers tailleurs où « seront reçus toutes les commandes des citoyens qui veulent l'émancipation des prolétaires »[49]. Cet exemple est repris par les imprimeurs et compositeurs[50]. En octobre 1833, 6000 ouvriers cordonniers se mettent en grève et créent sous l'impulsion de Efrahem la « Société d'Amitié fraternelle », qui réunit toutes les associations de la branche

---

Jacques Rancière, *La parole ouvrière 1830/51*, Paris, Union Générale d'Editions, 1976, p. 74–81.

45 Gribaudi, *Paris*, p. 300–301.

46 « Efrahem, ouvrier cordonnier. De l'association de tous les corps d'état 1833 », in : Faure, Rancière, *La parole*, p. 159–168.

47 Dolléans, *Histoire*, p. 82.

48 Alphonse Grignon, *Réflexions d'un ouvrier tailleur sur la misère des ouvriers*, p. 74–81.

49 Edouard Dolléans, *Histoire*, p. 84.

50 *Ibid.*, p. 84–86.

et qui a également comme projet de défendre les salaires par le moyen de création d'un atelier, dirigé par les ouvriers[51]. Efrahem demande également l'établissement d'une Caisse centrale d'épargne et de secours pour soutenir les ouvriers en grève.

L'immigration ouvrière allemande tombe donc dans un milieu particulièrement agité et riche en débats et actions et il est peu probable que les ouvriers allemands et particulièrement les tailleurs et les cordonniers soient restés entièrement à l'écart des événements.

Un processus d'apprentissage considérable s'effectue notamment entre la première vague de grève en 1833 et une deuxième vague de grève qui s'étend en 1840 dans tout le pays et qui prend à Paris la forme d'une grève générale. Les ouvriers étrangers prennent part à cette évolution et surtout les ouvriers étrangers organisés et politisés.

En 1833, le mouvement ouvrier allemand de Paris est à peine naissant et il y a peu de signes d'une participation des ouvriers allemands aux mouvement de grèves. Mais déjà, l'idée d'une solidarité nécessaire semble naître de la part des ouvriers français. C'est du moins avéré de la part du cordonnier Efrahem déjà mentionné. Efrahem est également membre de la « Société des droits de l'Homme », société républicaine qui contient une fraction néo-babouviste et qui commence à recruter chez les ouvriers. Jacques Grandjonc cite une lettre ouverte publiée le 31 octobre 1833 dans le journal « La Tribune »[52] dans laquelle Efrahem se plaint du peu de participation des Allemands et des Belges à une réunion de grève en les invitant à participer à la prochaine réunion. Jacques Grandjonc considère comme probable que ces contacts ont finalement eu lieu, même s'il n'est pas certain qu'ils aient abouti sur un plan organisationnel[53]. En revanche cette réunion ou une autre a pu constituer

---

51 *Ibid.*, p. 86–87.

52 Jacques Grandjonc, *Communisme/Kommunismus/Communism. Origine et développement international de la terminologie communautaire prémarxiste des utopistes aux néo-babouvistes 1785–184*, Schriften aus dem Karl-Marx-Haus, n° 39/1, 1989, p.175, annotation 604: *La Tribune*, Paris, 31 octobre 1833, n°304, p. 2/II: « Nous avons remarqué avec peine à la réunion du 27 [octobre] que les Belges et les Allemands étaient en très petit nombre, nous les invitons à se joindre à nous pour lundi prochain [4 novembre]. ».

53 *Ibid.*, p. 175.

un premier contact entre ouvriers français, ouvriers allemands et la « Société des droits de l'Homme ».

En 1834, il y a au moins deux Allemands, deux imprimeurs sur tissu, qui participent à la deuxième insurrection des Canuts à Lyon, le Prussien Andreas Breitbach et le Hanovrien Onke Jakob De Weerth[54]. Un seul Allemand, Friedrich Christoph Becker est arrêté pendant l'insurrection de la même année à Paris[55]. Ce processus de rapprochement est difficile à documenter étant donné que les ouvriers n'ont que rarement laissé des documents écrits ou une correspondance. Les documents écrits viennent surtout des archives des tribunaux et de la police ou des journaux qui, à l'époque, montrent rarement de la compréhension pour les revendications des ouvriers.

Au moment de la deuxième grande vague de grèves sous la monarchie de Juillet, en 1840, il n'y a plus aucun signe d'une division entre ouvriers français et ouvriers non-nationaux[56]. Les grèves de 1840 constituent sans doute le mouvement social le plus important avant la révolution de Février 1848. Elles font émerger ou concrétisent toutes les revendications ouvrières qui sont en 1848 reprises par la « Commission du Luxemburg » sous la présidence de Louis Blanc et l'ouvrier Albert : le droit de négocier librement les conditions de travail, la réduction des heures de travail, l'abolition du marchandage et la suppression du livret de travail.

Bien que coupés de l'opinion publique les ouvriers font preuve d'un grand sens d'organisation, de l'ingéniosité dans de nouvelles formes de lutte et surtout d'une remarquable cohérence dans l'action[57]. Nombre de métiers sont en grève simultanément ou successivement. Des groupes d'ouvriers grévistes parcourent les quartiers qui abritent les ateliers et débauchent les ouvriers qui travaillent encore. Les tailleurs, les cordonniers et les travailleurs du bois figurent de nouveau

54 *Ibid.*, annotation 606.

55 *Ibid.*, Jacques Grandjonc a repris cet exemple chez Schieder, *Anfänge*, p. 19, d'après AN : CC 600, dossier 68.

56 Derrainne, « Migrations de travail », p. 131–133. Je reviendrai aux grèves de l'année 1840 à la fin de l'article.

57 Voir sur ce sujet : David.H.Pinkney, *Decisive years in France 1847–1847*, New Jersey, Princeton University Press, 1986, p. 85–88.

parmi les branches les plus actives. Forcément une grande partie des ouvriers allemands est concernée par ce mouvement[58]. Or, il n'y a aucun incident noté d'un refus des ouvriers allemands au mouvement ou inversement une hostilité à leur égard[59]. De la part des ouvriers français, les quelques relents anti-allemands semblent s'être estompés à cette époque et aucune revendication hostile n'est connue même de la part des ébénistes du faubourg Saint-Antoine, pourtant au centre des conflits d'hostilité au début des années trente. Le même constat est fait par le rapport de la Chambre de commerce déjà cité[60].

Jean-Pierre Aguet qui a travaillé sur les grèves sous la monarchie de Juillet, souligne au contraire que « La grande cohésion de chaque corps de métier dans sa lutte particulière témoignait de l'unanimité d'opinions des ouvriers engagés dans ces mouvements. »[61]

Cette cohésion se montre particulièrement lors de la grève des tailleurs qui lancent conjointement le 10 juin 1840 un appel de soutien en langue allemande et française[62]. L'appel allemand met en évidence que les tailleurs allemands se sentent tout à fait concernés par les conditions de travail en France et par la nécessité des actions communes avec leurs collègues français : « Des milliers de nos camarades, parmi eux un quart d'Allemands, ont préféré quitter leur atelier plutôt que se soumettre à l'oppression de la plupart des maîtres qui demandent de nous des *livrets* [en français dans le texte, G.M.], c'est-à-dire une sorte de livre de conduite [...] ».[63] L'appel explique ensuite que ce livret serait

58 Derrainne, « Migrations de travail », p.131–132 : Pendant les grèves de 1840, le jeune ouvrier menuisier allemand Hoff est accusé d'avoir animé la grève des serruriers. Le tailleur allemand Antoine Muller est arrêté également en 1840 « pour avoir rédigé et remis une pétition à son patron, par laquelle les ouvriers de l'atelier demandaient une augmentation de salaire. ». En 1847 les ouvriers étrangers semblent même avoir joué un rôle pendant les manifestations concernant l'établissement Krieger, car parmi les176 arrestations, un cinquième ont été des étrangers.

59 *Ibid.*, p. 132.

60 *Ibid.*

61 *Ibid.*, p. 230.

62 *Der Bund der Kommunisten*, p.123–126, « Aufrufe der streikenden Schneidergesellen in Paris, Juli 1840 ».

63 *Ibid.*, p. 123, « Aufruf der deutschen Schneidergesellen an die Schneidergesellen in Braunschweig und Dresden »: « Tausende von unseren Kameraden, worunter

un piège pour les ouvriers permettant aux maîtres de baisser les salaires en temps de crise sans autre forme de procès et de ne pas augmenter les salaires en temps de faste. Les tailleurs concluent : « […] ainsi nous sommes ensemble fermement décidés à braver les maîtres et à ne plus travailler jusqu'à ce qu'ils cèdent. »[64]

L'appel français aux tailleurs en Allemagne souligne également pour une des premières fois dans l'histoire du mouvement ouvrier l'aspect d'une solidarité internationale : « nous vous engageons donc par tous les moyens qui sont en votre pouvoir à contribuer à notre succès, car notre cause est la vôtre ; vos camarades de Paris vous en tiendront compte. »[65]

Selon Jacques Grandjonc ce comportement a été d'autant plus significatif que la crise économique aurait très bien pu mettre les ouvriers en concurrence. Au lieu de cela « grévistes et manifestants de 1840 semblent avoir fait preuve de la plus grande solidarité sans égard à la nationalité des uns et des autres. »[66]

L'intérêt de ce processus de rapprochement est entièrement compris et exprimé par le journal ouvrier *L'Atelier* qui écrit quelques années plus tard, en 1847 :

> « […] Nous disons ceci : de ces quarante mille ouvriers, la moitié reste chez nous et devient française comme nous. Pour ce qui est des autres, après avoir passé quelques années en France, ils retournent chez eux, et sont encore jusqu'à un certain point des nôtres. En effet pendant qu'ils ont été nos compagnons de travaux, nous leurs avons enseigné non seulement nos procédés industriels, mais ce qui vaut mieux nos idées, nos doctrines. Quand ils arrivent chez nous, ils sont humbles et timides, craignent le maître, le bourgmestre et l'Autrichien ; mais quand ils s'en vont, ce n'est plus cela. Et voilà pourquoi nous ne demandons pas

ein Viertel Deutsche, haben es vorgezogen, ihre Werkstelle zu verlassen als sich den Unterdrückungen der meisten Meister, die von uns *livrets*, das heißt eine Art von Aufführungsbücher verlangen, zu unterwerfen [..]. »

64 *Ibid.*, « [..] so sind wir zusammen fest entschlossen, dem Meister Trotz zu bieten und so lange nicht zu arbeiten, bis sie nachgeben [..]. ».

65 *Ibid.*, p. 124–125, « Aufruf der französischen Schneidergesellen ».

66 Grandjonc, *Communisme*, p. 448.

> que l'on chasse les ouvriers étrangers qui viennent travailler en France, pas même sous le prétexte de protéger le travail national. »[67]

L'Atelier, un journal d'une ligne consciemment modérée, exclusivement rédigé par des ouvriers[68], compte surtout sur ce processus d'apprentissage que les ouvriers étrangers font selon lui, une fois installés en France pendant un certain temps.

Comme ces quelques lignes le montrent, le contact entre ouvriers allemands et ouvriers français de Paris pendant la monarchie de Juillet n'est pas quantifiable une fois pour toutes. Il s'est développé lentement et il est, à mon avis, justement à considérer comme un processus d'apprentissage. Ce processus a eu lieu surtout entre les deux grandes vagues de grèves entre 1833 et 1840. Il commence par un contact timide en 1833 et évolue en 1840 vers une participation active et une intégration relativement importante dans les luttes. Pendant cette époque, au moins une partie des ouvriers allemands ont appris de leurs collègues français à défendre leurs intérêts.

---

67 « L'Atelier », octobre 1846, in : Derrainne, , « Migrations de travail », p. 136.
68 Voir à ce sujet : Armand Cuvillier, *Un journal d'ouvriers : « L'Atelier »* (1840–1850), Paris, Les Editions ouvrières, 1954.

Gilbert Merlio

Le couple franco-allemand et la Figure du bon Européen chez Nietzsche[1]

Lors de la guerre franco-allemande de 1870/1871, Nietzsche était encore un bon patriote allemand. Bien que déjà nommé professeur à Bâle, il se porte volontaire pour servir comme infirmier dans les armées allemandes. Il a été impressionné par les succès prussiens et par la politique bismarckienne. Mais sa préoccupation première est, comme le dit la préface à la *Naissance de la tragédie* qu'il dédie à Wagner fin 1871, la crise de civilisation qui, selon lui, frappe l'Allemagne de plein fouet. Le « médecin de la civilisation » qu'il entend être compte alors sur l'opéra wagnérien pour la résoudre. A l'image de la tragédie attique, ce chef d'œuvre total sera le flambeau d'une révolution culturelle qui débarrassera l'Allemagne, et à sa suite l'Europe entière, des effets délétères du positivisme et du matérialisme modernes. La victoire allemande et la fondation du Reich ne le rassurent pas, bien au contraire. Bismarck, qui vient de concéder le suffrage universel aux libéraux, ne risque-t-il pas d'être le fourrier des idées modernes, libérales et progressistes, en Allemagne ? D'où cette admonestation fameuse que Nietzsche adresse à ses compatriotes au début de la première de ses *Considérations intempestives* (c'est-à-dire contraire à l'esprit du temps) sur David Strauss (1873) : qu'ils prennent garde à ce que l'édification du Reich n'entraîne pas « l'extirpation » de l'esprit allemand !

1 Les références aux écrits de Nietzsche sous la forme d'un titre suivi d'un numéro entre crochets permettent de retrouver aisément la citation dans n'importe quelle édition papier ou numérique. Rappelons que l'édition critique allemande de l'œuvre de Nietzsche par Giorgio Colli et Mazzino Montinari est consultable en ligne (http://www.nietzschesource.org).

Les « idées modernes », celles des Lumières, viennent de l'ouest. Plus tard, Nietzsche les dira d'abord « anglaises ». Pour l'heure, il engage surtout les Allemands à se déprendre de l'influence romane qui les empêche d'être eux-mêmes. L'Allemagne doit retrouver ce fonds dionysiaque qui l'apparente à la Grèce ancienne et que les plus grands Allemands, Luther, Bach, Kant, Beethoven, Schopenhauer, Wagner, ont inconsciemment perpétué. Sous l'influence du germanisme wagnérien[2], il est, disons, en grossissant à peine le trait[3], plutôt teutomane et francophobe. Il partage le rêve de nombreux penseurs allemands qui depuis le *Sturm und Drang* opposent à la « latinité », qui a jusqu'ici affirmé en Europe sa suprématie culturelle, une « hellénité » qui doit dorénavant l'emporter sous l'égide de l'Allemagne. A la fin de la deuxième *Intempestive* sur l'histoire, il oppose la notion grecque de culture comme « une nouvelle et meilleure nature, sans extérieur ni intérieur, sans simulation et convention », comme « une harmonie entre la vie et la pensée, l'apparence et la volonté », à la culture romane qui reste par trop extérieure et conventionnelle. Un caractère artificiel qu'illustrent à l'envi les Allemands enclins à imiter les mœurs et les modes françaises !

Pourtant, dès cette période, Nietzsche a parfois quelque mal à réprimer une certaine admiration pour la culture française. Certes, nous dit-il dans sa troisième *Intempestive*, où il fait l'éloge de Schopenhauer, celui-ci n'a pas sombré dans l'imitation ridicule et stérile des Français. Mais au rebours d'autres Allemands, il a su « dire simplement ce qui est profond, ce qui est émouvant sans rhétorique et ce qui est scientifique sans pédanterie »[4]. En matière d'honnêteté intellectuelle, Nietzsche ne lui voit qu'un rival, qu'il place même plus haut que lui : Montaigne. S'ébauche donc ici une sorte de profession de foi dans le classicisme à la française : ce qui se conçoit bien s'énonce clairement. Nous reviendrons sur cet idéal classique.

---

2 Dans *Art allemand et politique allemande* (*Deutsche Kunst und deutsche Politik*, 1868), Wagner oppose l'esprit allemand à la « civilisation française ».

3 Mais Nietzsche concède lui-même dans son « Essai d'autocritique » de 1886 qu'il a, à l'époque, « commencé à divaguer sur l'âme allemande » (« Versuch einer Selbstkritik » [6], in : *Die Geburt der Tragödie*).

4 *Schopenhauer als Erzieher* [2].

Dans les *Intempestives* se produit surtout une inflexion décisive dans l'attitude du « médecin de la civilisation ». Elle est notamment due à sa rupture avec Wagner qui se dessine alors même qu'il rédige sa quatrième *Intempestive : Richard Wagner à Bayreuth.* Nietzsche y décrit un Wagner tel qu'il souhaitait qu'il fût et qu'il n'est déjà plus. A Bayreuth, Wagner est descendu au niveau des Allemands, il est devenu populaire, ce qui pour Nietzsche est absolument incompatible avec le génie[5]. Nietzsche abandonne peu à peu l'idée d'une révolution culturelle apportant une solution collective à la crise moderne. Son espoir se déplace sur les individus d'exception. Dans la troisième *Intempestive*, Schopenhauer est célébré moins pour sa philosophie que pour sa personnalité. Une personnalité solitaire, animée d'une soif héroïque de vérité[6] qui le rend prêt à tous les sacrifices, un de ces « hommes véridiques », philosophes, artistes ou saints dans lesquels la nature atteint son accomplissement. Il s'agit maintenant, nous dit Nietzsche, de favoriser l'émergence en nous et hors de nous de ce type de personnalité, car c'est de lui que viendra le salut. Il répète ici ce qu'affirmait déjà la seconde *Intempestive* « Non, le but de l'humanité ne réside pas dans sa fin, mais dans ses types les plus élevés »[7].

Par sa « véracité », la personnalité de Schopenhauer annonce les Figures entremêlées qui vont dominer à partir de 1876 la seconde période de la philosophie de Nietzsche, celle de ses propres « lumières », de sa déconstruction des valeurs idéalistes et notamment chrétiennes : l'esprit libre, le surhomme, le « bon Européen ». Il se produit alors ce que l'on pourrait appeler un premier « renversement des valeurs » chez Nietzsche. La teutomanie de la première période fait place à une germanophobie qui n'a d'égale que la francophilie affichée dorénavant par Nietzsche. Les continuateurs de l'Antiquité ne sont plus à ses yeux les Allemands mais les Français. La nature du Français est, affirme-t-il, plus proche de la grecque que la nature de l'Allemand. C'est Voltaire

5 *Ecce homo*, « Warum ich so klug bin » [5] : « Was ich Wagnern nie vergeben habe ? Dass er zu den Deutschen condescendierte,— dass er reichsdeutsch wurde…Soweit Deutschland reicht, verdirbt es die Cultur.— »

6 « Heroismus der Wahrhaftikeit », *Schopenhauer* [4].

7 *Vom Nutzen und Nachteil der Historie für das Leben* [9].

qui est maintenant le Grec moderne, appliquant dans sa dramaturgie la « mesure » grecque aux passions. Lui et les moralistes français des XVIe et XVIIe siècles, Montaigne, La Rochefoucauld, La Bruyère, Fontenelle, Vauvenargues, Chamfort sont les médiateurs de l'esprit de la Renaissance, lui-même maillon de cette chaîne qui relie la modernité à l'esprit grec. L'esprit libre que veut être maintenant Nietzsche veut continuer le travail critique que les Lumières historiques, notamment allemandes, n'ont hélas pas poussé assez loin puisqu'elles sont restées trop chrétiennes et ne se sont en tout cas pas débarrassées des idoles métaphysiques de l'idéalisme, la Raison, la Vérité, l'Humanité, l'idée de Progrès, l'idéal démocratique etc. C'est pourquoi il veut s'inspirer aussi des Lumières grecques et notamment de cette *vis veritatis* des présocratiques qu'il oppose au « supranaturalisme » mensonger du platonisme (dont, comme on le sait, le christianisme n'est, selon lui, qu'une version à l'usage du peuple)[8]. Dans les temps modernes, c'est en France que Nietzsche trouve les prémices de l'« esprit libre ». Et cela pour l'une de ces raisons dialectiques qu'il affectionne. La France a été le pays « le plus chrétien de la terre ». Par réaction, c'est ici qu'a pu se développer « le type contraire de l'esprit libre non chrétien »[9]. Nietzsche est fasciné par Pascal, à la fois « modèle » et « parfait adversaire ». Adversaire par sa foi qui sacrifie la raison et par sa haine du « soi », modèle par sa passion et sa probité intellectuelles.

Certes, ces « libres penseurs » ne sont pas allés jusqu'au bout de leur travail de démystification. Mais le scepticisme d'un Montaigne ou d'un Voltaire annonce cette purgation de l'esprit des fantasmes idéalistes dont Nietzsche prétend être l'ultime artisan. A cet égard, des notes posthumes de 1887 distinguent très nettement le XVIIe du XVIIIe siècle. Le premier est celui de Lumières encore aristocratiques dont Voltaire est le meilleur représentant. Nietzsche applaudit à ce que cet « aristocrate de l'esprit » critique, l'optimisme à la Leibniz, le journalisme, l'intellectualisme et le scientisme. Voltaire avait le sens du tragique. Il a été le

8 *Jenseits von Gut und Böse*, Vorrede.

9 Cf. aphorisme 192 de *Morgenröte* intitulé « Sich vollkommene Gegner wünschen ». De même, c'est en France, le pays le plus révolutionnaire, qu'est née la personnalité la plus autoritaire de l'Europe, Napoléon !

« maître à danser » de Nietzsche[10], professant déjà un « pessimisme de la force » qui permet de danser, de jouer et de rire « dans les chaînes » ou « au-dessus de l'abîme », c'est-à-dire en assumant le tragique et l'absurdité de l'existence[11]. En revanche, Rousseau est le promoteur des Lumières plébéiennes, humanistes et progressistes, typiques du XVIIIe siècle et qui donneront bientôt naissance au démocratisme et au socialisme. Il professe des illusions comme la bonté naturelle, la pitié ou la perfectibilité morale de l'homme. Il prêche un retour improductif à la nature alors que Voltaire voulait exalter la nature dans une culture aristocratique d'essence artistique. Homme de ressentiment, croyant, Rousseau perpétue la « révolte judéo-chrétienne des esclaves dans la morale » qui mène à ce « dernier homme » « rapetissé » (*verkleinert*) que décrit le prologue de *Zarathoustra.*

Dans le processus menant à la nouvelle *Aufklärung* poursuivie par Nietzsche, Rousseau devrait être classé plutôt parmi les Allemands que parmi les Français. En effet, les Allemands ont été en cette affaire « les retardateurs par excellence du cours de l'histoire »[12]. Nietzsche n'attribue plus leur décadence à la néfaste influence « romane » : « Ils ont sur la conscience tous les grands crimes contre la civilisation des quatre derniers siècles »[13]. Notamment Luther et sa Réformation ont entravé la moisson de civilisation que promettait la Renaissance car ils ont redonné de l'élan au christianisme. Les philosophes allemands, Leibniz, Kant, Hegel, Hegel surtout, ont de leur côté tout fait pour convaincre les Allemands du caractère divin de l'existence. Schopenhauer a sauvé l'honneur par son athéisme, mais ses successeurs comme Eduard Hartmann ne l'ont pas suivi dans son pessimisme radical et ont partagé l'illusion du progrès. Enfin, les guerres de libération ont empêché Napoléon d'unifier l'Europe et ont été le ferment de cette « névrose

---

10 *Der Wanderer und sein Schatten* [140] : « In Ketten tanzen ». Nietzsche a trouvé cette expression qui résume son style et sa philosophie tragique dans une lettre de Voltaire à Deodati de Tovazzi (24/1/1761).

11 Sur les rapports entre Nietzsche et Voltaire voir le livre de Guillaume Métayer, *Nietzsche et Voltaire. De la liberté de l'esprit et de la civilisation*, Paris, 2011.

12 *Der Fall Wagner*, Postscriptum.

13 *Ecce Homo*, « Warum ich so gute Bücher schreibe » [2].

nationale » qu'est le nationalisme, de plus en plus prégnant dans le Reich.

Le procès que Nietzsche intente aux Allemands est sans pitié. Pour les vilipender, il recourt volontiers à la métaphore digestive : « L'esprit allemand est une indigestion. Il n'arrive à finir avec rien »[14]. Il rapproche de façon fantaisiste « deutsch » de « täuschen » pour dire que la « profondeur » allemande n'est qu'un leurre. Il reproche aux Allemands leur esprit alourdi par la bière et perverti par les journaux, leur langue affreuse, leur confusion romantique, leur âme troublée par la métaphysique, et, peut-être plus sérieusement, leur militarisme, leur goût de la puissance et leur antisémitisme (il vomit notamment l'antisémitisme des *Bayreuther Blätter*).

Pourtant, Nietzsche ne désespère pas des Allemands. Brusquement, comme souvent chez lui, la perspective s'inverse. Nietzsche fait appel de nouveau à l'étymologie, de façon, cette fois, un peu moins fantaisiste. Allemand, nous explique-t-il, cela veut dire païen (en fait peuple) et peut-être en effet le peuple allemand pourrait-il, comme le prédisait Schopenhauer, devenir le premier peuple non chrétien d'Europe. Le thème de l'Allemagne protestataire apparaît, illustré par l'attitude de Luther qui n'est donc plus considéré comme le fossoyeur des promesses de la Renaissance. Avec Frédéric II et aussi « grâce au caractère viril et indomptablement fort et tenace des grands philologues et des historiens critiques allemands » s'est imposé en Allemagne, « en dépit de tout le romantisme de la musique et de la philosophie », un « scepticisme viril et intrépide » : « Ce n'est peut-être pas sans de bonnes raisons que des hommes de la gent humanitaire, au cœur chaud et à l'esprit spirituel, se signent devant cet « esprit fataliste, ironique, méphistophélique » comme le nomme, non sans frissonner, Michelet »[15].

En fait, il y a pour Nietzsche Allemand et Allemand. Les reproches incisifs s'adressent à l'Allemand moyen et non à l'Allemand que représentent des personnalités d'exception comme Goethe, Beethoven Schopenhauer. Mais ces bons Allemands sont de bons Allemands parce qu'ils sont plus qu'Allemands : « Etre bon Allemand, c'est cesser d'être

14 *Ibid.*, « Warum ich so klug bin » [I].
15 *Jenseits* [209].

allemand [...] L'orientation vers ce qui n'est pas allemand fut toujours la marque des hommes distingués de notre peuple »[16]. Le bon Allemand tend à transcender le cadre étroit de la nation, que ce soit sur le plan politique ou sur le plan culturel. Il est par vocation un « bon Européen ». Le concept apparaît dans *Humain trop humain* et accompagne la figure de l'esprit libre, c'est-à-dire l'esprit qui en a fini avec toutes les fables métaphysiques.

Nietzsche s'assume dorénavant lui-même comme « esprit libre » et « bon européen ». Un esprit libre qui prend acte du fait que la croyance en un Dieu chrétien, garant suprême des valeurs qui fondent notre civilisation européenne, est en train de s'effacer, mais qui pense que le nihilisme doit être porté à son terme pour qu'il puisse être dépassé. En effet, la vacance de sens créée par la mort de Dieu est le produit même du dualisme qui est au cœur de la foi en une transcendance. Car la croyance en l'existence d'un au-delà du monde réel dévalorise l'existence d'ici bas...et finit pas se dévaloriser elle-même. La recherche de la Vérité une et définitive, inhérente à la foi religieuse ou à la métaphysique, finit par faire découvrir à l'homme qu'il n'y a pas de Vérité. En outre, l'histoire de l'Occident est le résultat « d'une révolte des esclaves dans la morale » qui a abouti à cette humanité grégaire, rabougrie, à ces « derniers hommes » recroquevillés sur eux-mêmes et culturellement stériles, enlisés qu'ils sont dans leur petit hédonisme matérialiste quotidien. La critique de la civilisation moderne est étroitement liée chez Nietzsche à celle du christianisme et de l'humanisme idéaliste qui en a découlé.

Le propos de Nietzsche est donc de définir le type humain capable de surmonter le nihilisme et la décadence de notre civilisation. La Figure du « bon Européen » qui apparaît dans cette perspective s'inspire des évolutions de l'époque. Nietzsche ne peut que constater le brassage des races et des nations qu'entraînent les échanges modernes, industriels et commerciaux, le développement des moyens de communication, la mobilité croissante des populations. Ce brassage engendre une race mêlée (*Mischrasse*) d'Européens dont les traits communs oblitèrent les spécificités nationales. Comme le souhaitaient les plus grands esprits

16 *Vermischte Meinungen und Sprüche* [323].

européens du passé, l'Europe veut s'unifier. Nietzsche pense d'ailleurs que les Allemands ont un rôle particulier à jouer dans ce processus « grâce à leur qualité depuis longtemps avérée d'être des interprètes et des médiateurs entre les peuples. »[17]. Mais, en la matière, il compte encore plus sur les Juifs, cette race opiniâtre qui a subsisté malgré les persécutions subies au long des siècles. Comme eux, les « bons Européens » seront des « apatrides » rejetant la « folie des nationalités » qui érige des murs entre les peuples.

L'époque des impérialismes prouve d'autre part que la politique prend une dimension mondiale. Or, les nations européennes n'ont pas la taille nécessaire pour jouer un rôle décisif dans cette « grande politique ». Comme Tocqueville et Burckhardt juste avant lui, Nietzsche note la montée à l'ouest et à l'est des deux superpuissances que sont les Etats-Unis et la Russie. Face à elles, face notamment à la menace que constitue la Russie, l'Europe doit en finir avec cette *Kleinstaaterei*, entretenue notamment en Allemagne par les intérêts privés de quelques princes ou de quelques couches sociales. Si elle veut participer au « gouvernement de la terre », enjeu de la « grande politique », elle doit s'unir. Nietzsche envisage donc la constitution d'une Europe-Puissance animée d'une seule et forte volonté. Il parle de révision des frontières et d'une fédération à la Suisse dans laquelle chaque peuple aurait son « canton ». Mais il faut bien avouer que les solutions qu'il propose restent bien vagues.

En réalité, ces réorganisations territoriales l'intéressent peu. L'évolution commande à ses yeux une autre vision de l'Europe de l'avenir. Le brassage des populations que nous venons d'évoquer et le mouvement général de démocratisation qui l'accompagne vont engendrer une masse d'individus nomades, d'origine cosmopolite, mais uniforme, nivelée, standardisée, une masse d'individus intelligents, curieux, travailleurs, disponibles, sans grande volonté personnelle. Ces esclaves d'un nouveau type constituent si l'on veut le versant négatif de l'Européen de l'avenir. Mais dialectiquement (l'histoire avançant toujours par engendrement réciproque des contraires et toute élévation supposant donc un asservissement et vice et versa), ce mouvement de démocratisation et de

17 *Menschliches Allzumenschliches* [475].

standardisation ne peut que donner naissance à « des hommes d'exception du genre le plus dangereux et le plus séduisant [...] La démocratisation de l'Europe nous prépare du même coup une pépinière de tyrans, – dans toutes les acceptions du mot, même la plus spirituelle. »[18].

Rétrospectivement, cette phrase apparaît tristement prophétique puisqu'elle nous fait immanquablement penser aux dictatures du siècle passé (et peut-être du siècle présent ?). Mais elle rappelle d'abord la thèse déjà présente chez Platon, Tocqueville, Burckhardt, selon laquelle la démocratie est une école de tyrans. Sous la plume de Nietzsche, elle constitue aussi un souhait : l'apparition de personnalités charismatiques chargées d'éduquer et de conduire la société de masse engendrée par l'évolution moderne lui semble être la seule voie possible pour sortir de la décadence. Sur un plan politique, il va de soi qu'il n'envisage d'aucune façon une Europe démocratique. L'unification de l'Europe ne peut se faire selon lui que sur un mode autoritaire. Napoléon reste sa grande référence en la matière. Mais en réalité, la nouvelle conception de la politique à laquelle il nous demande de réfléchir est beaucoup moins une politique qu'une esthétique. Dans la vision de ces tyrans qui peuvent être aussi de la nature « la plus spirituelle » revit le rêve platonicien du philosophe-roi. C'est pourquoi Henning Ottmann définit à juste titre la « politique » de Nietzsche comme du « platonisme esthétisant »[19].

Nietzsche reste profondément apolitique. Ce qui l'intéresse, c'est encore et toujours la culture. A ses yeux, l'Europe représente avant tout une entité culturelle qu'il définit de façon très classique : par les héritages de la Grèce, de Rome, du judaïsme et du christianisme (il n'ignore pas le rôle de médiateurs qu'ont rempli les Juifs et les Arabes dans la transmission de l'héritage grec). Quel que soit le sort politique de l'Europe – Nietzsche évoque un empire russe régnant sur tout le continent euro-asiatique –, sa mission est de devenir le sanctuaire de cette civilisation.

En tout état de cause, Europe puissance ou Europe culturelle, Nietzsche ne peut concevoir une civilisation en dehors de son incarnation

18 *Jenseits* [242].

19 Henning Otmann, *Philosophie und Politik bei Nietzsche*, Berlin 1887.

dans des « individus supérieurs ». Si les individus supérieurs du passé préfiguraient le « bon Européen » de l'avenir dans la mesure où ils transcendaient les valeurs nationales, ce dernier doit incarner une synthèse supérieure, riche de tous les apports nationaux. Il sera l'antitype de l'Européen grégaire et fonctionnalisable produit par le brassage des populations. Sa figure se confond très largement avec celle du Surhomme, dont le nom disparaît d'ailleurs très largement de la terminologie nietzschéenne dans la dernière partie de l'œuvre du philosophe pour laisser place précisément à des expressions comme « homme supérieur », « homme de synthèse supérieur » etc. Cet homme supérieur devra réunir dans la plus grande tension possible les extrêmes les plus opposés, « le César romain avec l'âme du Christ », comme le note Nietzsche[20]. Ce qui veut dire, transposé au plan des nationalités européennes, qu'il sera bien une figure cosmopolite, non par recherche d'une synthèse molle, par retranchement ou nivellement des caractères nationaux, mais au contraire en mettant leurs spécificités, voire leurs contradictions au service de leur enrichissement mutuel. Vision qui correspond à une version potentialisée de l'idéal classique de la *Bildung*.

Bien entendu, cela signifie qu'il ne sera pas demandé aux seuls Allemands de se dégermaniser, c'est-à-dire de se défaire des aspects les plus médiocres et vulgaires de leurs traits nationaux propres. Aux Français aussi il sera demandé de se « défranciser », aux Italiens de se « désitalianiser » etc. Mais au fond, comme le nationalisme est aux yeux de Nietzsche un phénomène essentiellement vulgaire, cette tâche ne devrait pas être si difficile pour la nouvelle aristocratie des « bons Européens ». Nostalgique des sociétés aristocratiques du passé (ou d'une démocratie à l'athénienne où une minorité de citoyens règne sur une masse d'esclaves), Nietzsche transporte en effet cet idéal sur l'Europe de l'avenir. La référence à la culture aristocratique française y reste déterminante. Encore dans *Ecce homo*, il lui rend un hommage appuyé : « Je ne crois qu'à la culture française et tout le reste de ce que l'on appelle en Europe « culture » me semble un malentendu, pour ne rien dire de la culture allemande… Les rares cas de haute culture que j'ai trouvés

20 *Nachgelassene Fragmente* [27 (60)], Sommer-Herbst 1884.

en Allemagne étaient tous d'origine française. »[21]. La teutophobie de Nietzsche semble vers la fin de sa vie consciente verser dans la diabolisation pure et simple des Allemands. Et pourtant, n'écrit-il pas dans une note de la même année 1888 : « On me demande souvent pourquoi j'écris mes livres en allemand ? [...] J'aime les Allemands[...] Qu'importe s'ils ne me lisent pas ? Je m'efforce d'autant plus d'être juste à leur égard. Et qui sait ? Peut-être me liront-ils après-demain. »[22]. Et leur rendre justice, n'est-ce pas dire et répéter, comme le fait Nietzsche, que les Allemands sont par définition indéfinissables et donc riches de toutes les potentialités comme de toutes les faiblesses ? Nietzsche ne peut oublier qu'il est lui-même allemand et le dialogue critique qu'il mène avec ses compatriotes est largement un dialogue avec lui-même, précisément en vue devenir ce « bon Européen » transcendant l'Allemand en lui. A telle enseigne qu'il finit, non sans un certain histrionisme mégalomane, par prétendre en cette année 1888, où il se présente comme un « destin » faisant basculer l'histoire de l'humanité, qu'il justifie à lui seul les Allemands, en prenant le contre-pied de tout ce qu'ils ont pu faire ou signifier de néfaste sur le plan culturel, à commencer par leur christianisme !

Malgré les références incessantes, négatives ou positives, aux caractères nationaux, il faut bien comprendre que Nietzsche n'a pas une pensée de nature ethnique. L'homme se définit pour lui non par sa provenance mais par sa destination. Le recours aux caractères nationaux lui permet de donner des visages (des masques !) aux qualités ou aux défauts qu'il juge néfastes ou bénéfiques à la culture, c'est-à-dire à cet accroissement des potentialités créatrices de la vie qui doit en être le but intrinsèque. Ces masques « nationaux » ne sont pour finir que des marqueurs, très souvent interchangeables. Nietzsche avait trop le sens de la complexité des héritages culturels pour attribuer à chaque peuple une identité univoque. Il n'ignore pas les faiblesses françaises. Il n'aime évidemment pas la France révolutionnaire ou progressiste, il signale quelques-unes de ses « impossibilités » parmi les Français : Rousseau, bien sûr, mais aussi Victor Hugo, les frères Goncourt, Zola (ou la joie

21 *Ecce Homo*, « Warum ich so klug bin » [3].

22 *Nachgelassene Fragmente* [19 (1)], September 1888.

de puer !)[23]. La France souffre particulièrement de la maladie européenne de la volonté[24]. Nietzsche n'oublie pas qu'il a trouvé le mot de « décadence », qu'il emploiera dorénavant dans la langue d'origine, dans les *Essais de psychologie contemporaine* de Paul Bourget au début des années quatre-vingts. Mais il reste ébloui par la puissance civilisatrice de la France, par sa culture « la plus raffinée et la plus spirituelle de l'Europe »[25]. On peut parler à son égard comme à l'égard de beaucoup d'intellectuels allemands depuis le XVIIIe siècle de « gallotropisme »[26]. La France fonctionne souvent comme un système de signes permettant de vanter ce qui, pour Nietzsche, fait défaut à l'Allemagne. L'idée qui est derrière tout cela est sans doute celle de complémentarité. Elle est claire par exemple dans le vœu de Nietzsche que la musique soit « méditerranéisée », c'est-à-dire dans son éloge de Bizet « aux dépens » (en vérité en complément) de Wagner. En vue de la constitution d'une identité culturelle européenne, les apports conjugués de la France et de l'Allemagne restent en tout cas essentiels à ses yeux[27].

23 *Götzen-Dämmerung :Streifzüge eines Unzeitgemässen* [1].

24 Cf. *Jenseits* [208].

25 *Jenseits* [254].

26 Cf. Gilbert Merlio, « Anhaltender Gallotropismus. Nietzsches Aufklärung im Verhältnis zu den französischen *Lumières* – die prachtvollen Franzosen als noble Menschen » in : Wolfgang Adam, York-Gotthart Mix, Jean Mondot, *Gallotropismus im Spannungsfeld von Attraktion und Abweisung*, Winter, Heidelberg, 2016, p. 329–346. Voir l'avant-propos de ces deux volumes pour la définition de ce nouveau concept.

27 Les autres pays comptent peu. Aux yeux de Nietzsche, les Anglais, peuple de commerçants, manquent totalement de culture. Quant à l'Italie, tant fréquentée par Nietzsche, elle est surtout là comme héritière de la Grèce et de la Rome antiques.

Marie-Claire Hoock-Demarle

Aux sources de l'engagement pacifiste de Bertha von Suttner

Etre femme au XIXe siècle et s'engager publiquement pour quelque cause et dans quelque domaine que ce soit, tient de la gageure et récolte bien souvent le scandale. George Sand et Flora Tristan en ont fait, chacune à leur manière, la rude expérience. Au milieu du XIXe siècle l'écrivaine allemande Bettina von Arnim, auteure en 1835 de *Correspondance de Goethe avec une enfant* et qui publie dans les années 1840 une enquête sociale dans le quartier des pauvres de Berlin[1], se verra attaquée et traitée de « femme publique », en clair de prostituée : « Les femmes n'ont pas le droit de blesser ainsi la délicatesse, elles ne doivent pas se prostituer ainsi publiquement »[2].

Pour quelles raisons la Baronne Bertha von Suttner, née comtesse Kinsky, qui conjugue à ces deux titres déjà bien des obstacles à un engagement public, choisit-elle de s'aventurer, la quarantaine passée et dans un moment de surenchère nationaliste en Europe, dans la sphère publique et, qui plus est, politique jusqu'à devenir la *Friedensbertha*, l'icône de la paix à l'échelle internationale ? Comme dans ce genre d'itinéraire à contre-courant, les raisons personnelles sont certes déterminantes mais en aucun cas suffisantes, quelles sont les sources où l'intrépide Baronne a pu puiser la force de ses convictions pacifistes et le courage de les exprimer dans ses discours comme dans ses écrits ? C'est en effet à la jonction des choix personnels et des impulsions du moment que se cristallise un engagement dont le but indéfectible reste jusqu'à la veille de la Première guerre mondiale, précisément jusqu'au 21 juin

1 Bettina von Arnim, *Dies Buch gehört dem König*, Berlin, 1843.
2 Clemens Brentano à Emilie von Niendorf, in : Emilie von Niendorf, *Sommertage mit Clemens Brentano*, Munich, 1844, p. 25.

1914, date de sa mort, la volonté de transgresser les dissensions et de rapprocher les ennemis héréditaires dans un vivre-ensemble à l'échelle de l'Europe :

> Mais faut-il que l'un dévore l'autre ? Confluer les uns vers les autres, se mêler mutuellement et être là comme une unité supérieure ou plutôt comme une pluralité qui agirait de concert, harmonieusement : c'est là le but de la société humaine en plein progrès.[3]

En quoi l'engagement pacifiste de Bertha von Suttner qui se nourrit de toutes les initiatives en faveur de la paix sans considération de frontières ou de nations, constitue-t-il dès lors une des rares avancées au tournant du XXe siècle vers un rapprochement et une coopération « au-dessus de la mêlée » dans une Europe alors sous la menace permanente d'une « Krieg-in-Sicht », d'une « guerre-en-vue » ?

Un itinéraire tout tracé

Dès sa naissance à Prague en 1843, le destin de Bertha future Baronne von Suttner née comtesse Kinsky est strictement programmé. Elle naît au milieu du XIXe siècle dans le *Vielvölkerstaat* des Habsbourg, fait de multiples nationalités, dirigé encore par le chancelier Metternich jusqu'à la Révolution de 1848. Elle voit le jour à Prague, capitale d'une Bohème particulièrement fière de sa déjà longue histoire où un Kinsky a joué jadis un rôle important aux côtés de Wallenstein. Elle naît enfin dans un milieu où les codes sociaux, surtout ceux concernant les femmes et plus encore les femmes de la noblesse, sont immuables et stricts. On est sous la Restauration qui abolit le divorce et renforce l'autorité absolue du mari sur sa femme. C'est un monde où la séparation entre la sphère privée, dite domestique, et la sphère publique, essentiellement politique, est particulièrement forte. Pas de droit de vote en vue,

3 Bertha von Suttner, „Das werdende Europa" in : *Briefe an einen Toten*, Dresden, Pierson,1905, XXII. Brief, p. 207–209.

pas de représentation en tant que femme dans les instances politiques, pas d'immiscions dans l'élaboration des lois ou des normes. Quant à s'aventurer dans le domaine, international de surcroît, de la paix et de la guerre, c'est alors, pour une femme, chose aussi impensable qu'incongrue.

L'enfance et l'adolescence de la jeune comtesse Kinsky sont à l'image de cette naissance privilégiée. Marquées par l'absence du père, général dans l'armée impériale, mort à 74 ans juste avant sa naissance, ces années de formation sont placées sous la tutelle rigide d'un proche, le Landgrave Friedrich von Fürstenberg, militaire de carrière et vieux garçon qui montre bien peu d'intérêt pour l'éducation des filles, surtout celles de l'aristocratie dont le destin unique et sacré à ses yeux est d'assurer la lignée. Longtemps, dans le sillage de sa mère qui passe son temps et perd son argent dans les casinos des villes d'eaux alors à la mode, Bertha Kinsky virevolte de Bade à Paris, de Rome à Venise, entrant dans la ronde des fiançailles-défiançailles (Ver- und Entlobung) qui la mène jusqu'à ses trente ans, âge auquel toute fille de l'aristocratie non mariée devient irrémédiablement une vieille fille. Certes, par son statut social, la jeune comtesse Kinsky est d'office membre d'une société ramifiée sur tout le continent. Elle marivaude à Wiesbaden avec *Fredericus Rex*, le roi de Prusse, et fréquente à Paris l'entourage de Napoléon III, en particulier son neveu Achille Murat dont elle restera très proche. Elle a ses entrées dans les salons aristocratiques de toutes les capitales européennes et, dans un premier roman *High Life* (1885), publié comme il convient sous pseudonyme, elle raillera aimablement ce cosmopolitisme mondain qu'elle qualifie alors de 'nomadisme du luxe' mais auquel elle doit sa première découverte de l'Europe. Plus tard, dans ses *Mémoires* publiées en 1909, elle s'étonnera rétrospectivement de la totale indifférence affichée dans sa jeunesse face aux évènements qui autour d'elle bouleversent l'ordre des nations, de l'Europe et du monde :

> J'avais vis-à-vis des événements de l'époque un tel manque de compréhension et d'empathie que c'est à peine si je savais ce qui se passait, au point qu'une guerre

> pouvait avoir lieu au moment même, je ne la remarquais qu'après qu'elle eut éclaté et m'en débarrassais en une ligne dans mes notes.[4]

Adolescente, la future icone de la Paix n'avait pas échappé au culte du militaire qui atteint son paroxysme avec la mort en 1858 à Milan, à quatre-vingt-douze ans, de la figure légendaire du vieux Feld-maréchal Joseph Radetzky :

> Un tel héros, une telle figure de demi-dieu ! Le monde, l'Autriche surtout avaient perdu un trésor. Mon admiration pour la gloire soldatesque touchait à la vénération. Plus dévote en militaire que moi, cela n'existait pas.[5]

Et même lors de la guerre franco-prussienne de 1870/71, alors qu'elle a déjà 27 ans et qu'elle séjourne à Paris, elle reste, en dépit de ses attaches dans les deux camps, conforme aux convenances et à l'éducation reçue et se montre totalement fermée au contexte politique et historique du moment :

> De tout ce que la guerre franco-allemande pouvait engendrer de misères et d'atrocités, j'entendais bien peu de choses – ou plutôt je ne voulais rien en entendre, le rejetant d'un habituel et fataliste 'c'est la guerre'.[6]

Un engagement à contre-courant

Pourtant le parcours si bien programmé tourne court pour diverses raisons dont la première et la plus évidente est que, toute Kinsky qu'elle soit, la plus très jeune Bertha – elle vient de fêter son trentième anniversaire – doit faire face à une situation financière difficile. La passion du jeu maternelle en est une cause mais aussi la crise qui s'abat sur Vienne avec le krach boursier de 1873. Dès lors, Bertha Kinsky prend son

4 Bertha von Suttner, *Memoiren*, Stuttgart, Leipzig, Deutsche Verlags-Anstalt, 1909, p. 293.

5 Suttner, *Memoiren*, p. 41.

6 *Ibid.*, p. 113.

destin en main et choisit de devenir gouvernante des filles d'une riche famille aristocratique de Vienne, les Suttner. Ce faisant, elle révèle non seulement une force de caractère insoupçonnée jusqu'alors mais aussi un pragmatisme volontariste porteur de stratégies très personnelles que ses contemporains moqueront par la suite comme autant de stratégies de 'bonne femme'. Ainsi, si elle choisit d'être gouvernante, c'est qu'elle sait pertinemment que c'est alors le seul moyen pour une jeune aristocrate de gagner sa vie sans déchoir et que ses connaissances en musique, chant et en langues, fruit de son éducation mondaine, sont des atouts majeurs pour exercer ce type d'activité.

Deux expériences, l'une d'ordre personnel, l'autre à portée déjà plus universelle, vont définitivement changer le cours d'une vie jusque-là ancrée dans le 'Monde d'hier' cher à son contemporain, compatriote et ami, Stefan Zweig[7]. Au grand scandale de la famille, la gouvernante Bertha Kinsky se lie avec le fils de la maison, Arthur Gundaccar von Suttner, de sept ans plus jeune qu'elle. Priée de quitter les lieux, elle trouve par petite annonce (on notera la modernité du procédé) une place de secrétaire à Paris auprès « d'un vieux monsieur très riche » qui n'est autre qu'Alfred Nobel, 44 ans, donc pas si vieux, inventeur de la dynamite, dont Bertha ignore tout, et à ce titre millionnaire et misanthrope. Elle ne restera que quelques semaines au service de Nobel qui la traite du reste en égale et discute avec elle non seulement de la meilleure distribution future de sa fortune mais développe aussi une théorie sur la force de dissuasion de l'arme de destruction massive qu'il vient d'inventer et dont il commence à mesurer les terribles effets :

> Il songeait de nouveau à une autre invention. Je voudrais – me disait-il – pouvoir créer une matière ou une machine capable de produire un effet si effroyable, si massivement destructeur que les guerres en deviendraient par là même impossibles.[8]

---

7 Stefan Zweig, *Die Welt von gestern. Erinnerungen eines Europäers*, Stockholm, Berman-Fischer, 1944 (*Le Monde d'hier. Souvenirs d'un Européen*, Paris, Livre de Poche, 1996, trad. S. Nimietz).

8 Suttner, *Memoiren*, p. 134.

Pour la jeune femme si indifférente aux conflits qui avaient marqué sa jeunesse, le choc est rude mais décisif, comme en témoignent autant la correspondance qui va durer jusqu'à la mort de Nobel en 1896 que les nombreux passages des *Mémoires* consacrés à la rencontre avec Alfred Nobel. Là s'enclenche la spirale paradoxale de l'engagement pacifiste de Bertha von Suttner : le « Roi de la dynamite », inventeur génial et misanthrope désespéré de l'usage fait de son invention, va l'orienter vers « la cause de la paix » et l'argent de la dynamite va financer diverses Sociétés des amis de la Paix créées par Bertha von Suttner qui, elle-même, recevra le Prix Nobel de la Paix, qu'elle a largement contribué à formuler, en 1905.

Une seconde expérience, qualifiée de « fondamentale », va confronter Bertha Kinsky devenue Baronne von Suttner aux réalités de la guerre. De retour incognito à Vienne, Bertha a épousé secrètement le jeune baron von Suttner et tous deux s'enfuient dans le Caucase, en Géorgie/Mingrélie. Ils y resteront neuf ans, y faisant, entre autres, quelques rudes apprentissages qui les marquent à vie comme travailler en entreprise, vivre de leçons particulières ou pratiquer l'écriture comme gagne-pain. Le couple y fait aussi l'expérience concrète des réalités de la guerre et de la famine touchant les populations civiles lors du conflit qui oppose dans le Caucase les troupes russes et ottomanes en 1877–1878. Pour Bertha von Suttner, c'est le premier contact avec un phénomène dont son statut privilégié d'aristocrate l'avait longtemps protégée mais cette fois la guerre est à sa porte. Dans un premier temps, elle réagit en tentant de venir au secours des blessés, motivée par la figure alors légendaire d'une Florence Nightingale, l'héroïque infirmière de la guerre de Crimée qui avait, deux décennies auparavant, dénoncé au monde entier les horreurs du siège de Sébastopol. Mais au-delà du geste relevant encore de la mission caritative traditionnellement dévolue aux femmes, l'évènement vécu dans sa réalité quotidienne constitue pour Bertha von Suttner une véritable césure, car cette première « expérience fondamentale » de la violence humaine dans les conflits l'oriente cette fois très concrètement vers le pacifisme avec la conviction, acquise au fil du conflit vécu au Caucase, qu'il ne faut pas œuvrer pour que cesse la guerre mais bien pour qu'elle ne commence jamais son terrible cycle de mort et de destruction humaines. On a, encore du vivant de la *Friedensbertha*, souvent critiqué et parfois cruellement moqué l'idéalisme béat, voire moralisateur, du pacifisme à la Suttner, oubliant, occultant parfois volontairement, le fait que cet engagement n'est pas le seul fruit de lectures, de discussions ou de réflexions intellectuelles, mais qu'il s'impose à Bertha von Suttner en réaction à une situation concrète de guerre en direct. C'est, du reste, un cheminement analogue qui avait amené, une décennie plus tôt, un futur compagnon de route et ami de Bertha von Suttner, Henry Dunant, témoin des horreurs vécues sur le champ de bataille de Solferino en 1859, à fonder la Croix-Rouge matérialisée par la Convention de Genève en 1864[9]. L'autre apport de ce long exil volontaire aux portes de l'Asie, est d'une portée plus universelle et marquera fondamentalement la vision suttnérienne d'un pacifisme vecteur de civilisation européenne. Bertha von Suttner s'est affranchie de l'Europe qu'elle a connue jusque-là à travers les cercles aristocratiques et un cosmopolitisme de bon ton. Elle porte désormais un regard distancé sur le vieux monde qui fut celui de sa jeunesse et perçoit globalement, et non plus à travers le prisme de nations rivalisant entre elles dans la course aux armements, l'espace géographique et la diversité culturelle d'une Europe idéalisée en communauté de culture qui se situe au-dessus des fractures nationales et des frontières. Dans ses *Mémoires*, elle avoue non sans fierté être ainsi « arrivée à la conscience européenne »[10]. Et c'est avec cette image d'une Europe espace privilégié de culture et de civilisation, qu'elle rentre à Vienne en 1885 où la désillusion ne tarde pas à se manifester, comme l'atteste amèrement un passage de son ouvrage *L'Ere des machines*, publié comme toujours sous pseudonyme en 1886 :

> L'Europe du XIXe siècle était profondément retombée dans la barbarie avec des peuples armés jusqu'à en être paralysés et ce concept de Race sur lequel on pouvait appuyer toute revendication de prééminence.[11]

---

9 Bertha von Suttner possédait l'ouvrage d'Henry Dunant *Un souvenir de Solferino* paru à Paris en 1862.

10 Suttner, *Memoiren*, p. 537.

11 B. von Suttner, *Das Maschinenzeitalter. Zukunftsvorlesungen über unsere Zeit*, Zürich, von Jemand, 1891, 2ème édition, p. 20.

L'engagement pour la cause de la paix, né d'une confrontation personnelle avec les réalités de la guerre et d'un rêve d'Europe forgé aux confins du continent, trouve dès lors son champ d'action pratique dans la lutte ouverte, publique, polymorphe contre une Europe en proie, aux yeux de l'exilée de retour, à ces trois maux du siècle finissant que sont l'impérialisme, le nationalisme et le racisme.

L'acte qui scelle l'engagement public de Bertha von Suttner est en 1889 la parution sous ses nom et titre de Baronne du roman *Die Waffen nieder!* C'est la première fois que Bertha von Suttner, qui avait publié jusqu'alors sous divers pseudonymes des *Tendenzromane*, romans à thèse très appréciés et quelques essais diversement perçus, engage sa personne et sa 'caste' dans une entreprise ouvertement antimilitariste. Elle est ainsi la première femme, auteure à succès, à commettre un *Antikriegsroman*, un ouvrage ayant pour seul thème, peu romanesque en soi, la dénonciation de la guerre et qui relève d'un genre réservé aux hommes, seuls familiers des guerres et des champs de bataille. Sous sa forme antimilitariste très réaliste, c'est un genre tout compte fait peu représenté depuis le *Simplicissimus* de Grimmelhausen, auquel Bertha von Suttner fait du reste référence dans son roman, et qui ne reviendra par la force des choses que vers la fin de la Grande guerre et dans l'immédiat après-guerre avec les romans de Henri Barbusse, Roland Dorgelès et plus tard Erich Maria Remarque ou Ludwig Renn[12]. Par le geste courageux que constitue la publication ouverte de son roman, Bertha von Suttner donne à son engagement jusque-là personnel une dimension de littérature engagée qui lui vaudra le respect et la reconnaissance de ses plus illustres confrères, comme Emile Zola, ou Léon Tolstoï qui écrit à l'auteure :

12 Henri Barbusse (1873–1935), *Le Feu. Journal d'une escouade*, Paris, 1916, qui obtient le Prix Goncourt en 1917 ; Roland Dorgeles (1885–1973), *Les Croix de Bois*, Paris,1919 ; Erich Maria Remarque (1898–1970), *Im Westen nichts Neues*, Propyläen, Berlin, 1929 ; Ludwig Renn (1889–1979), *Krieg*, Frankfurter Societäts-Druckerei, Francfort-sur-le Main, 1928. A cette liste non exhaustive on pourrait ajouter l'ouvrage d'une femme, Adrienne Thomas (1897–1980), *Die Katrin wird Soldat*, Berlin, 1930, qui connaît un réel succès et est traduit en 16 langues.

> J'apprécie beaucoup votre œuvre et l'idée me vient que la publication de votre roman est un heureux pronostic. L'abolition de l'esclavage a été précédée par le fameux livre d'une femme, de Mme. Beecher – Stowe ; Dieu donne que l'abolition de la guerre le fût par le vôtre. ...Recevez, Madame, l'assurance de mes sentiments de véritable estime et sympathie.[13]

Sans oublier l'hommage chaleureux d'Alfred Nobel écrivant à l'auteure : « je serre cette main d'amazone qui fait si vaillamment la guerre à la guerre »[14].

Aux sources de l'engagement pacifiste de Bertha von Suttner

Avec son roman *Die Waffen nieder!* et les innombrables traductions qui s'ensuivent, Bertha von Suttner ancre avec éclat son refus de la guerre et son combat pour la paix dans la sphère publique internationale. Mais le livre n'est encore que le fruit d'une démarche personnelle, qu'une certaine opinion publique de son temps va certes amplement relayer :

> Je suis persuadée qu'un livre contre la guerre qui aurait été publié vers le début des années 70, alors que l'ivresse de la victoire en Allemagne et l'ire de la revanche en France débordaient de partout, n'aurait pas connu le moindre succès. Il a fallu que le culte des armes prenne les monstrueuses dimensions, grâce auxquelles il a depuis soumis les populations à son joug, qu'il ait conduit le monde au bord de la ruine pour que la parole *Die Waffen nieder!* puisse trouver un large écho.[15]

Il faut pour assurer toute la portée de ce cri de Cassandre, aller aux sources des mouvements qui, regroupés sous le sigle de *pacifiques*,

---

13 Leo Tolstoï à Bertha von Suttner, 10/22 octobre 1891. La lettre est reproduite dans les *Memoiren*, p. 210.

14 Alfred Nobel à Bertha von Suttner, 1er avril 1890. Correspondance Bertha von Suttner – Alfred Nobel, (2 CD-roms), Fonds Nobel, Ryksarkivet, Stockholm.

15 Suttner, *Memoiren*, p. 182.

s'organisent dans les dernières décennies du siècle.[16] C'est ce à quoi va s'employer Bertha von Suttner aidée de son mari, formant un infatigable couple de « commis-voyageurs de la paix »[17]. Les chemins sont parfois imprévus, les rencontres souvent paradoxales. En 1887, au cours de l'hiver passé à Paris, Bertha von Suttner, encore sous le choc du retour dans une Europe riche de tous les conflits, prend la mesure du nationalisme ambiant mais aussi d'un mouvement pacifiste déjà bien structuré en fréquentant les deux salons qui divisent alors la vie culturelle parisienne. Celui de Juliette Adam réunit tout ce que Paris compte de 'patriotes' et de 'revanchards' : « Il était notoire que Mme Adam était une grande 'patriote', expression signifiant alors qu'elle était porteuse de l'idée de revanche »[18]. Dans ce lieu où « le triste mot de guerre voletait dans l'air », l'engagement pacifiste de Bertha von Suttner se conforte en réaction aux « vibrations patriotiques » :

> Je n'étais plus indifférente à ces choses comme je l'avais été dans mes années de jeunesse. Déjà je haïssais ardemment la guerre – et cette façon de jouer avec la possibilité de la guerre m'apparaissait aussi dénuée de morale que de jugement.[19]

Par ailleurs, elle trouve dans l'autre salon parisien à la mode, celui que l'écrivain et journaliste François Buloz rassemble autour de la *Revue des Deux Mondes*, un ton plus conciliant et des conversations plus conformes à ses idées et à ses espérances. Elle y rencontre E. Renan disant « son horreur du massacre des peuples », Victor Cherbulliez prônant le rapprochement – hors Prusse – avec l'Allemagne des poètes et

16 Le terme de pacifisme apparaît en août 1901 dans un article du journal *l'Indépendance belge* rédigé par l'avocat et pacifiste Emile Arnaud, alors président de la ligue internationale de la paix et la liberté. Le premier *Congrès international de la paix* se tient à Paris en 1849. A partir de 1889, devenus *Congrès universels de la paix*, ils ont lieu tous les ans, parallèlement aux *Conférences interparlementaires*, les deux organismes restant distincts tant par leur composition que par leur champ d'action. La *Conférence interparlementaire*, plus ancienne, émane très officiellement des divers parlements existants, le *Congrès universel pour la paix* réunit les Sociétés pour la paix parfois de création récente.

17 Suttner, *Memoiren*, p. 333.

18 *Ibid.*, p. 171.

19 *Ibid.*, p. 173.

des penseurs et y découvre les flamboyants discours de Victor Hugo lors du Congrès de la Paix à Paris en 1849. Bientôt elle y nouera des liens avec son aîné, Frédéric Passy, fondateur en 1867 et président de la *ligue internationale pour la paix*, qui la soutiendra fidèlement dans toutes ses démarches ultérieures. Lors de ce même séjour à Paris, Bertha von Suttner fait une découverte qui, comme elle l'assure dans ses *Mémoires*, « [l'] électrise ». Par l'intermédiaire d'un ami, William Löwenthal, elle apprend l'existence à Londres de la *International Peace and Arbitration Association*. Fondée et présidée par Hogdson Pratt, l'association, généralement alors désignée comme '*league*', a par son vocabulaire comme par les buts qu'elle affiche, tout pour retenir l'attention d'une Bertha von Suttner si attentive dans les salons parisiens aux discussions et dissensions concernant la guerre et la paix. L'association se fonde en effet sur deux éléments sur lesquels va largement reposer l'engagement ultérieur de Bertha von Suttner : le premier est l'idée d'une *justice des peuples (Völkerjustiz)* dont le but est d'éradiquer la guerre. Il s'agit concrètement « de mettre en place un tribunal/*Schiedsgericht* international, qui aurait pour mission de décider en lieu et place de la puissance des armes, dans les cas de conflits entre les États »[20]. L'autre principe fondateur concerne un phénomène dont Bertha von Suttner a compris l'importance lors de la parution de son roman *Die Waffen nieder!*, c'est l'opinion publique et son poids désormais incontournable dans la vie politique des États et de l'Europe en général. Or *l'Association pour la paix et l'arbitrage* plaide dans ses statuts en faveur de « la force irrésistible d'une opinion publique suffisamment éduquée et énergiquement organisée »[21]. L'entrée en contact avec la *League* illustre la position singulière de Bertha von Suttner. Lors d'un séjour à Venise en 1890, elle est approchée par Felix Moscheles, envoyé par Londres pour créer une branche italienne de la *League*, au double titre d'auteure universellement connue de *Die Waffen nieder!* et d'aristocrate ayant ses entrées dans la *Casa Pandolfi* qui concentre hommes politiques et aristocrates de tous pays autour de la marquise, une amie d'enfance, et du marquis, député au parlement italien dont elle découvre qu'il est membre actif

20 Le texte fondateur de la League est cité *in extenso* in: Suttner, *Memoiren*, p. 177.
21 *Ibid.*

d'un groupe interparlementaire pour la paix déjà bien structuré. Loin d'être un obstacle, les origines aristocratiques, le statut social de Bertha von Suttner dans son temps ont paradoxalement un rôle essentiel dans la concrétisation de son engagement. C'est ce que reconnaît avec force Hodgson Pratt dans une lettre qu'il lui adresse en anglais :

> All the changes in human affairs are in these days due to the all-powerful influence of public opinion and you have possessed special gifts and opportunities of contributing to the formation of that great power of opinion. The very fact of you being a woman, and of your being a member of the aristocracy in an essential aristocratic and military nation has powerfully attracted attention in Continental Europe by your writings and speeches.[22]

Quelques années plus tard, toujours grâce à ses contacts en France avec Frédéric Passy, Gaston Moch, Léon Bourgeois, Paul d'Estournelles de Constant, Emile Zola et, plus brièvement, Jean Jaurès[23], Bertha von Suttner va donner à son engagement une inflexion universelle plus forte encore. Sensibilisée aux manifestations antisémites très présentes dans la Vienne fin de siècle par son mari, fondateur en 1891 de l'association autrichienne contre l'antisémitisme, elle voit dans la condamnation

---

22 « Tous les changements dans les affaires humaines sont dus, en ces temps, à la toute puissante influence de *l'opinion publique* et vous avez possédé les dons et trouvé les occasions pour contribuer à la formation de ce grand pouvoir de l'opinion. Le fait bien réel que vous soyez une *femme* et que vous soyez un membre de l'aristocratie dans une nation essentiellement aristocratique et militaire a fortement attiré l'attention dans l'Europe continentale grâce à vos écrits et vos discours », lettre de Hodgson Pratt à Bertha von Suttner, citée in : Suttner, *Memoiren*, p. 436–437.

23 Une brève correspondance avec Jean Jaurès, Dreyfusard engagé, s'amorce autour de l'Affaire Dreyfus. En dépit de leurs positions pacifistes souvent divergentes, Jaurès fait parvenir à Bertha von Suttner son ouvrage *La défense nationale et la paix internationale* et elle salue la création du journal *L'Humanité* en 1904. Jaurès a une influence certaine sur le « tournant » esquissé par B. von Suttner qui évoque, quelques jours avant sa mort, les sociaux-démocrates en ces termes : « Les seuls – parce qu'ils constituent aussi un pouvoir – dont on peut espérer qu'ils se détourneront de la guerre de masse, ce sont les Sociaux-démocrates ». Bertha von Suttner, *Diary*, 12 mai 1914, in Archives-group Ligue of the international peace movement, series Fried/Suttner, B. von Suttner biographical and personal Papers, UNOG-Bibliothek, Genève.

d'Alfred Dreyfus la preuve de la collusion entre un antisémitisme de plus en plus virulent et le nationalisme non moins exacerbé du clan militaire. A ses yeux, *l'Affaire* est la manifestation évidente de l'alliance incoercible du militaire, du nationalisme et de l'antisémitisme : « les partisans de l'autorité, les persécuteurs de la race sont dans le même camp dans le monde entier»[24]. Voir ainsi aussi viscéralement imbriqués les uns dans les autres, les trois fléaux qui portent la guerre comme une valeur de la civilisation et en dénoncer publiquement la funeste entente, constitue pour elle une chance inespérée. Elle va donc faire de la défense et réhabilitation de Dreyfus une stratégie parfaitement intégrée à son engagement contre la guerre. D'une certaine manière, *l'Affaire* ne la lâchera jamais, de même qu'elle ne lâchera jamais une si belle preuve du rôle néfaste que peuvent jouer, quand ils s'unissent pour le pire, la morgue militaire, l'esprit de caste aristocratique, le nationalisme le plus brutal associé à un antisémitisme œuvrant au cœur de la société non seulement française mais européenne, voire mondiale[25]. Très logiquement, l'Affaire Dreyfus constitue donc une contribution majeure dans la construction de l'engagement pacifique de Bertha von Suttner.

Dès le début, en fait dès sa « prise de conscience européenne » dans le Caucase, elle conçoit cet engagement comme international. Aussi va-t-elle profiter de ses innombrables voyages au nom de la 'cause' pour se mettre en quête des mouvements pacifistes existants et impatroniser en Europe leurs formes spécifiques d'action. Il en va ainsi des deux voyages effectués sur le tard aux Etats-Unis, « le pays des possibilités sans limites »[26]. Le premier, en 1904 – avant donc l'attribution du Prix Nobel de la paix – la conduit à Boston où elle participe au Congrès Universel de la paix, séjourne brièvement à New York et est reçue à Washington à la Maison Blanche par le Président Théodore Roosevelt. En lui elle trouve un homme de paix qui s'investit alors concrètement dans

24 Suttner, *Memoiren*, p. 390.

25 Cf. *Briefe an einen Toten*, où B. von Suttner dénonce les pogromes en Russie et en Serbie.

26 *Die Entwicklung der Friedensbewegung. Vortrag, gehalten vor dem Nobel-Komité des Storthing zu hristiania am 18.April 1906 von Bertha v. Suttner*, typographie originale du discours de Bertha von Suttner lors de la réception du Prix Nobel de la paix, Fonds Fried/Suttner, UNOG, Genève.

la mise en place de traités d'arbitrage entre les nations en conflit[27]. Dans son discours de réception du Prix Nobel de la paix, elle réservera une place de choix à celui qui lui a assuré : « la paix mondiale arrive…il faut instaurer le temps, où le juge entre les peuples ne sera plus le glaive »[28]. Le second voyage, effectué en 1912, deux ans avant sa mort, est encore plus explicite sur la nature de l'engagement pacifiste de Bertha von Suttner, toujours en quête de nouveaux éléments propres à renforcer son combat pour la paix. Venue à l'invitation des associations de femmes américaines, la lauréate du prix Nobel de la paix fait une triomphale tournée de conférences qui dure de juin à décembre. Ce qui lui permet de multiplier les contacts directs avec les associations de femmes, de rencontrer Jane Addams[29] et de collecter bon nombre de détails concrets de l'organisation américaine. Ce qui la convainc le plus au cours de ce voyage, c'est la force que le mouvement mixte américain *Friedens/Frauenbewegung*, englobant la cause des femmes et celle de la paix, tire de sa non-appartenance à quelque parti que ce soit et de son orientation très internationale. Dans une lettre à Jane Addams, elle note ce changement d'échelle du mouvement pacifiste tel qu'elle l'a perçu aux Etats-Unis et tel qu'elle entend l'introduire en Europe : « une génera-tion qui n'est pas seulement une génération internationale, qu' intéresse une question internationale, à savoir le mouvement universel pour la paix »[30]. Elle a donc trouvé sur le sol américain le type d'organisation

27 Cf. Suttner, *Memoiren*, p. 377. En janvier 1897 un premier traité d'arbitrage entre l'Angleterre et les États-Unis d'Amérique avait été signé par les gouvernements mais non ratifié par le Sénat américain « lors du vote au Sénat il manqua trois voix à la majorité aux deux tiers et ainsi il fut rejeté » in : *Memoiren*, p. 377.

28 Bertha von Suttner, *Die Entwicklung.*

29 Jane Addams (1860–1935). Proche de Theodore Roosevelt, dont elle soutient la campagne présidentielle en 1912, Jane Addams s'impliquera largement dans le Woman's Peace party créé en janvier 1915 et elle deviendra Présidente de la Ligue Internationale des femmes pour la paix et la liberté. Lors de la Conférence Internationale des femmes de La Haye en 1915, c'est elle qui, à la tête d'une commission ad hoc, sera chargée de 'trouver une issue à la guerre'. Elle sera en 1931 la seconde femme à recevoir le prix Nobel de la paix.

30 « a generation which is not only an international one, which concerns an international issue, I mean the universal peace movment », correspondance Bertha von Suttner/Jane Addams, 1912, Fonds Fried-Suttner, Bibliothèque UNOG, Genève.

qu'elle entend bien importer dans le Vieux Monde mais il est déjà trop tard, en 1914, en Autriche comme ailleurs, l'association autrichienne des femmes (BÖF), dirigée par une compagne de lutte et amie, Marianne Hainisch, prône la mise en place d'un « weiblicher Kriegsdienst », d'un service militaire féminin : « Au nom du BÖF, j'invite toutes les femmes autrichiennes, qui ont toujours fidèlement été à nos côtés, à s'organiser pour le service en temps de guerre »[31].

Tout au long de sa vie militante, Bertha von Suttner cherche à étayer son propre engagement en l'inscrivant dans une histoire de l'Europe qu'elle saisit en particulier à travers ses lectures de Charles Darwin et Thoma Henry Buckle comme évolutionniste et progressiste :

> Que le monde se transforme et évolue perpétuellement est une constatation encore bien peu répandue, car la découverte de la loi de l'évolution sous la domination de laquelle toute vie – vie biologique comme vie sociale – se trouve, appartient à une période récente du développement scientifique.[32]

Il s'en suit une indéfectible foi en l'Europe, non pas celle de son temps et de son rang mais celle qu'elle va se donner comme but de son combat pour la paix, das werdende Europa. Qu'elle évoque cette 'Europe en devenir' ou invente au passage le terme de Paneuropa – dont on connaît le succès ultérieur –[33], Bertha von Suttner ne dissocie jamais l'histoire de l'Europe et celle de la Paix, allant jusqu'à inscrire l'Europe à venir

31 Appel de Marianne Hainisch dans *Der Bund*, octobre 1914.

32 Suttner, *Die Entwicklung.* Début du discours de réception du Prix Nobel de la paix. Charles Darwin dont la première édition en allemand de *L'évolution des espèces* paraît à Stuttgart en 1860, et Thomas Henry Buckle, dont *History of the civilization in England* paraît en 2 volumes à Londres en 1857–1861, sont des références permanentes dans les romans et les 'écrits de propagande' de Bertha von Suttner.

33 „Die Organisation Europas wird nur dazu dienen einem machtvoll erstarkenden Pan-Amerika einem ebenso machtvolles Pan-Europa nicht gegenüber, sondern zur Seite zu stellen" in : A.H. Fried, *Europäische Wiederherstellung*, Orell Füssli, Zürich, 1915. Cité in : Anne-Marie Saint-Gille, *La « Paneurope ». Un débat d'idées dans l'entre-deux-guerres*, Presses de l'Université Paris-Sorbonne, Paris, 2003, p. 69, note 144.

dans un processus de mondialisation où toutes les forces se mutualiseraient dans un même but qui est d'établir un monde en paix.

> Faut-il que l'un dévore l'autre ? Confluer les uns dans les autres, se mêler mutuellement et être là comme une unité supérieure ou plutôt comme une pluralité qui agirait de concert, harmonieusement : c'est là le but de la société humaine en plein progrès.[34]

Refusant l'agressivité hégémonique, source de guerres, Bertha von Suttner définit, à travers la métaphore de la confluence, l'Europe à venir comme une marche vers l'autre jusqu'à l'enrichissement mutuel, comme un 'métissage' réciproque. Ce faisant, elle assigne à l'Europe à venir le but et la démarche qui donnent sens à son propre engagement : unir dans un même combat la cause de la paix et celle de la civilisation européenne :

> Les représentants du pacifisme [...], si modestes qu'ils se considèrent eux-mêmes, ne considèrent pas comme modeste la cause qu'ils servent. Ils la considèrent comme la plus grande qu'il soit donné de servir. Et de sa réussite dépend si notre Europe doit encore devenir le théâtre de la ruine et de l'effondrement ou si, et comment, en empêchant ce danger, on sera en mesure d'introduire bien plus tôt l'ère de la paix de droit assurée, dans laquelle la civilisation devrait connaître un épanouissement inouï.[35]

---

34 Suttner, « Das werdende Europa » in : *Briefe an einen Toten*, p. 209.

35 Suttner, *Die Entwicklung*, conclusion du Discours de réception du Prix Nobel de la paix , Christiana/Oslo, 18 avril 1906.

La Grande Guerre et l'entre-deux-guerres

Landry Charrier

L'impossible dialogue : pacifistes français et allemands face à la Grande Guerre

Au cours des vingt dernières années, l'historiographie de la Grande Guerre a connu un renouvellement profond, irrigué en grande partie par la recherche en histoire culturelle. L'attention accrue portée au « terrain » – à rebours du mouvement qui avait tendu vers un élargissement du cadre d'interprétation général du conflit – a permis d'enrichir considérablement la connaissance que nous avions « du processus de totalisation d'un phénomène [...] qui pesa sur les esprits non moins que sur les corps »[1] . A côté des déplacés, des femmes et des enfants[2], les intellectuels ont largement profité de cette modification de la focale[3]. Longtemps relégués dans l'angle mort de la recherche, les pacifistes en ont, eux aussi, nettement bénéficié, faisant l'objet d'un nombre remarquable

1 Anne Rasmussen, « Sciences en guerre, sciences de guerre. Une histoire culturelle ? », in : Jean-Jacques Becker (dir.), *Histoire culturelle de la Grande Guerre*, Paris, Armand Colin, 2005, p. 171–181, ici p. 171.

2 Dans une bibliographie devenue imposante, citons de façon très sélective : Nicolas Beaupré/Karine Rance, *Arrachés et déplacés. Réfugiés politiques, prisonniers de guerre, déportés*, Clermont-Ferrand, PUBP, 2016 ; Carl Bouchard, *Cher Monsieur le Président. Quand les Français écrivaient à Woodrow Wilson (1918–1919)*, Ceyzérieu, Champ Vallon, 2015 ; Manon Pignot, *Allons enfants de la patrie. Génération Grande Guerre*, Paris, Seuil, 2012 ; Clémentine Vidal-Naquet, *Couples dans la Grande Guerre. Le tragique et l'ordinaire du lien conjugal*, Paris, Les belles lettres, 2014.

3 Par exemple : Nicolas Beaupré, *Écrire en guerre, écrire la guerre : France, Allemagne, 1914–1920*, Paris, CNRS Éditions, 2006 ; Kurt Flasch, *Die geistige Mobilmachung. Die deutschen Intellektuellen und der Erste Weltkrieg. Ein Versuch*, Berlin, Alexander Fest Verlag, 2000.

de colloques, d'expositions et de publications[4]. Pour positif qu'il soit, ce constat ne doit pas faire oublier que des pans entiers de l'histoire du mouvement pour la paix n'ont toujours pas été (suffisamment) investis. Le présent article doit être l'occasion d'en éclairer un aspect encore mal connu.

« S'il y a polémique », écrivait Valérie Robert dans un article publié en 2003, « c'est qu'il se passe encore quelque chose dans le champ intellectuel. »[5]. Partant de ce constat, nous avons choisi de nous concentrer sur la polémique franco-allemande[6] qui se déroula dans la *Neue Zürcher Zeitung* en pleine bataille de Verdun (printemps 1916). Quelques études s'y sont certes déjà intéressées, analysant la logique argumentative qui la sous-tendait ainsi que le champ de tensions qui la parcourait[7]. En jouant sur les échelles d'observation, il nous semble néanmoins possible de jeter un éclairage nouveau sur cette discussion à cinq voix et ce faisant, de mieux comprendre la façon dont les pacifistes des deux pays ont été « empoignés » par la guerre.

---

4 Pour ne donner que quelques exemples : Annika Wilmers, *Pazifismus in der internationalen Frauenbewegung (1914–1920). Handlungsspielräume, politische Konzeptionen und gesellschaftliche Auseinandersetzungen*, Essen, Klartext, 2008 ; *Frans Masereel. 'Wir haben nicht das Recht zu schweigen.' Les poètes contre la guerre.* Exposition de la Galerie der Hochschule der Bildenden Künste (Sarrebruck, 21 octobre – 8 novembre 2015) ; *Imaginaires et pratiques de paix en temps de guerre (1914–1918).* Colloque international organisé par Jean-Michel Guieu et Stéphane Tison (La Flèche, 15–16 octobre 2015).

5 Valérie Robert, « Polémiques entre intellectuels : pratiques et fonctions », in : Valérie Robert (éd.) : *Intellectuels et polémiques dans l'espace germanophone*, Paris, PIA, 2003, p. 11–62, ici p. 47.

6 Nous emploierons ici les termes polémique, controverse, débat, discussion ou dispute de manière synonyme et sous l'angle de leur dénominateur commun : l'expression d'un conflit, d'un antagonisme. Par-là, nous reprenons la logique développée par Valérie Robert (*ibid.*, p. 15).

7 Gustav A. Lang, *Kampfplatz der Meinungen. Die Kontroverse um Kriegsursachen und Friedensmöglichkeiten 1914–1918 im Rahmen der ‚Neuen Zürcher Zeitung'. Ein Beitrag zur Geschichte der öffentlichen Meinung im geistigen Kampf des Ersten Weltkrieges*, Zurich, Buchverlag der NZZ, 1968, p. 43–50 ; Sophie Lorrain, *Des pacifistes français et allemands pionniers de l'entente franco-allemande 1870–1925*, Paris, L'Harmattan, 1999, p. 147–153.

1. La césure de l'été 1914

La guerre marqua une rupture fondamentale dans la vie intellectuelle du continent. Sous la pression des forces centripètes inhérentes aux mouvements de soutien à la cause nationale, elle défit les lieux de sociabilités et verrouilla les ouvertures culturelles. Les milieux pacifistes furent touchés de plein fouet par cette radicalisation des esprits. Là, comme dans tous les autres domaines de la vie des sociétés engagées dans le conflit, les « cultures de guerre » cristallisèrent en l'espace de quelques jours des postures d'une spectaculaire prégnance. A côté de l'annulation du 21ème Congrès universel de la paix[8], du déplacement du bureau de l'*Union interparlementaire* de Bruxelles à Oslo et de la décision du comité Nobel de ne pas décerner de prix Nobel de la Paix, la neutralisation du *Bureau International de la Paix*, au début de l'année 1915, fut l'une des manifestations les plus éclatantes de la paralysie des « cadres transnationaux pour l'action pacifiste. »[9].

C'est au nom des valeurs d'une France héritière de la Révolution que les intellectuels français se mobilisèrent. Cet engagement, dont Christophe Prochasson affirme qu'il permit de réconcilier les camps qui s'étaient combattus au temps de l'affaire Dreyfus[10], fut sans concession. Les pacifistes y adhérèrent de manière quasi unanime[11]. Il en fut de même du côté allemand. La *Deutsche Friedensgesellschaft* – l'organisation pacifiste la plus importante du Reich wilhelminien – n'avait d'ailleurs jamais remis en question la nécessité de prendre les armes si le pays venait à être attaqué. Aussi fut-elle prompte à faire la démonstration de son patriotisme dès lors qu'il « apparut » que l'Allemagne

8 Celui-ci devait se tenir à Vienne, du 15 au 19 septembre 1914.

9 Pour reprendre la terminologie de Nicolas Beaupré (*Le traumatisme de la Grande Guerre 1918–1933*, Villeneuve d'Ascq, Presses du Septentrion, p. 201).

10 Christophe Prochasson, « Les intellectuels français et la Grande Guerre », *Bulletin des bibliothèques de France*, n° 3, 2014, http://bbf.enssib.fr/consulter/bbf-2014-03-0038-003, [dernière consultation le 17 mai 2016].

11 Sophie Lorrain, *Des pacifistes français et allemands*, p. 125–129.

était victime d'une agression[12]. Là encore, les actes de déviance furent tout à fait exceptionnels et limités à une minorité d'individus du reste progressivement muselés par la censure. Cette situation de mutisme imposé entraîna le départ de quelques-uns d'entre eux en direction des neutres européens, en Suisse de façon privilégiée. Lauréat du prix Nobel de la paix en 1911, Alfred Hermann Fried fut l'une des premières personnalités phares du pacifisme de langue allemande à y poser ses valises (automne 1914). Sa revue, la *Friedenswarte*, ne pouvant plus paraître sans s'attirer les foudres des censeurs, c'est donc *à partir de* Zurich, loin de « la pièce pleine de 'bruit et de fureur' qui se jou[ait] sur le devant de la scène »[13], qu'il poursuivit son action en faveur d'une paix durable. Depuis 1899 et le lancement de la *Friedenswarte*, Fried avait consacré une part importante de son attention à la France. Ce pays constituait, avec l'Allemagne, la pierre angulaire de son projet d'organisation européenne de même que le point de focalisation des efforts qu'il fournissait pour encourager le dialogue au sein du mouvement pacifiste international. Très tôt, les juripacistes de l'*Association de La Paix par le Droit* occupèrent une place de choix dans les relations qu'il entretenait avec la France[14].

Fondée en 1887 par Théodore Ruyssen et Jules Prudhommeaux, l'association était, avant la guerre, l'une des plus visibles parmi celles qui, en Europe, prônaient l'instauration d'une communauté internationale de

---

12 A cet endroit, nous nous permettons de renvoyer à notre ouvrage : Landry Charrier, *L'émigration allemande en Suisse pendant la Grande Guerre*, Genève, Slatkine, 2015, p. 38–46.

13 Selon le mot de Jean-François Sirinelli, « Les intellectuels », in : René Rémond (dir.), *Pour une histoire politique*, Paris, Seuil, 1988, p. 199–231, ici p. 231.

14 Pour s'en convaincre, il suffit de comparer les éditions de 1905 (Vienne, Leipzig, Verlag der Österreichischen Friedensgesellschaft) et de 1911/13 (Berlin, Leipzig, Verlag der « Friedens-Warte ») de son *Handbuch der Friedensbewegung*. Sur Fried : Anne-Marie Saint-Gille, « La paix par les textes : le pacifisme d'Alfred Hermann Fried (1864–1921) », in : *Mélanges pour Marie-Hélène Pérennec*, http://langues.univ-lyon2.fr/sites/langues/IMG/pdf/Saint-Gille-2009.pdf, [dernière consultation le 19 mai 2016] ; Petra Schönemann-Behrens, *Alfred H. Fried : Friedensaktivist – Nobelpreisträger*, Zurich, Röhmerhof Verlag, 2011.

droit. Pour donner une armature supplémentaire *à ses* prises de position, elle s'était dotée en 1893 d'une revue « d'une grande tenue intellectuelle » – *La Paix par le Droit* – dont le tirage atteignit rapidement plus de 3 000 exemplaires. Ruyssen, qui était alors considéré comme l'une des personnalités les plus influentes du mouvement, contribua pour beaucoup au succès de cette feuille à l'écho grandissant[15]. Fried le rencontra vraisemblablement au Congrès universel de la paix de Hambourg, en août 1897. Il trouva en lui un interlocuteur tout entier disposé à établir des rapports privilégiés avec le pays voisin. Leur rapprochement se traduisit par une intense activité épistolaire ainsi que par une imbrication de plus en plus visible des revues dont ils étaient les chevilles ouvrières. Cette porte ouverte sur la France permit à Fried, consulté à diverses reprises sur l'avenir des relations franco-allemandes, de faire valoir sa position sur le problème de l'Alsace-Lorraine, une position dont Sophie Lorrain affirme d'ailleurs qu'elle reflétait celle de la majorité des pacifistes allemands[16]. Elle lui permit également de consolider les liens qu'il avait établis avec les juripacistes français qu'il avait rencontrés lors des congrès internationaux auxquels il avait participé et surtout, d'en gagner quelques-uns à sa revue (Paul d'Estournelles de Constant, Gaston Moch et Charles Richet pour n'en citer que quelques-uns).

Le déclenchement du conflit et le ralliement de ses interlocuteurs à l'Union sacrée mirent brutalement un terme à ces phénomènes de circulation basés tant sur des convergences idéologiques que sur des affinités personnelles. Certes, *La Paix par le Droit* continua à suivre de près les activités de Fried. L'intérêt qu'elle lui porta tout au long du conflit déboucha cependant sur une critique quasi systématique de la timidité avec laquelle il envisageait les causes de la guerre et prenait position

---

15 Rémi Fabre, « Un exemple de pacifisme juridique : Théodore Ruyssen et le mouvement 'la Paix par le Droit' (1884–1950) », *Vingtième Siècle*, n° 39, 1993, p. 38–54.

16 Sophie Lorrain, *Des pacifistes français et allemands*, p. 85–86. Fried était certes d'avis que l'annexion des deux provinces avait été une erreur, il plaidait toutefois en faveur du maintien du statu quo.

par rapport aux *évènements*[17]. La rupture des échanges entre les deux revues se doubla d'une rupture tout aussi nette des contacts personnels : à l'exception de Gaston Moch qui continua à lui écrire jusqu'en 1915 – par fidélité certes, mais surtout pour lui faire part de la détermination de la France à se battre jusqu'au bout[18] –, plus aucun juripaciste français ne semble s'être adressé *à Fried* jusqu'à la fin de la guerre. Paul d'Estournelles de Constant fut l'un des derniers à lui écrire avant que l'engrenage des alliances ne précipite l'Europe dans le conflit : daté du 30 juillet, son courrier lui réitérait son estime et le plaisir qu'il avait de le compter parmi les collaborateurs de *La Paix par le Droit*[19].

Dans son message à la Chambre des députés, le 4 août 1914, jour de l'invasion de la Belgique par les troupes allemandes, le président de la République Raymond Poincaré avait déclaré : « dans la guerre qui s'engage, la France aura pour elle le Droit, dont les Peuples, non plus que les individus, ne sauraient impunément méconnaître l'éternelle puissance morale. »[20]. Interprétée par les défenseurs du pacifisme juridique comme la consécration des idées qu'ils avaient diffusées depuis la fin du XIXe siècle, cette prise de position, aussitôt renouvelée d'un bout à l'autre de l'échiquier politique, constitua le socle sur lequel leur

---

17 Voir par exemple : Jules Puech, « Revue des revues », *La Paix par le Droit* [=*LPplD*], 10–25 avril 1915, p. 249–253 ; Edmond Duméril, « La reconstitution de l'Europe. D'après le livre de A.-H. Fried », *LPplD*, 10–25 novembre 1915/10-25 décembre 1915, p. 560–566.

18 Alfred Hermann Fried, *Mein Kriegs-Tagebuch. Band II*, Zurich, Rascher, 1919, p. 109 (31 octobre 1915, Berne).

19 Alfred Hermann Fried, *Mein Kriegs-Tagebuch. Band I*, Zurich, Rascher, 1918, p. 18 (16 août 1914, [Vienne]). Nous n'avons trouvé aucune trace de cette lettre dans les fonds d'Estournelles de Constant (Archives de la Sarthe. Correspondance d'Alfred Hermann Fried, 12 J 413) et Fried (Bibliothèque des Nations Unies, Genève ; Hoover Institution Archives, Stanford). D'Estournelles et Fried s'étaient rencontrés en 1899 à l'occasion de la première conférence internationale de La Haye. Cette rencontre avait été le point de départ d'une relation qui, avec le temps, avait largement profité aux efforts que l'une comme l'autre fournissaient pour promouvoir l'idée de paix par le droit, de rapprochement franco-allemand et de fédération européenne.

20 Cité par Jean-Michel Guieu, *Le rameau et le glaive. Les militants français pour la Société des Nations*, Paris, Presses de la Sorbonne, 2008, p. 28.

ralliement *à l'Union* sacrée s'opéra. Si un certain nombre d'entre eux fut mobilisé – il en fut par exemple ainsi de Jules Prudhommeaux, appelé dès le 2 août 1914 à rejoindre le IIe régiment d'artillerie de Grenoble –, d'autres, tels que Gaston Moch et Charles Richet, prirent l'initiative de se mettre au service du ministère de la Guerre, avant même l'ouverture des hostilités pour le premier, en 1917–1918 dans le cas du second. Ceux qui restèrent en place, Théodore Ruyssen ou bien encore Paul d'Estournelles de Constant, se firent « en toute bonne conscience, les hérauts d'un jusqu'au-boutisme belliqueux visant à détruire pour toujours le militarisme prussien et à faire triompher le droit. »[21].

Fried, qui avait espéré que les défenseurs du pacifisme juridique fassent bloc autour des idéaux qu'ils avaient portés avant la guerre, fut profondément meurtri par l'attitude adoptée par ses collègues français. Il le fut d'autant plus qu'il n'eut, jusqu'à la fin du conflit, pratiquement plus aucune possibilité de dialoguer avec eux sur les questions qui les divisaient, les initiatives qu'il avait tenté de lancer pour débloquer la situation – on pense notamment à la réunion informelle qu'il avait souhaité organiser à Berne à l'été 1915[22] – étant restées sans réponse. Fried ne fut pas le seul à être « victime » de ce phénomène de repli, unique si on le compare à l'attitude observée par les pacifistes des autres Etats belligérants. Les Français ne refusèrent-ils pas de participer à toutes les rencontres internationales organisées pendant la guerre sous prétexte que leur présence serait ensuite récupérée par le gouvernement allemand à des fins propagandistiques[23] ? A cette raison de fond s'ajouta la méfiance qu'ils nourrissaient à l'égard des organisations pacifistes pilotées depuis la Suisse ou les Pays-Bas. Il en fut ainsi du *Nederlandsche Anti-Oorlog Raad*, rassemblement dont les juripacistes français n'hésitèrent pas à saluer « l'admirable programme » mais qu'ils

21 *Ibid.* Ainsi que : Wilhelmus Hubertus van der Linden, *The international Peace Movement [during the First World War]. In and around the Dutch Anti-War Council 1914–1919, its Mediatory Work for a Speedy Peace, its Central Organisation for a Durable Peace*, Almere, Tilleul Publications, 2006, p. 145–146.

22 Alfred Hermann Fried, *Mein Kriegs-Tagebuch. Band I*, p. 447 (8 juillet 1915).

23 A titre d'exemple : Théodore Ruyssen, « Le Congrès de Berne », *LPplD*, 10–25 janvier 1916, p. 34–38.

critiquèrent pour la réserve dont il faisait montre à l'égard de la question belge : « nos collègues nous semblent confondre l'impartialité avec le parti-pris de ne pas juger », écrivit à ce titre Théodore Ruyssen dans une contribution expliquant pourquoi il avait décidé de ne pas se rendre au congrès que ledit rassemblement souhaitait organiser à La Haye (8–10 avril 1915)[24].

Cette défiance prévalut également dans le cas des revues qui avaient fait du dialogue transnational le fil rouge de leur politique éditoriale. A l'exception de quelques syndicalistes et d'une nébuleuse issue de la *Ligue des droits de l'Homme*[25], les Français opposèrent en effet une fin de non-recevoir à pratiquement toutes les sollicitations émanant des pays neutres. A ce titre, l'échange qui se mit en place dans la *Neue Zürcher Zeitung* en mars 1916 mérite de retenir toute notre attention. Il constitue l'un des rares moments, si ce n'est le seul, où les fils du pacifisme français et allemand s'entrecroisèrent à nouveau. A l'été 1915, le grand quotidien suédois *Svenska Dagbladet* avait bien réussi à convaincre Charles Richet d'intervenir dans l'enquête qu'il avait consacrée à l'avenir de la coopération scientifique internationale[26]. Curieusement, il ne s'était trouvé aucun pacifiste allemand pour participer à cette consultation qui, de par sa forme – les réponses des sondés (65 au total) n'avaient pas été croisées, elles avaient été superposées –, n'aurait de toute façon pas pu revêtir le même intérêt.

24 Dans l'ordre des citations : Théodore Ruyssen, « Nouvelles du parti de la paix », *LPplD*, 10–25 janvier 1915, p. 57 ; « Pacifisme et neutralité », *LPplD*, 10–25 février 1915, p. 83–87, ici p. 86.

25 Emmanuel Naquet, « La Société d'études documentaires et criques sur la guerre. Ou la naissance d'une minorité pacifiste au sein de la Ligue des droits de l'Homme », *Matériaux pour l'histoire de notre temps*, n° 30, 1993, p. 6–10.

26 L'enquête fut ensuite reprise par les *Süddeutschen Monatshefte*: « Wird die gemeinsame geistige Arbeit nach dem Krieg wieder aufgenommen werden ? », *Süddeutsche Monatshefte*, août 1915/octobre 1915, p. 820–832/p. 120–136. Pour la contribution de Richet, se reporter à la page 826.

2. Un dialogue de sourds

Initié par un article de Ruyssen réitérant la détermination de la France à se battre jusqu'à l'éradication du militarisme prussien[27], le débat de la *Neue Zürcher Zeitung* rassembla six contributeurs jadis reliés (pour la plupart) par un même « lien d'âme » (Françoise Waquet) mais qui, depuis près de deux ans, ne se parlaient plus : deux juripacistes français ralliés à l'Union sacrée (Théodore Ruyssen, Paul d'Estournelles de Constant) et trois pacifistes allemands, deux installés en Suisse ou sur le point de s'y installer (Alfred Hermann Fried, Friedrich Wilhelm Foerster) et un resté au pays, connu pour avoir adopté une attitude partagée entre la conviction que le Reich menait une guerre juste, une stratégie d'évitement et un engagement résolu en faveur de la paix (Ludwig Quidde)[28]. Rompant avec la logique des manifestes qui avaient irrigué l'espace public depuis le début de la guerre, cette discussion prit la forme d'un échange de lettres que Français et Allemands appréhendèrent de manière radicalement différente. Les premiers, s'adressant directement à la revue (et non à leur interlocuteur), y virent un moyen de toucher le public allemand sans pour autant déroger à la « règle » qu'ils s'étaient imposés[29]. Les seconds, quant à eux, le considérèrent comme une opportunité de rétablir le contact avec l'ami d'hier – de là l'utilisation récurrente de formules telles que « Lieber Freund ! » ou bien encore « Mein lieber [...] ! » – et de favoriser l'émergence d'une sphère de discussions transnationale.

Fried fut le premier répondre à l'article de Ruyssen, un article qui n'avait manifestement pas été conçu pour fonctionner comme une

27 Théodore Ruyssen, « Jusqu'au bout », *LPplD*, 10–25 janvier 1916, p. 4–10.

28 Sur Quidde : Karl Holl, *Ludwig Quidde (1858–1941). Eine Biografie*, Düsseldorf, Droste Verlag, 2007, p. 179–182 ; Sandi E. Cooper, *Patriotic pacifism : waging war on war in Europe, 1815–1914*, New York/Oxford, Oxford UP, 1991, p. 190.

29 Sur les 40 000 exemplaires que comptait le tirage du quotidien, 2000 étaient en effet livrés en Allemagne, du sud de façon privilégiée (Thomas Maissen, *Die Geschichte der NZZ*, Zurich, Verlag NZZ, 2005, p. 81–82).

« intervention initiative »[30] et susciter le débat. Mu par un idéalisme empreint d'une indéniable naïveté, Fried y soutenait que le militarisme prussien disparaîtrait de lui-même une fois la guerre arrêtée et que la conversion de l'Allemagne aux principes de la démocratie parlementaire s'opérerait dans la foulée. A ses yeux, l'alternative était simple. Si l'Entente s'acharnait à vouloir mener le conflit jusqu'à son terme, alors, l'Europe serait condamnée à disparaître. Il n'y avait donc, de son point de vue, aucune raison d'en prolonger la durée :

> Wir haben gemeinsam die Lehren Johann v. Blochs vertreten, der zu Ende des vorigen Jahrhunderts die notwendige Ergebnislosigkeit von Kriegen zwischen den gleichmäßig gerüsteten europäischen Großmächten voraussagte », rappelait-il à Ruyssen sitôt les premières lignes de sa réponse.[31]

Ruyssen réagit avec fermeté à cette proposition d'arrangement déconnectée, selon lui, des réalités politiques et militaires du moment[32] : une paix de compromis reviendrait à livrer au Reich la Belgique, la Serbie, la Pologne ainsi qu'une partie du territoire français. Aucun signe avant-coureur ne permettait d'accréditer la thèse de Fried, une thèse qu'il disait émaner d'un homme isolé, peu représentatif des courants d'opinion qui avaient cours en Allemagne :

> […] wo sind in Deutschland jene, welche die Stimmen der Mäßigung und der Gerechtigkeit vernehmen und ihnen Vergeltung verschaffen können ? Der Flottenverein, die Alldeutschen, die sechs großen wirtschaftlichen Verbände oder die Konservativen ? Das katholische Zentrum oder etwa die imperialistische Mehrheit der Sozialdemokratie? Alle diese Organisationen wollen und fordern Annexionen, und sie sind – Fried [!] muss es wissen – zahl- und einflussreich[33],

30 Pour reprendre la terminologie de Jean-Michel Adam. Cité par Robert, « Polémiques », p. 17–20.

31 Alfred Hermann Fried, « Offener Brief an einen französischen Pazifisten », in *Gedankenaustauch über die Beendigung des Krieges seitens deutscher und französischer Pazifisten*, Zurich, Orell Füssli, 1916, p. 7–15, ici p. 10). L'article de Fried parut dans la *NNZ* des 19 et 20 mars.

32 Théodore Ruyssen, « Antwort eines französischen Pazifisten an Dr. A. H. Fried », in *Gedankenaustauch*, p. 15–19. Article publié dans la *NZZ* du 2 avril 1916, reprit *La Paix par le Droit* dans le cahier des 10–25 avril 1916 (p. 166–168).

33 *Ibid.*, p. 19.

assénait Ruyssen dans un style donnant bien à voir le fossé qui séparait maintenant les deux anciens collaborateurs.

Fried tenta ensuite de désamorcer la critique de son collègue par le biais d'un article pour le moins consensuel et qui, multipliant les marques de respect et d'amitié, s'attachait à souligner leurs convergences idéologiques : les Français comme les Allemands, insistait-il, reprenant par là une des idées phares de sa lettre des 19 et 20 mars 1916, aspiraient à l'établissement d'une paix fondée sur le droit. Certes, les opinions divergeaient quant à la manière d'y parvenir : les uns se prononçaient en faveur d'une poursuite des hostilités « jusqu'au bout » cependant que les autres, convaincus de la nécessité qu'il y avait de briser le cercle infernal d'une destruction sans fin, militaient dans le sens d'un armistice. Fried n'y voyait cependant pas une raison suffisante pour couper court à toute discussion et paralyser l'action des organisations pacifistes internationales, le *BIP* en premier lieu[34]. Sur le fond, son intervention n'apportait aucun argument à même de répondre de façon convaincante aux problèmes que Ruyssen avait soulevés quelques jours auparavant. Renonçant à examiner la question de la représentativité du pacifisme allemand – une question pourtant au centre de l'argumentation du Français –, Fried se contentait de lui répondre que les apparences étaient trompeuses et que le laconisme de ceux qui réprouvaient les campagnes annexionnistes s'expliquait non pas par la faiblesse de leur nombre mais par la sévérité de la censure[35].

On imagine aisément l'impact que l'idéalisme de Fried put avoir sur Ruyssen, au moment où les armées françaises étaient engagées dans l'une des plus grandes batailles de la Grande Guerre. Le fait, d'ailleurs, que celui-ci renonça à reproduire sa lettre dans *La Paix par le Droit*, alors même qu'il avait trouvé judicieux d'y faire paraître la sienne, démontre bien le peu de crédit qu'il accordait à ses propos[36]. Ruyssen s'en expliqua quelques mois plus tard dans un article de la revue dirigé

---

34 Alfred Hermann Fried, « Antwort an Théodore Ruyssen in Bordeaux », in : *Gedankenaustauch*, p. 20–26.

35 *Ibid.*, p. 25.

36 Théodore Ruyssen, « Réponse à un pacifiste autrichien », *LPplD*, 10–25 avril 1916, p. 166–168.

non pas seulement contre Fried mais contre tous ceux qui voyaient dans l'activisme de certaines sociétés pacifistes et les prises de position du chancelier Bethmann Hollweg une garantie suffisante pour envisager une cessation des hostilités : « ce sont des actes, actes décisifs, actes de révolution qu'il nous faut, et non de bonnes paroles », écrivit-il alors, convaincu que les courants annexionnistes avaient encore très largement la main sur la vie politique allemande[37].

Ce fut ensuite au tour de Paul d'Estournelles de Constant de prendre la plume et de se faire l'avocat de la cause défendue par les juripacistes français (16 avril 1916). Invité par le bureau parisien de la *Neue Zürcher Zeitung* à intervenir dans le débat, d'Estournelles de Constant n'y consentit que dans le seul et unique but d'éclairer le peuple allemand ou, pour reprendre les termes qu'il employa quelques mois plus tard, de « tirer les esprits de l'ignorance où ils ont été systématiquement plongés »[38]. Dans les faits cependant, c'est bel et bien à Fried, qu'il se borna à désigner par un méprisant « Ihr Mitarbeiter »[39], qu'il adressa son courrier, une lettre ramassée en moins de quatre pages et qui déplaça la réflexion à un niveau plus strictement politique. D'Estournelles de Constant y établissait une nette distinction entre les ambitions du gouvernement allemand et les aspirations du peuple. Facilement manipulable, celui-ci se laisserait immanquablement entraîner dans un nouveau conflit dans le cas où la guerre ne serait pas menée jusqu'à son terme et qu'elle n'éradiquerait pas le système qui l'avait instrumentalisé et finalement conduit « auf die Schlachtbank »[40].

Replacée dans le cadre plus général de son engagement, la lettre de d'Estournelles de Constant n'était finalement guère originale. Bouleversé par les « expériences » qu'il avait faites lors de ses déplacements sur

37 Théodore Ruyssen, « Réponse à quelques objections », *LPplD*, 10–25 juillet-10/25 août 1916, p. 328–343, ici p. 343.

38 Paul d'Estournelles de Constant, « Introduction », *Bulletin de la Conciliation internationale. La paix française contre la domination allemande*, n° 4, 1916, p. 1–2, ici p. 2.

39 Paul d'Estournelles de Constant, « Baron d'Estournelles de Constant an die 'Neue Zürcher Zeitung' », in : *Gedankenaustauch*, p. 26–29, ici p. 26. Article publié dans la *NZZ* du 16 avril 1916.

40 *Ibid.*, p. 28.

le front ou dans les villes touchées par la guerre – Reims notamment –, le baron s'était en effet très tôt attaché à dénoncer l'influence que « l'Allemagne de l'oligarchie prussienne » avait exercée sur son peuple. En plus des articles qu'il donna régulièrement à *La Paix par le Droit*, les quelque 1500 missives (!) qu'il fit parvenir à partir du mois d'août 1914 à Nicholas Murray Buttler, le président de l'université de Columbia, en apportent de nombreux exemples : diffusées à large échelle – certaines d'entre elles furent même reprises dans le *New York Times* et le *New York Herald* –, elles avaient pour ambition de sensibiliser l'opinion publique américaine à la cause défendue par la France et de préparer l'entrée des Etats-Unis dans le conflit. En creux, elles entendaient aussi réhabiliter un homme qui, évincé politiquement « pour avoir défendu la paix avant 1914 », était encore considéré avec suspicion par la presse et le gouvernement français[41]. Nul doute que la lettre qu'il publia dans la *Neue Zürcher Zeitung*, nourrissait des intentions similaires. Voilà qui explique d'ailleurs pourquoi il s'attacha aussi à la faire connaître d'un maximum de lecteurs français et l'inséra dans *La Paix par la Droit* ainsi que dans le *Bulletin de la Conciliation internationale*[42].

Deux jours seulement après l'intervention de d'Estournelles de Constant, ce fut à Friedrich Wilhelm Foerster de s'exprimer. Des trois pacifistes allemands représentés dans cette « controverse émergée »[43], Foerster était le seul à ne pas connaître personnellement son interlocuteur. En position de complète extériorité depuis le début de l'année

41 Stéphane Tison, « 1914 : un pacifiste face à la guerre », in : Stéphane Tison (éd.), *Paul d'Estournelles de Constant. Concilier les nations pour éviter la guerre (1878–1924)*, Rennes, PUR, 2015, p. 133–160 ; Michael Clinton, *A French Pacifist at War, 1914–1918 : Paul Henri d'Estournelles de Constant*. Conférence présentée devant la *Peace History Society*, Georgian Court University, Lakewood, octobre 2014.

42 Paul d'Estournelles de Constant, « La paix allemande », *LPplD*, 10–25 mai 1916, p. 230–236 ; « Lettre adressée par M. d'Estournelles de Constant à la *Nouvelle Gazette de Zurich* », *Bulletin de la Conciliation internationale. La paix française contre la domination allemande*, n° 4, 1916, p. 3–6.

43 Celle qui se donne à voir immédiatement, dans l'espace publique, par opposition aux désaccords ressortissant de l'échange privé. Selon le mot de Christophe Prochasson et d'Anne Rasmussen (« Du bon usage de la dispute », *Mil neuf cent. Revue d'histoire intellectuelle*, n° 25, 2007, p. 5–12, ici p. 10).

1916, il était considéré comme un membre potentiel de l'équipe qui prendrait la relève des Hohenzollern une fois la monarchie renversée[44]. Cette réputation dont on aurait pu penser qu'elle plaiderait en sa faveur, ne lui fut cependant d'aucune utilité : de la même manière que Fried, ses propositions se heurtèrent à une fin de non-recevoir.

Dès les premières lignes de son intervention, Foerster chercha à redonner une certaine autonomie à un débat trop rapidement figé par les enjeux politiques et militaires en ouvrant plus largement la focale et en se faisant le chantre d'une fédération européenne. Seule la mise en place d'une coopération à large échelle pouvait, selon lui, désamorcer la nervosité qui avait miné les relations intra-européennes, généré une méfiance tous azimuts et conduit le monde à la guerre : « Jedes Volk hat seine besondere, historisch und geographisch bedingte Nervosität, die von seinen Nachbarn schonend behandelt werden muss », affirmait-il au début de sa démonstration, prenant ainsi le contre-pied des théories de ceux qui, à l'instar de d'Estournelles de Constant, voyaient dans l'Allemagne le premier facteur de déstabilisation du continent[45]. Cela étant dit, Foerster s'attachait ensuite à relativiser la distinction que son interlocuteur avait opérée entre le peuple allemand et les intentions de son gouvernement. A ses yeux, c'est bel et bien le peuple qui avait impulsé la dynamique de militarisation effrénée dans laquelle le pays s'était lancé. Celle-ci, poursuivait-il, n'avait cependant été rien d'autre qu'une réponse à l'humiliation que lui avait infligée Napoléon, le responsable du déplacement du centre de gravité de la vie allemande « von Weimar nach Potsdam»[46] . Même si Foerster prenait soin d'insister sur le rôle que certains théoriciens du nationalisme allemand avaient joué dans le développement de cette logique, il n'en reste pas moins que sa réflexion, trop tranchée et insuffisamment différenciée, ne pouvait qu'entraîner une réaction épidermique de la part des juripacistes

---

44 Charrier, *L'émigration*, p. 130–132.

45 Friedrich Wilhelm Foerster, « Offener Brief an Senator Baron d'Estournelles de Constant », in : *Gedankenaustauch*, p. 30–36, ici p. 31. Article publié dans la *NZZ* du 18 avril 1916.

46 *Ibid.*, p. 33.

français. La réponse que Paul d'Estournelles de Constant lui apporta le 7 mai suivant, le prouva de façon éclatante[47].

Autant Foerster avait fait preuve d'un schématisme réducteur dans son appréhension de l'histoire et des mentalités allemandes, autant il fit montre d'une grande lucidité quand il envisagea les conséquences qu'une humiliation de l'Allemagne par l'Entente aurait sur son peuple : « Seien Sie sicher », prévenait-il ses collègues français, tenants du jusqu'au-boutisme, « es würden dann neue Scharnhosts und Steins unter uns aufstehen, durch die wir uns auf tiester Demütigung erheben und im Bunde mit irgendeinem unserer jetzigen Gegner das Schauspiel von 1813 wiederholen würden. »[48]. La conclusion qu'il tirait de cette conviction lui permettait de « boucler la boucle » et de revenir à son postulat de départ, à savoir : la nécessité d'instaurer une organisation de coopération européenne, sur un socle qu'il ne se donnait cependant pas la peine de décrire parlant uniquement d'une Europe « mit dauerhaften Grundlagen für ein friedliches Zusammenleben der Völker »[49].

Au regard de l'activisme qu'il avait déployé avant le conflit et des convictions dont il avait entretenu Nicholas Murray Buttler – dès le 18 septembre 1914, réfléchissant à la manière de pacifier le continent une fois la guerre terminée, d'Estournelles de Constant avait proposé d'instaurer une fédération pacifique et d'y ancrer solidement l'Allemagne[50] –, on aurait pu penser qu'il aurait été un tant soit peu sensible à

47 Paul d'Estournelles de Constant, « Antwort des Baron d'Estournelles de Constant an Herrn Prof. Dr. W. Foerster », in : *Gedankenaustauch*, p. 37–42.

48 Friedrich Wilhelm Foerster, *Offener Brief*, p. 34.

49 *Ibid.*, p. 35–36.

50 Nadine Akhund/Stéphane Tison : « L'appel à l'Amérique. L'action de N. Murray-Butler et Paul d'Estournelles de Constant en faveur de la paix pendant la Grande Guerre (1914–1917) », in : *Les défenseurs de la paix, 1899–1917. Approches culturelles, nouveaux regards* (colloque international, Paris, 15–17 janvier 2014), http://www.dhi-paris.fr/de/home/veranstaltungen/podcast/les-defenseurs-de-la-paix.html, [dernière consultation le 14 février 2015] ; Sur l'engagement européen de d'Estournelles de Constant : Laurent Barcelo, *Paul d'Estournelles de Constant : l'expression d'une idée européenne*, Paris, L'Harmattan, 1995. Plus ancien mais toujours très utile : Adolf Wild, *Baron d'Estournelles de Constant (1852–1924). Das Wirken eines Friedensnobelpreisträgers für die deutsch-französische Verständigung und europäische Einigung*, Hambourg, Fundament Verlag, 1973, p. 107–145.

la proposition de Foerster. Il n'en fut rien. Piqué au vif par les propos du pacifiste allemand, il consacra une grande partie de sa lettre à critiquer les méfaits du militarisme prussien, apportant par là une nouvelle justification à la guerre que la France menait contre un système qu'il qualifiait d'anachronisme au milieu de l'Europe[51]. Sa diatribe, elle aussi empreinte d'un schématisme étonnamment réducteur – ainsi en allait-il par exemple de son appréhension du tsarisme et de l'influence que Tolstoï avait exercée sur Nicolas II[52] –, démontrait que le débat avait définitivement quitté « l'ordre de la recherche rationnelle de la vérité »[53] et qu'il n'était plus que le lieu d'une surenchère figée par la teneur émotionnelle qui l'irriguait. Dans ce contexte, ce ne fut pas Foerster mais Ludwig Quidde que le journal appela pour tenter de remettre les « idées » au premier plan.

Au regard de l'attention que les juripacistes français lui avait conféré avant la guerre et des liens *étroits* qu'il entretenait avec d'Estournelles de Constant[54], Quidde semblait tout indiqué pour recadrer et relancer la discussion. Dans les faits, l'attitude ambigüe qu'il avait adoptée depuis le début de la guerre[55], annihilait néanmoins tout espoir, eût-il d'ailleurs jamais existé, d'amorcer une convergence des points de vue.

Ruyssen, on s'en souvient, avait reproché à Fried, émigré en Suisse, de sous-évaluer l'influence que les courants annexionnistes exerçaient sur l'opinion allemande et de se méprendre sur les conséquences qu'une cessation des hostilités aurait sur la paix. La lettre que Quidde donna à la *Neue Zürcher Zeitung* deux semaines après l'intervention de d'Estournelles de Constant (19 et 20 mai 1916) chercha donc d'emblée

51 Paul d'Estournelles de Constant, *Antwort des Baron d'Estournelles de Constant*, p. 42.

52 *Ibid.*, p. 39–40.

53 Pour reprendre le mot de Christophe Prochasson et d'Anne Rasmussen (« Du bon usage de la dispute », p. 10).

54 Les archives de la Sarthe (dossier 12 J 89) conservent une dizaine de lettres de Ludwig Quidde (ou de sa femme) témoignant bien de l'intensité de leurs rapports. La première de ces lettres date de 1910. Sur le sujet, voir également : Sophie Lorrain, *Des pacifistes français et allemands*, p. 92–93.

55 Se reporter au début de la seconde partie de cet article.

à désamorcer toute critique de ce type : «Es liegt mir daran, einige Ihrer Annahmen, die mir offenbar irrtümlich scheinen, auf Grund meiner besseren Kenntnisse deutscher Verhältnisse zu berichtigen », écrivit-t-il dans les premières lignes de sa contribution, apportant finalement un certain crédit aux questions soulevées par le juripacifiste français quant à la représentativité du point de vue de Fried[56]. Sa contribution n'insuffla cependant aucune dynamique nouvelle au débat, bien au contraire : elle démontra l'inanité de toute conversation entre pacifistes français et allemands. Quidde qui s'y faisait l'avocat des propositions formulées par Bethmann Hollweg dans un discours du 9 décembre 1915 au Reichstag – le second que le chancelier donna ce jour-là –, y mettait en cause le droit des peuples à disposer d'eux-mêmes, un postulat qui revenait à s'opposer à une rétrocession de l'Alsace-Lorraine à la France[57]. Comment, à partir de là, imaginer que Ruyssen et d'Estournelles de Constant acceptent à nouveau de descendre dans l'arène ?

Conclusion

Jadis considérée comme « le meilleur vecteur de l'avancement de l'esprit humain »[58], la controverse n'eut, pendant la Grande Guerre, aucune autre fonction que de permettre à ses animateurs de revendiquer le bien-fondé de la cause pour laquelle leur pays se battait. Le débat que nous avons analysé en est une bonne illustration. Son intérêt ne se limite cependant pas à ce seul aspect, essentiel pour mieux comprendre les bouleversements qui affectèrent le tissu intellectuel européen. En mettant aux prises des « individus-personnes » en marge de la communauté

---

56 Ludwig Quidde, « Noch eine Antwort an Prof. Th. Ruyssen in Bordeaux », in : *Gedankenaustauch*, p. 42–57, ici p. 42.

57 *Ibid.*, p. 46. Pour le discours de Bethmann Hollweg : Friedrich Thimme (éd.), *Bethmann Hollwegs Kriegsreden*, Stuttgart, Berlin, Deutsche Verlaganstalt, 1919, p. 79–89.

58 Christophe Prochasson, Anne Rasmussen, « Du bon usage de la dispute », p. 6.

nationale (Fried, Foerster, Quidde) et des « macro-individus » soucieux, quant à eux, d'affirmer leur appartenance à un collectif (Ruyssen, d'Estournelles de Constant)[59], il a donné à voir l'inanité des efforts produits par ceux qui pensaient qu'il était encore possible de dialoguer selon la logique des années d'avant-guerre. En creux, il a également matérialisé la rupture qui s'annonçait au sein du pacifisme allemand quant à la responsabilité du Reich dans le déclenchement de la guerre[60]. Ramené aux relations franco-allemandes, enfin, il a fait apparaître le fossé qui séparait les pacifistes des deux camps de même que le chemin qui allait devoir être parcouru avant que ne s'amorce le rapprochement du début des années 20[61].

59 Pour reprendre la terminologie de Dominique Raynaud. Cité par Valérie Robert, « Polémiques », p. 30–31.

60 Sur le sujet, voir notamment : Karl Holl, *Pazifismus in Deutschland*, Francfort-sur-le-Main, Suhrkamp, 1988, p. 138–203.

61 Ilde Gorguet, *Les mouvements pacifistes et la réconciliation franco-allemande dans les années vingt (1919–1931)*, Berne, Peter Lang, 1999, p. 13–117.

Hervé Joly

L'immigration germanique dans le commerce et l'industrie lyonnais : la rupture de 1914

Au dernier recensement de la population française effectué avant la Grande Guerre, en 1911, les ressortissants de nationalité allemande représentent, avec 102 271 personnes, la quatrième communauté étrangère, derrière les Italiens, les Belges et les Espagnols, devant les Suisses, les Britanniques ou les Russes (tableau 1). S'ils ne rassemblent que 0,25 % de la population totale, ils pèsent pour 8,8 % de la population étrangère. S'y ajoutent 14 681 Autrichiens (et 3 170 Hongrois comptabilisés de manière distincte).

Tableau 1 : Principales communautés étrangères en France

Nationalités	1872	1886	1901	1911
Italiens	112 579	264 568	330 465	419 234
Belges	347 558	482 261	323 390	287 126
Espagnols	52 954*	79 550	80 425	105 760
Allemands	104 169	100 114	89 772	102 271
Suisses	42 834	78 584	72 042	73 422
Britanniques	26 003	36 134	36 948	40 378
Russes	9 310	11 980	16 061	35 016
Luxembourgeois	17 077**	37 149 **	21 999	19 193
Autrichiens (+ Hongrois)	5 116	11 817	9 790 (+ 1 940)	14 681 (+ 3 170)

* Portugais inclus.

** Hollandais inclus.

Source : *Résultats statistiques du recensement général de la population effectué le 5 mars 1911*, tome I, 2e partie, Paris, Imprimerie nationale, 1913, p. 55.

On connaît mal cette minorité, très peu étudiée[1]. Les données des recensements montrent sa stabilité numérique dans le temps, depuis la fin de la guerre de 1870–1871 marquée par l'annexion par le Reich de l'Alsace-Moselle : ils étaient déjà 104 169 Allemands en 1872. L'effectif a reflué en 1886 et en 1901 surtout, avant d'augmenter ensuite. En revanche, le nombre d'Autrichiens a cru fortement, depuis 1872. On ne sait pas grand-chose de l'origine régionale des Allemands – et notamment de la part des Alsaciens-Mosellans qui n'auraient pas opté pour la France[2] – ou de leur activité professionnelle. Leur répartition est très inégale sur le territoire français[3] : en 1911, 42 % vivent dans des départements du Grand Est proches de la nouvelle frontière[4] – le Territoire-de-Belfort et la Meurthe-et-Moselle atteignant respectivement 5,9 % et 4 % de la population générale – et 37 % dans la région parisienne[5]. On en trouve également dans les Alpes-Maritimes (6 %), le Nord, le Rhône (2 %), etc., ce dernier département occupant, avec 1 708 ressortissants, le neuvième rang ; pour les Autrichiens, très concentrés dans la région parisienne (57 %) et dans les Alpes-Maritimes (11 %), il atteint le 7e rang avec 281 ressortissants[6].

Si elle représente à peine 0,2 % de la population générale, la population allemande dans le Rhône est plutôt en croissance, avec 1 221 ressortissants en 1896, 1 530 en 1901, 1 599 en 1906. Il en est de même, à leur échelle, pour les Autrichiens, qui n'étaient que 202 en 1896. On ne dispose pas de données sur la répartition par commune ou par

1 On ne relève qu'un article sur une période antérieure de Mareike König, « Les immigrés allemands à Paris 1870/71: entre expulsion, naturalisation et lutte sur les barricades », *Migrance*, Éditions Mémoire-Génériques, 2010, p. 60–70.

2 Il semble qu'ils apparaissent parfois dans les listes nominatives des recensements comme « Alsaciens » ou « Lorrains », et ne soient donc pas toujours comptabilisés comme Allemands.

3 *Résultats statistiques*, p. 58–62.

4 Dans les départements frontaliers surtout de la Meurthe-et-Moselle (22 675), des Vosges (6 342) et du Territoire-de-Belfort (5 939), mais aussi, dans un deuxième rideau, dans la Meuse (1 946), le Doubs (1 613), la Marne (1 483), la Haute-Saône (1 352), l'Aube (786), les Ardennes (560) et la Haute-Marne (558).

5 Dans les anciens départements de la Seine (35 054) et de la Seine-et-Oise (2 495) principalement.

6 Auxquels s'ajoutent 29 Hongrois.

arrondissement à Lyon[7]. La seule caractéristique connue est que, chez les Allemands tout au moins, les femmes sont un peu plus nombreuses (55 %), à la différence des deux principales filières d'immigration, d'Italie (46 %) et de Suisse (48 %), même si la tendance est moins nette que chez les Britanniques (66 %). Ce déséquilibre reflète la pratique de nombreuses familles bourgeoises lyonnaises d'employer du personnel de maison – bonnes, gouvernantes ou préceptrices – germanophone ou anglophone[8]. Celui-ci apparaît dans les listes nominatives du recensement des quartiers bourgeois. Ainsi, en 1911, la place Bellecour abrite deux domestiques et une cuisinière autrichiennes, ainsi qu'une femme de chambre allemande dans quatre familles différentes. Sur la place voisine de la Charité (actuelle place Antonin Poncet) sont recensées trois femmes de chambre et une cuisinière allemande dans autant de foyers, etc. Le phénomène se retrouve dans les nouveaux espaces bourgeois de la plaine des Brotteaux. Boulevard du Nord (actuel boulevard des Belges), le long du parc de la Tête d'Or, on recense quinze employées de maison allemandes (11), autrichienne (1) ou suisses alémaniques (3) – bonnes, gouvernante, « dame de compagnie », etc.

Mais l'existence d'une importante minorité masculine montre que la communauté allemande du Rhône ne se réduit pas à cette catégorie professionnelle[9]. Les listes de recensement des beaux quartiers, surtout les plus récents de la rive gauche, révèlent une autre population germanique faite de négociants et d'industriels. Ainsi, boulevard du Nord, huit familles rassemblent, avec les épouses – obligées, jusqu'en 1927,

---

7 Les récapitulatifs par communes ou quartiers des listes nominatives des recensements, consultables en ligne sur le site des Archives départementales du Rhône (ADR), ne donnent que le nombre global d'étrangers, pas la répartition par nationalité ; archives.rhone.fr/#recherche_recensement. Un bref article déjà ancien reposant sur un dépouillement systématique des recensements annonçait un travail de recherche plus ambitieux qui n'a pas été mené à son terme ; Marie-Pierre d'Abrigeon, « Suisses et Allemands à Lyon avant 1914 : un profil d'après les recensements », *Le Monde alpin et rhodanien*, 1989, n°3-4, p. 125–129.

8 Catherine Pélissier, *La vie privée des notables lyonnais au XIX*e *siècle*, Lyon, Éditions lyonnaises d'art et d'histoire, 1996, p. 42.

9 À noter qu'on recense deux employés de maison allemands de sexe masculin, un coiffeur et un professeur.

d'adopter la nationalité de leur mari si elles sont d'origine française –, les enfants, autres parents et personnels de maison, 37 ressortissants allemands (tableau 2). S'y ajoutent une dizaine de Suisses alémanique dans trois foyers. Avec les employés de maison des familles françaises, on arrive à plus d'une soixantaine de germanophones, soit plus de 3 % de la population de l'artère[10]. Si deux familles allemandes seulement résident dans la partie la plus prestigieuse, dans les immeubles et hôtels particuliers construits côté impair du boulevard[11] avec un accès privatif sur le parc, la profession et la domesticité montrent qu'il s'agit de familles bourgeoises bien établies[12].

Tableau 2 : Familles d'origine germanique du boulevard du Nord [des Belges], 1911

N°	Chef de famille	Nationalité	Ville de naissance	Profession déclarée	Nombre de domestiques
9	Henri Gutmann	allemande	Hambourg	Négociant	4
37	Edouard Loewengard	allemande	Hambourg	sans prof. [administrateur Matières colorantes]	3
81	Julius Meyer	allemande	Mülheim	Négociant	1
83	Abraham Bloch	allemande	Potsdam	Négociant	2
91	Auguste Vogel	allemande	Hohgiers-dorf (Silésie)	Mécanicien	0
93	Joseph Hartwig	allemande	Lyon	Directeur d'usine	0
	Henri Frey	suisse	(illisible)	Voyageur de commerce	0

10 Dans laquelle 1 822 habitants sont recensés.

11 Jusqu'au n° 63 ; au-delà, après l'avenue Verguin, le boulevard ne longe plus le parc.

12 Sauf dans le cas d'Auguste Vogel, sans domestique, également présenté comme « mécanicien contremaître » à la naissance de sa fille Charlotte en Ardèche en 1889.

N°	Chef de famille	Nationalité	Ville de naissance	Profession déclarée	Nombre de domestiques
16	Wilhelm Wasmann	suisse	Mannheim	Fabricant de soieries	0
46	Ernest Masthaum	allemande	Cologne	Négociant soieries	2
74	Adolphe Donzeisen	suisse	Bâle	Directeur commercial	2
92	Theodore Schilling	allemande	Weißenstadt (Bavière)	Négociant soieries	1

Source : Liste nominative du recensement, 1911, ADR, 6MP542.

La publication au *Journal officiel*, à partir d'avril 1915, de très nombreuses ordonnances de mises sous séquestre de biens appartenant à des Allemands, Autrichiens et Hongrois dans l'arrondissement de Lyon, en application du décret du 27 septembre 1914 interdisant tout commerce avec les sujets des deux empires, renseigne également sur les populations concernées. Celles relatives aux « propriétaires ou chefs d'établissements commerciaux, industriels ou agricoles »[13] montrent ainsi l'étendue des activités économiques exercées. À côté de simples représentations locales de maisons extérieures ou de dépôts de marchandises, on relève plusieurs dizaines d'entrepreneurs, artisans ou commerçants de nationalité allemande ou autrichienne. Malgré l'orthographe souvent approximative des patronymes, la trajectoire d'une trentaine d'entre eux (32, tableau 3) a pu être reconstituée grâce à différentes sources (annuaires du Rhône, listes nominatives du recensement, actes d'état-civil, etc.).

13 Une première liste de plusieurs centaines d'ordonnances prononcées jusqu'au 31 décembre 1914 est publiée le 12 avril 1915. D'autres moins nombreuses suivent ultérieurement.

Tableau 3 : Corpus de commerçants et industriels lyonnais d'origine germanique avec entreprises mises sous séquestre

Nom	Activité	Origine	Naissance	Époux(se)	Arrond. Résidence
Tillmann Bauer	Peintre	Trèves (Prusse)	1873	française	2e
Ernest Beck	Fabricant de tulles, associé Beck & Lonjaret	Offenbach (Hesse)	1877	française	6e
Ernest Beier	Commis-sionnaires en soieries Beier & Cie	Borstendorf (Saxe)	1856	française	3e
Wilhelmine Benesch	Objets d'art japonais	illisible (Autriche)	1847	néant	1er
Max Dann-hauser	Fabricant de broderies et d'ornements d'église	Innsbruck (Autriche)	1867	française	6e
Antoine Dettenrieder	Fourreur	illisible (Bavière)	1864	allemande	1er
Martin Förster	Cordonnier	Leutershausen (Bade)	1851	française	1er
Paul Friedländer	Commission-naire en soier-ies Friedlae-nder P. & Cie	Lyon (parents allemands)	1874	néant	1er
Guillaume Gartner	Fabricant de pipes	Vienne (Autriche)	1867	française	2e
Georges Geckeler	Bonnetier, associé Geckeler & Rey	Reutlingen (Wurtemberg)	1869	française	6e
Theophile Goraus	Libraire	Timmendorf (Prusse)	1874	néant	2e
Albrecht Grossmann-Herrmann	Marchand de tulles	Bischofswerda (Saxe)	1886	française	6e

Nom	Activité	Origine	Naissance	Époux(se)	Arrond. Résidence
Etienne Gstalter	Fourreur	Bac Almas (Hongrie)	1875	française	6^{e}
Henri Gutmann	Commission-naire en soierie	Hambourg	1857	allemande / anglaise	6^{e}
Walter Heine	Photographe	Leipzig (Saxe)	1883	française	3^{e}
Richard Lehmann	Fabricant de gants	Limbach (Saxe)	1878	française	6^{e}
Adolphe Mathis	Fabricant de tresses	Neuhausen (Suisse)	1879	suisse	6^{e}
Julius Meyer	Négociant avec les Indes, asso-cié Gutmann & Cie	Mülheim (Prusse)	1872	allemande	6^{e}
Bernard Planer	Fabricant de casquettes	illisible (Hongrie)	1863	russe	5^{e}
Alfred Pursche	Fabricant de cadres	illisible (Allemagne)	1886	néant	7^{e}
Conrad Roth	Cordonnier	Pleidelsheim (Wurtemberg)	1839	allemande	Villeur-banne
[Rudolf] Saenger & [August] Rentschler	Fabricants de tulles	illisible (Allemagne)	1873	allemande	6^{e}
		illisible (Allemagne)	1876	française	6^{e}
Hermann Scholle-mann	Fabricant de dorures	illisible (Allemagne)	1883 ?	française	1er
Philipp Schunck	Commis-sionnaire en soieries	Mannheim (Bade)	1867	française	6^{e}
Robert Stenker	Fourreur	Freiberg (Saxe)	1851	allemande	6^{e}
Jean Stock-hammer	Mécanicien constructeur	Trente (Autriche)	1856	néant	6^{e}
Charles Albert Storz	Fabricant de tulles	Tütlingen (Wurtemberg)	1880	française	6^{e}

Nom	Activité	Origine	Naissance	Époux(se)	Arrond. Résidence
Hugo Vocke	Commissionnaire de soieries	Heilbronn (Wurtemberg)	1875	allemande	6e
Antoine Wiegand	Tailleur à façon	Schapbach (Bade)	1858	suisse	2e
Louis Wittmann	Fabricant de tulles et dentelles	illisible (Hongrie)	1853	allemande	6e
Fritz Zwissler	Fabricant de tulles	Liebefeld-Berne (Suisse)	1871	française	4e

Réussite économique et intégration sociale

Sans surprise, la branche dominante est celle de la soierie, avec près de la moitié des entreprises qui en relèvent, des commissionnaires ou des fabricants de tulles surtout. Aucun lien familial avec l'industrie allemande n'a pu être repéré. Les origines géographiques des intéressés sont très diverses, et ne proviennent pas de bastions soyeux comme Krefeld (Rhénanie). Seuls deux s'appuient sur des héritages familiaux indirects. Henri[14] Gutmann a, après son mariage à Hambourg en 1884, rejoint Lyon comme « employé de commerce »[15]. Il travaille aux côtés de son oncle maternel Wilhelm Brüssel (1844–1918), installé comme négociant depuis le début des années 1870[16] et naturalisé français dès 1885. Au début des années 1890[17], celui-ci devient commissionnaire en marchandises à Paris, et laisse son négoce lyonnais à ses neveux, les

14 Les prénoms allemands sont presque toujours francisés dans les sources françaises.

15 D'après l'acte de naissance de son premier enfant en 1885.

16 Il y apparaît pour la première fois à la naissance de son premier enfant en 1873.

17 Au recensement de 1891, il est encore domicilié 3, avenue de Noailles, mais plus à celui de 1896 ; dans l'édition 1894 de l'*Annuaire du Rhône*, seul le siège de la société Brüssel & Cie, 10 quai Saint-Clair, apparaît ; en 1900, au mariage de sa

cadets Ferdinand et Jules Gutmann ayant rejoint Henri. De son côté, Paul Friedländer est né à Lyon, où son père, originaire également de Hambourg, était alors « employé en soieries » avant semble-t-il de repartir. Revenu comme employé de commerce, le fils s'associe en 1903, à l'âge de 29 ans, avec son oncle Théodore, installé comme négociant, dans une société de commerce de marchandises[18]. En 1910, alors que ce dernier se retire comme commanditaire pour retourner à Berlin, son neveu fonde une nouvelle société avec un négociant londonien.

D'autres activités sont en lien avec le textile (tailleur à façon, fabricant de casquettes, brodeur d'ornements d'église) ou le cuir (fourreur, fabricant de gants, cordonnier). En outre, on trouve un fabricant de pipes, un mécanicien constructeur, un libraire, etc. Les seuls héritages familiaux connus sont ceux des deux cordonniers, dont les pères exerçaient la même activité en Allemagne. Globalement, ces immigrés sont plutôt issus de milieux commerçants urbains que du monde rural.

Les origines géographiques sont très diverses, plutôt aux marges des empires. Les entrepreneurs étudiés viennent moins de la Prusse que des régions frontalières du Bade ou du Wurtemberg, mais aussi de la Saxe. À côté de trois Autrichiens, dont l'un originaire de la ville de Trente cédée ensuite à l'Italie, on relève trois Hongrois. Les sources de la République laïque ne livrent pas d'informations, comme le ferait l'état-civil alleman[19], sur l'appartenance religieuse. Les confessions catholique et évangélique sont probablement assez partagées. Trois familles au moins (Friedländer, Gutmann, Planer) apparaissent, par les prénoms ou les alliances, d'origine juive.

L'âge médian est de 43 ans en 1914, avec des écarts assez marqués. Cinq entrepreneurs ont plus de 60 ans, alors que onze ont moins de 40 ans, et deux moins de 30. À côté de cinq célibataires (dont la seule femme du groupe, une marchande d'art japonais), ils ne sont que

---

fille, il est domicilié à Paris dans le 16e arrondissement, au 186, avenue Victor Hugo.

18 ADR, 6Up1/185, greffe du tribunal de commerce de Lyon, Th. Friedländer & Cie, formation, 9 juillet 1903.

19 Difficilement accessible pour un corpus aussi dispersé en l'absence de sources en lignes destinées, comme en France, aux généalogistes.

huit à s'être mariés avec une ressortissante de leur pays d'origine, dont trois à Lyon. La majorité a épousé des Françaises, ce qui montre une bonne intégration. Les unions locales souvent modestes ne leur donnent pas accès à la bourgeoisie ; les futures travaillent avant leur mariage comme brodeuse, repasseuse, couturière, etc. et il n'est souvent pas établi de contrat, ce qui révèle l'absence de dot. Celui du fabricant de tulles Ernest Beck, qui épouse en 1904, à 27 ans, la fille du bibliothécaire adjoint de la chambre de commerce, reflète plutôt un décalage de fortune : alors qu'il apporte 65 038 F avec ses parts sociales, ses avoirs financiers et son mobilier, la mariée n'a qu'un modeste trousseau de 1 950 F[20]. Les belles-familles ne semblent pas jouer un grand rôle dans la trajectoire professionnelle. Il n'y a guère que le cordonnier Martin Förster à épouser la fille d'un cordonnier lyonnais, deux autres représentants de cette profession figurant parmi les témoins.

Les lieux de résidence traduisent une certaine ascension sociale : la moitié habitent dans le 6e arrondissement (Brotteaux) de la nouvelle bourgeoisie, avec, outre le boulevard du Nord déjà évoqué, d'autres belles adresses dans les immeubles « haussmanniens » du cours Morand (actuel cours Vitton), de l'avenue de Noailles (Foch), de Saxe ou du quai de l'Est (Serbie). Les arrondissements de la Presqu'île, 1er (Terreaux) – à proximité souvent des activités commerciales –, et 2e (Bellecour-Ainay) sont également bien placés, alors que les quartiers plus populaires des 3e, 4e, 5e et 7e arrondissements ne sont guère représentés. Certaines épouses continuent toutefois de travailler, comme celle du cordonnier Martin Förster (piqueuse de bottines), du fourreur Etienne Gstalter (couturière) ou du tailleur Antoine Wiegand (tailleuse). Et, d'après le recensement de 1911, la domesticité est souvent inexistante ou limitée à une bonne à tout faire caractéristique de la petite bourgeoisie[21]. Seuls le fabricant de tulles Rudolf Sänger (avec deux domestiques françaises et une allemande) et les commissionnaires en soieries Henri Gutmann (avec trois domestiques françaises et une institutrice anglaise) et Hugo Vocke (avec une cuisinière et une femme de chambre allemandes, deux

---

20 ADR, 3E35746, minutes Me Pétrus Bernard, Lyon, contrat de mariage Ernest Beck – Louise Marguerite Ribeyrolles, 30 avril 1904.

21 Pélissier, *La vie privée*, p. 41.

autres femmes et un valet de chambre français, ainsi qu'une institutrice anglaise) ont adopté les standards de la bourgeoisie établie. Les services du ministère du Commerce présentent l'affaire d'Henri Gutmann comme l'une des plus importantes maisons allemandes indépendante de la région : elle réalise avant la guerre un chiffre d'affaires de 5 à 6 millions de francs et compte 35 employés[22]. De même, la fabrique de tulles Saenger & Rentschler emploie, pour un chiffre d'affaires de 4 à 5 millions de francs, une vingtaine de salariés dans son atelier de Villeurbanne et cinquante à soixante personnes avec les travailleurs à façon.

Une autre élite des affaires d'origine germanique est celle des directeurs salariés des entreprises allemandes présentes à Lyon ; ils font l'objet en 1914 d'une mise sous séquestre, à côté de celle des actifs de leur succursale, de leurs biens personnels. Ils sont présents dans la chimie, avec la Manufacture lyonnaise de matières colorantes, filiale de la maison francfortoise Cassella, qui exploite une usine dans le quartier de la Vitriolerie. Elle est administrée depuis sa création en 1885 – pour contourner les barrières douanières mises en place par la France – par Edouard Loewengard, qui habite un hôtel particulier en bordure du parc de la Tête d'or et vient d'être nommé consul d'Allemagne. L'Autrichien Joseph Rosenbeck, domicilié avenue de Noailles, est directeur de l'usine, où travaille aussi le docteur en chimie allemand Hugo Leoni.

Les deux autres usines allemandes importantes à Lyon relèvent du secteur textile. Le fabricant de velours Christoph Andreae de Mülheim en Rhénanie a implanté en 1907 une usine à Villeurbanne, qui atteint avant la guerre l'effectif considérable de quatre cent cinquante ouvriers et vingt employés[23]. Elle est codirigée par deux Allemands, Joseph Hartwig et Nicolas Lehnen, tous deux résidents du boulevard du Nord. Si le second est arrivé avec sa famille à l'occasion de l'implantation de la succursale[24], le premier est né à Lyon en 1877 d'un père négociant, originaire de Frankenberg (Hesse), et d'une mère également d'origine

22 AN, F12/7841, Lyon, formulaire États A, 1916.

23 *Ibid.*

24 Sa dernière fille est née à Mülheim en 1902.

allemande[25]. La maison Andreae s'est donc appuyée sur un compatriote bien implanté dans le monde des affaires local. C'est également en 1907 que la fabrique allemande de dorures et de passementerie Benedict & Cie, fondée en 1788 à Freiberg en Saxe, a installé une usine à Lyon, qui emploie 75 ouvriers. Son directeur est venu s'installer cours Morand avec sa famille.

L'expulsion et le séquestre de 1914

Cette communauté prospère et bien insérée est bouleversée par la déclaration de guerre en août 1914. Les archives disponibles ne donnent guère d'informations sur son sort, mais presque tous les ressortissants allemands et autrichiens semblent avoir quitté précipitamment la France ou avoir été évacués de force dans des convois organisés dès les premiers jours du conflit[26]. Dans les fonds du greffe du tribunal de commerce, on trouve ainsi, dès le 11 août, trace d'une demande formulée par plusieurs maisons de soieries lyonnaises d'une mise sous administration provisoire de la fabrique de tulles Saenger & Rentschler, dont ils se déclarent créanciers pour plus de deux cent vingt mille francs : ses associés allemands « ont abandonné leur domicile commercial et leurs affaires en suite d'un arrêt d'expulsion, [et quitté brusquement la France, sans espoir de retour, en abandonnant le matériel se trouvant dans les locaux et magasins de leur siège social], sans laisser de préposé connu pour la gérance de leurs affaires et sans avoir au préalable désintéressé les créanciers »[27]. De même, Léon Lonjarret tente de

25 Elle est la fille de Peter Joseph Osterhaus, un ancien officier prussien parti en 1849 aux Etats-Unis, où, engagé volontaire, il s'est illustré comme général pendant la Guerre de Sécession avant d'être nommé consul des Etats-Unis à Lyon.

26 ADR, 4M414, rapport du commissaire du quartier de Perrache qui évoque l'évacuation faite « au début de la mobilisation », 16 septembre 1914.

27 ADR, 6Up1/266, greffe du tribunal de commerce de Lyon, Saenger & Reutschler, administration provisoire, 9 septembre 1914.

faire reconnaître la dissolution à l'amiable de la société en nom collectif formée en 1902 pour la fabrication et la vente de tulles obtenue dès le 25 octobre 1914 de son associé allemand Ernest Beck, alors réfugié en Suisse à Lausanne[28]. Mais cette convention est considérée comme inexistante, toute relation commerciale avec un sujet allemand étant illégale, et il doit demander en mars 1915 au tribunal la liquidation judiciaire de l'affaire, qu'il obtient, malgré l'opposition de son associé, représenté en son absence par un avoué lyonnais[29].

Rares sont les membres de ces familles à faire partie des ressortissants allemands ou austro-hongrois encore recensés comme résidents à Lyon par les commissariats de police à la suite d'une dépêche du préfet du Rhône du 16 septembre 1914. Seul le fabricant de broderies et d'ornements d'église autrichien Max Dannhauser, immigré depuis 1893, aurait bénéficié le 4 août d'une autorisation spéciale de résider à Lyon délivrée par le secrétaire général pour la police[30]. Elle est justifiée par le fait qu'il a obtenu en 1895 une admission à domicile[31] – étape intermédiaire avant la naturalisation introduite par le Code civil de 1803 qui accorde à l'étranger résidant les droits civils, mais pas politiques[32] – et serait en instance de naturalisation. Son fils Gabriel, âgé de 20 ans, a opté pour la nationalité française en 1913 ; s'il a été ajourné pour « faiblesse » par le conseil de révision l'année suivante, il est finalement versé en 1916 dans les services auxiliaires de l'aviation[33]. Son épouse, d'origine française, et leurs deux autres enfants mineurs sont également autorisés à rester. La fille du chimiste Hugo Leoni, âgée de 23 ans, née en Allemagne comme ses deux parents, prétend également, comme infirmière à l'armée du salut, bénéficier d'une autorisation spéciale

28 ADR, 6up1/267, greffe du tribunal de commerce de Lyon, Beck & Lonjarret, dissolution, 12 novembre 1914.
29 ADR, 6up1/268, greffe du tribunal de commerce de Lyon, Beck & Lonjarret, dissolution, 6 avril 2015.
30 ADR, 4M414, rapport du commissaire du quartier de Saint-Pothin, 16 septembre 1914.
31 Archives municipales de Lyon (AML), 1422WP3, dossier Dannhauser, 1895.
32 Patrick Weil, *Qu'est-ce qu'un Français ?*, Paris, Grasset, 2002, p. 40–42.
33 ADR, 1Rp/1211, registre matricule, Lyon bureau Central, classe 1914, n° 1710.

pour résider à Lyon[34], mais la mention « non » ajoutée sur le document conservé dans les archives de la préfecture suggère qu'elle n'a pas été confirmée. Enfin, un autre Allemand de 67 ans, Jean Dieterle, employé du Crédit lyonnais, « évacué le 6 août », aurait été « autorisé à revenir à Lyon auprès de ses enfants tous français »[35].

Il s'agit là de très rares exceptions qui confirment une règle implacable. Le fait d'être marié à une Française d'origine n'accorde aucune protection. Les épouses contraintes d'adopter la nationalité du mari sont également « évacuées ». Tous les ressortissants de ces pays ennemis font ensuite l'objet, à partir d'octobre 1914, de mises sous séquestre systématique de leurs biens professionnels et privés. Le bénéfice, pour Max Dannhauser ou pour le commissionnaire en soieries Ernest Beier (depuis 1888[36]), d'une admission à domicile n'y change rien. Le choix des fils, issus de couples mixtes, de servir la France n'empêche pas non plus la mise sous séquestre du commerce familial, à l'exemple du fabricant de pipes Guillaume Gartner, dont le fils aîné (classe 1914) est incorporé, dès août 1914, comme canonnier de 2e classe au 8e régiment d'artillerie à pied. Au moins la mère d'origine française a dû pouvoir revenir à Lyon puisqu'elle décède au « domicile conjugal » du passage de l'Argue en mai 1915[37]. De même, le fils aîné (classe 1905) du commissionnaire en soieries Henri Gutmann a été rappelé, après son service militaire effectué en 1906–1908, à la mobilisation générale au 159e régiment d'infanterie. Après que la maison de son père a été parmi les premières mise sous séquestre le 21 octobre, il est déclaré deux jours plus tard disparu à la suite de combats dans le Pas-de-Calais ; il est finalement rapatrié à Lyon en décembre 1918 après quatre années de

34 ADR, 4M414, rapport du commissaire du quartier de Saint-Pothin, 16 septembre 1914.

35 ADR, 4M414, rapport du commissaire du quartier des Brotteaux, 17 septembre 1914.

36 AML, 1422WP1, dossier Ernest Beier, 1888.

37 Acte de décès, mairie de Lyon 2e, Victoire Brun ép. Gärtner, 21 mai 1915. Le décès n'est pas déclaré par son mari, mais par deux « employés » de nationalité française.

captivité en Allemagne ; il reçoit la croix du combattant et la médaille de la victoire[38].

Max Dannhauser se voit même refuser en février 1915 sa demande de naturalisation, malgré des renseignements très favorables sur « [sa] conduite, [sa] moralité [et son] honorabilité », et son engagement comme infirmier dans un hôpital temporaire de la Croix-Rouge[39]. En effet, e commissaire spécial lui reproche d'avoir longtemps fait preuve « d'indifférence quant à ses sentiments de nationalité » en ne demandant pas sa naturalisation au terme « du stage de 5 années d'admission à domicile ». Sa démarche ne serait justifiée que par le « seul intérêt », pour échapper à la mise sous séquestre de son fonds de commerce.

De manière plus extraordinaire, deux entreprises d'origine suisse alémanique, présentées comme des maisons allemandes, sont victimes de mesures de mise sous séquestre : le fabricant de tresses Adolphe Mathis, originaire de Neuhausen (canton de Schaffhouse) et le tulliste Fritz Zwissler, originaire de Berne. Rien n'indique que ces mesures aient été rapportées[40].

Seuls les entrepreneurs naturalisés français avant 1914 sont protégés. Mais ils sont peu nombreux : en 1913, sur les listes électorales de la chambre de commerce réservées aux nationaux, on ne trouve ainsi, parmi les soyeux du premier collège, qu'un inscrit d'origine allemande (hors Alsace-Moselle), le commissionnaire en soieries Albert Lehmann, né en 1844 à Zell (Grand Duché de Bade) ; il est arrivé à Lyon en 1865 comme caissier puis fondé de pouvoirs d'une maison allemande qu'il a reprise ensuite. Admis à domicile en 1878, marié à une Française l'année suivante, il a demandé et obtenu sa naturalisation en 1893, après avoir dû démontrer que, s'il était absent de Lyon pendant la guerre de 1870, il n'a pas servi l'armée allemande et travaillait à Genève[41]. Son

38 ADR, 1RP/1090, registre matricule, Lyon bureau Central, classe 1905, n° 2373.

39 ADR, 6MP1043, dossier de naturalisation de Max Dannhauser, rapport du 22 décembre 1914.

40 On n'en trouve pas la trace au *Journal officiel*. L'absence d'archives judiciaires sur ces séquestres dans le Rhône ne permet pas d'en savoir plus.

41 ADR, 6Mp/1030, dossier de naturalisation, Albert Lehmann, 1878–1893.

importante affaire, qui lui vaudrait 30 000 F de revenus annuels[42] et 200 000 F de fortune dès 1893, n'est pas mise sous séquestre, alors qu'il vient de l'apporter en société en juillet 1914 : les trois autres associés sont ses fils, français comme lui, et son gendre Charles Binding. Ce fils d'un professeur de droit de l'université de Leipzig, a obtenu la nationalité française en novembre 1912, malgré l'avis négatif du commissaire spécial, qui considérait que sa « demande n'a d'autre but que de faciliter ses opérations commerciales et que, en raison des attaches sérieuses et puissantes qu'il possédait à l'étranger, il ne présente pas de garanties puissantes et sincères d'attachement à notre pays »[43]. L'entreprise subsiste ensuite sans encombre, après la démobilisation en 1919 d'un fils et du gendre[44].

Le frère de Henri Gutmann, Ferdinand (né en 1866), bénéficie de la même continuité pour l'activité de négoce formellement distincte, même si les bureaux lyonnais sont communs, qu'il a développée : en 1906, il s'est associé avec un autre frère, Jules (né en 1877), et un négociant alors domicilié à Bombay, Jules Meyer, pour créer une affaire spécialisée dans le commerce avec les Indes. En 1910, le cadet des Gutmann a été le premier, encore célibataire, à demander la nationalité française[45]. Il fait valoir qu'il a rejoint Lyon à l'âge de 17 ans en 1894, que son permis d'émigration lui a valu de perdre la nationalité allemande et de ne pas accomplir ses obligations militaires dans son pays d'origine et que tous ses intérêts sont en France. L'avis du commissaire spécial est favorable : si l'intéressé conserve des relations de famille en Allemagne et y entretient « pour les besoins de son commerce une correspondance suivie et importante avec les négociants », il ne fait « au point de vue national l'objet d'aucune remarque défavorable. Il ne fréquente à Lyon que le monde du commerce. Il ne paraît pas hostile à la France et ne s'occupe pas de politique ; cependant, on ne le croit pas

42 Près de trente fois le salaire d'un ouvrier de province à l'époque.
43 ADR, 6Mp/1024, dossier de naturalisation, Charles Binding, rapport du commissaire spécial adjoint à la préfecture du Rhône, 12 septembre 1912.
44 Le second fils Lehmann est exempté.
45 ADR, 6Mp/1028, dossier de naturalisation de Jules Gutmann, 1910.

contraire aux institutions républicaines. » Si sa naturalisation l'intègre à la classe 1910, elle ne l'oblige pas à accomplir son service national. Il est d'ailleurs peu présent à Lyon dans les années suivantes. D'abord déclaré à l'autorité militaire résident à Bombay, il retourne s'installer à Hambourg à compter de septembre 1912[46]. Il s'y marie en décembre suivant et une fille naît de cette union un an plus tard. Mais, en août 1914, il n'échappe pas à la mobilisation générale de son pays d'adoption et est incorporé au 30e régiment d'infanterie ; probablement pour cacher ses origines germaniques, son registre matricule précise qu'il est « parti au front sous le nom de Saunier ». Le 12 décembre, il est « tué à l'ennemi » dans la Somme.

En 1912, Ferdinand Gutmann avait, à son tour, demandé sa naturalisation, en faisant valoir qu'il est installé en France depuis 1886, lorsqu'il a rejoint, à l'âge de 20 ans, son oncle et son frère aîné, qu'il s'y est marié en 1901 et qu'il y a également tous ses intérêts[47]. Il reconnaît avoir été incorporé dans un régiment allemand en 1891, mais aurait été réformé après trois mois et classé dans la réserve de l'armée territoriale. Les avis très favorables du commissaire spécial et de la mairie de Lyon font état de la prospérité de ses affaires – qui lui apporteraient un revenu de 10 000 francs par an[48] –, de son attitude politique « effacée » et de ses opinions « républicaines socialistes ». Sa naturalisation l'intègre à la classe 1912, mais en 1914, il est déclaré « dégagé par son âge [48 ans] de toute obligation militaire»[49]. Il peut poursuivre son activité commerciale dans sa société Gutmann & Cie qui redevient de fait une affaire personnelle avec la disparition de son frère cadet Jules et la mise sous séquestre des parts minoritaires (100 000 F sur 450 000 F) de son deuxième associé non naturalisé Jules Meyer.

46 ADR, 1Rp/1150, matricule militaire, bureau Lyon Central, classe 1910, n° 2248.

47 ADR, 6Mp/1028, dossier de naturalisation de Ferdinand Gutmann, 1912.

48 Près de 8 fois le salaire moyen d'un ouvrier de province.

49 ADR, 1Rp/1171, matricule militaire, bureau Lyon Central, classe 1912, n° 657.

La rupture définitive avec la France ou le retour avec déclassement

On ne sait rien du sort pendant la guerre des entrepreneurs allemands évacués. Après le conflit, rares sont ceux qui reprennent leurs activités à Lyon. Ce n'est logiquement le cas d'aucun des directeurs salariés, après la liquidation définitive de leurs établissements chimiques ou textiles en application des traités de paix et de la loi du 7 octobre 1919. Aucun lien ultérieur avec la France n'a été repéré, même pour le directeur de Christoph Andreae, Joseph Hartwig, pourtant né à Lyon et marié à une Française[50]. Parmi les entrepreneurs indépendants, la plupart font l'objet d'une requête de liquidation du séquestre de leurs biens publiée au *Journal officiel* en 1920 ou 1921[51]. Ce n'est pas le cas de Max Dannhauser, autorisé à rester en 1914 et toujours domicilié quai de Serbie aux Brotteaux ; il retrouve son entreprise de fabrication d'ornements d'église. Mais la levée du séquestre prend du temps : en mai 1921, au mariage de son fils, il est encore déclaré « ancien fabricant ». Une nouvelle demande de naturalisation est ajournée en mars 1921 parce qu'elle ne serait motivée que par la volonté de « rentrer en possession de ses biens placés sous séquestre »[52]. Ce n'est qu'après sa levée qu'une troisième demande est accueillie favorablement en décembre 1924.

50 Son acte de naissance à Lyon n'indique pas son décès en mention marginale. Celui de sa femme n'a pas été retrouvé et le couple n'avait pas eu d'enfant avant 1914. Ses cinq frères et sœurs également nés à Lyon n'y apparaissent plus non plus, mais il semble que le reste de la famille soit rentrée en Allemagne avant 1914 : on repère le père une dernière fois à 58 ans en 1899, comme négociant domicilié 75, avenue de Saxe, au mariage de sa fille aînée avec un négociant de Francfort, où elle décède en 1962. Les actes de naissances des autres enfants ne comportent pas de mention marginale de mariage ou de décès.

51 Vu le nombre de requêtes publiées, la recherche par nom sur la version électronique du *Journal officiel* sur Gallica reste, avec la reconnaissance imparfaite des caractères, incertaine.

52 ADR, 6MP1043, dossier de naturalisation de Max Dannhauser, avis de la préfecture du Rhône, s.d. [1920].

Les parts sous séquestre du bonnetier Georges Geckeler dans l'association qu'il formait avec son beau-frère Francis Rey sont liquidées en décembre 1920. Dès le recensement de 1921, il réapparaît toutefois comme patron bonnetier, à la tête d'une entreprise dorénavant personnelle, qui exploite une usine dans le quartier des Charpennes. Il conserve sa nationalité allemande, mais son fils accomplit ses obligations militaires en France avec la classe 1921.

Quant au fabricant de pipes autrichien Guillaume Gartner, dont le fils aîné a été démobilisé en septembre 1919, il est toujours domicilié passage de l'Argue au recensement de 1921, mais avec une profession de « tourneur sur pipes » dans l'entreprise de son fils. Cette situation est confirmée l'année suivante par l'*Annuaire du Rhône* qui le présente comme « ancien fabricant de pipes », son fils étant « marchand de pipes » au même lieu, avant de quitter Lyon pour Marseille. Le père meurt en 1922, déclaré « commerçant ». L'activité familiale est reprise par son fils cadet Guillaume, également tourneur sur pipes à son recensement militaire en 1924[53] et par une de ses filles sous la raison sociale Gartner Frère & Sœur.

De son côté, le fourreur hongrois Etienne Gstalter est bien revenu à Lyon dans son appartement des Brotteaux (rue Sully) et exerce toujours le métier de fourreur aux recensements de 1921 à 1936, mais comme employé d'autres maisons[54]. En 1927, il obtient à 60 ans la nationalité française, qui est également restituée à sa femme.

D'autres entrepreneurs allemands reviennent en France, mais pas à Lyon. Ernest Beck ne reprend pas son activité de fabricant de tulles avec son ancien associé. En 1927, il obtient la nationalité française, mais la famille n'est plus dans le Rhône[55]. On retrouve sa trace à Paris en 1931, au mariage de son fils aîné, commerçant, le père étant entretemps décédé.

53 ADR, 1Rp/1973, matricule militaire, bureau Lyon central, classe 1924, n° 417.

54 Les Fourrures Pelegri, 274 rue de Créqui en 1921, et Lavorel Frères & Cie [orthographié Lavorelle ?], 7 pl. Puvis de Chavanne, en 1926, 1931 et 1936.

55 Le dossier de naturalisation ne figure pas dans le fonds de la préfecture du Rhône, pas plus que les matricules militaires des deux fils.

L'ancien fabricant de tulles Charles-Albert Storz a également obtenu la nationalité française en 1921, mais, à son décès à Paris en 1926, il exerce une activité de représentant de commerce. De même, Henri Gutmann ne reprend pas son activité de commissionnaire en soieries à Lyon. En 1920, au mariage de son fils aîné employé de commerce à Paris après sa démobilisation, il est négociant à New York. De retour en France ensuite, il obtient la nationalité française en 1926. En 1928, au mariage de son second fils, il est commissionnaire exportateur à Paris. Il quitte la France avant l'occupation nazie et meurt le 27 juin 1940 à Los Angeles. La famille, dispersée dans le monde entier[56], survit à la Shoah.

Même les deux Suisses mis sous séquestre *a priori* sans fondement légal n'ont pas repris leur activité à Lyon après la guerre. Lorsque le fils de l'ancien tulliste Fritz Zwissler, de retour de Berne comme mécanicien, se marie en 1923, ses parents sont commerçants domiciliés à Saint-Gall (Suisse). La famille du fabricant de tresses Adolphe Mathis réapparaît bien à son ancien domicile du cours Vitton en 1924 à l'occasion du mariage du fils aîné, alors qu'elle n'y était pas recensée en 1921, mais le père est entre-temps décédé. Au recensement de 1926, sa veuve et son fils sont salariés des Filatures de schappe, respectivement comme employée et ouvrier.

On ne retrouve pas trace en France des autres entrepreneurs mis sous séquestre, faute d'informations sur leur trajectoire à l'étranger. On sait seulement que l'ancien commissionnaire en soieries Phillip Schunck est resté dans sa ville natale de Mannheim jusqu'en 1923, avant de partir pour Zürich[57]. Les actes de naissance des épouses d'origine française sont rarement renseignés sur leurs décès, sauf dans deux cas, avec des informations venues bien plus tard d'Allemagne fédérale : Mmes Richard Lehmann et Walter Heine sont respectivement décédées

56 Le fils aîné Arthur meurt en France en 1977, sa sœur Elsa à Londres en 1951, le puiné Robert à Auckland en 1987 et le cadet Hugo prématurément à Los Angeles en 1941 ; d'après la généalogie établie par Micheline Gutmann, téléchargeable sur le site www.rijo.homepage.t-online.de/pdf/FR_FU_JU_gutmann.pdf, [dernière consultation le 23 août 2016].

57 Information communiquée par les archives municipales de Mannheim, courriel du 1er août 2016.

à Bielefeld en 1967 et à Ludwigsburg en 1970. Aucun cas de divorce n'est connu ; ces couples mixtes semblent avoir résisté aux bouleversements politiques. Rares sont également les enfants dont on retrouve la trace en France. Le fils de Julius Meyer, né en 1911 à Lyon, se marie à Paris en 1947 et meurt en France en 2003. Alors que deux enfants du fourreur Robert Stenker meurent respectivement à Stuttgart en 1971 et Tübingen en 2000, un troisième s'est marié en 1936 et est décédé en 1990 au Havre.

La Grande Guerre a donc représenté pour ces émigrés germaniques qui associaient réussite économique et intégration sociale à Lyon un bouleversement majeur. Les mesures provisoires qui les visent impitoyablement comme ressortissants de pays ennemis ont des conséquences durables pour les familles concernées. A peu près aucune ne retrouve sa situation professionnelle antérieure après la guerre. Ceux qui font le choix de rentrer en France occupent souvent une position professionnelle déclassée. Même si le traité de Versailles prévoyait un engagement de l'Allemagne à indemniser ses ressortissants en raison de la liquidation de leurs biens en pays alliés (art. 297-i), il est probable, en l'absence d'études connues, que les indemnisations ont été noyées par l'hyperinflation des premières années de la République de Weimar. Les pertes d'ordre plus symbolique n'ont, de toute façon, pas pu être compensées. Les circonstances politiques et économiques du XXe siècle n'ont pas non plus permis à la communauté germanique de renouveler une réussite migratoire semblable à celle qu'elle a connue, même si c'était à une échelle modeste, dans la France d'avant 1914.

Christine de Gemeaux

E. R. Curtius, la « vocation » d'un passeur entre France et Allemagne ?

Introduction

Ernst Robert Gustav Tassilo Curtius (1886–1956) a consacré une importante partie de son œuvre et de sa vie à la France et aux rapports entre France et Allemagne, de sa jeunesse en Alsace à son activité de critique littéraire, d'universitaire à Bonn, en passant par les échanges initiés entre les écrivains et intellectuels français et allemands. Son engagement fut si déterminé, si manifestement lié à son expérience existentielle, que l'on peut à juste titre poser la question de sa « vocation » franco-allemande. Qu'en est-il et que recouvre ici le terme de « vocation » ; en quoi les activités, les engagements de Curtius sont-ils liés à une pensée, un arrière-plan religieux ? Quelle influence ont les guerres successives, 1870, 1914–1918, 1940–1945, de part et d'autre du Rhin ? Après mai 1968, des interrogations se sont fait jour à son sujet[1] : on a rétroactivement suspecté son « néo-humanisme » de nationalisme larvé, voire de complaisance envers la mouvance hitlérienne, remettant ainsi en cause son aura et son rôle de passeur entre France et Allemagne. Que peut-on en dire, à partir des documents aujourd'hui disponibles ?

La présente analyse se fonde sur nos précédentes publications, particulièrement la monographie fondée sur l'étude des archives et notamment du fonds Curtius à Bonn[2], monographie intitulée *Ernst Robert*

1 Cf. Michael Nerlich, fondateur de la revue *Lendemains*, « Romanistik und Antikommunismus », in : *Das Argument*, 1972, p. 276–313.

2 La Bibliothèque Universitaire de Bonn possède la majeure partie des lettres, mais d'autres, que nous avons consultées, se trouvent ailleurs, notamment au *Deutsches*

Curtius (1886–1956). Origines et cheminements d'un esprit européen[3], et sur l'analyse et l'utilisation de deux nouveaux et importants recueils de lettres qui rassemblent des correspondances inédites, inconnues du public : 350 lettres choisies, sous l'intitulé *Briefe aus einem halben Jahrhundert*[4] et les 604 lettres du recueil *Ernst Robert Curtius/ Max Rychner. Freundesbriefe 1922–1955*[5]. Ces ouvrages, édités en 2015 par Frank-Rutger Hausmann, permettent aux lecteurs, grâce à une judicieuse présentation du contexte et des différents correspondants, de découvrir et de mettre en perspective des écrits jusque-là réservés aux chercheurs. Selon Frank-Rutger Hausmann : « Der Großteil der Curtius'schen Briefe stellt eine wichtige Ergänzung seines vielgestaltigen Œuvres als Literaturhistoriker, Kritiker, Übersetzer, Journalist, Vortragsredner und Kulturvermittler dar » (BhJ 15). Ces lettres éclairent en effet les activités intellectuelles mais également le for intérieur, la personne privée, réputée peu accessible, de Curtius.

L'activité épistolaire de Curtius est impressionnante par sa diversité et son étendue. Il a échangé des milliers de lettres avec ses correspondants, au point que la critique a pu le qualifier de « manischer Verfasser

Literaturarchiv de Marbach/Lahn, à Paris (Bibliothèque du Saulchoir, Bibliothèque Littéraire Doucet, etc.) et à Cornell (*Cornell University Library*). Voir Wolf Dieter Lange, « L'héritage épistolaire d'Ernst Robert Curtius », in : *Littérature* 81, 1991, p. 104–110. Dès 1980, sous le titre *Deutsch-französische* Gespräche, les correspondances Curtius-Gide, Curtius-Du Bos, Curtius-Larbaud et Valéry, furent publiées. En 1984, Ilse Curtius (1907–2002) vendit un supplément du fonds de son mari, puis jusqu'en 2003 trois autres ventes eurent lieu qui permirent de retrouver des documents que l'on croyait disparus.

3 Christine Jacquemard-de Gemeaux, *Ernst Robert Curtius (1886–1956). Origines et cheminements d'un esprit européen*, Berne, Zurich, Peter Lang, 1998.

4 *Briefe aus einem halben Jahrhundert. Eine Auswahl*, herausgegeben und kommentiert von Frank-Rutger Hausmann, Baden-Baden, Verlag Valentin Koerner, *Saecula Spiritalia* 49, 2015, 691 p. [Désormais abrégé BhJ]. Les citations sont données en langue originale ; parfois en français (37 lettres), en anglais (14 lettres), le plus souvent en allemand (299 lettres).

5 *Ernst Robert Curtius/Max Rychner. Freundesbriefe 1922*–1955, Francfort-sur-le Main, Vittorio Klostermann, *Analecta Romanica*, Band 83, 2015, 909 p. [Désormais abrégé ERC/MR].

von Briefen »[6] et estimer qu'il écrivit entre 10 000 et 15 000 courriers sa vie durant : Frank-Rutger Hausmann le considère quant à lui comme « einer der letzten bedeutenden Briefeschreiber deutscher Sprache » (BhJ). Ses correspondances permettent par conséquent de cerner plus précisément le contexte et ses positions ; elles retracent tout un cheminement intellectuel au cours de la première moitié du XXe siècle. Le plus souvent, elles recèlent des passages qui sont de véritables bonheurs de lecture ; le style de Curtius en français n'ayant, quoi qu'il en dise lui-même, rien à envier à bien de ses correspondants francophones. Ce style a été acquis au sein de la famille et lors de ses premières années à Colmar et Strasbourg.

1. De l'Alsace à la France : guerre et pacifisme ?

Sa jeunesse en Alsace et le dynamisme de sa famille prédisposaient Curtius à s'intéresser aux cultures environnantes, alsacienne, suisse, et plus particulièrement française. Les ancêtres d'Ernst Robert appartenaient à cette bourgeoisie protestante hautement cultivée (*Bildungsbürgertum*), polyglotte, qui s'illustra intellectuellement et politiquement lors de la montée en puissance du *Reich* allemand. L'arrière-grand-père Carl Georg Curtius (1771–1857), conseiller juridique à Lübeck, le grand-père Ernst Curtius (1814–1896), philologue classique, archéologue découvreur d'Olympie, précepteur du *Kronprinz* à Berlin, le père Friedrich Curtius (1851–1933), haut fonctionnaire allemand qui avait choisi de s'établir en Alsace après la guerre franco-prussienne de 1870, afin d'y soutenir la culture allemande dans un contexte de « re-germanisation » et, croyait-il, d'apaisement politique avec la France, eurent une influence déterminante sur Ernst Robert Curtius. En particulier Friedrich qui devint Président du Consistoire de l'Église de la Confession d'Augsbourg à Strasbourg (de 1902 à 1914).

6 Horst Schmidt, « Ein manischer Verfasser von Briefen. Bausteine zu einer umfangreichen Curtius-Biografie », in : *Dokumente/Documents*, 2, 2015, p. 67–68.

Dans cette famille, l'attachement familial n'était pas un vain mot. Ernst Robert et son père entretinrent ainsi de tout temps des rapports de proximité spirituelle et intellectuelle particulièrement étroits. Selon Friedrich Curtius, évoquant son propre père Ernst Curtius : « sa piété et sa culture ne faisaient qu'un »[7]. Cette caractéristique et l'omniprésence de la religion se retrouvent également, une génération plus tard, dans la correspondance entre Ernst Robert et Friedrich Curtius ; le lecteur est frappé par l'importance des questions touchant à l'Église et à la spiritualité, souvent en lien avec les problèmes d'actualité.

La paix, la guerre et l'Alsace sont très souvent au centre des échanges familiaux[8]. Selon le père et le fils, la vocation du *Reichsland* est d'assurer la médiation et l'équilibre des forces européennes de l'esprit (BhJ 130). Mais l'attitude irresponsable des autorités de Berlin, notamment lors de l'affaire de Saverne en novembre 1913, lorsque les militaires menacent, emprisonnent arbitrairement des civils, obtenant le soutien rétroactif de Berlin, est pour les Curtius une catastrophe. Le *Landtag* alsacien proteste et l'on rapporte que parmi ses représentants : « war es besonders Dr. Curtius, ein Altdeutscher, der zum Volke stand »[9]. Il s'oppose ouvertement à l'armée impériale. L'interdiction des cultes en langue française par le général commandant du Quinzième Corps, le 31 août 1914[10], ruine finalement aux yeux de Friedrich Curtius tous les efforts des amis allemands du « jardin alsacien »[11],

7 « Weil seine Frömmigkeit und seine Kultur eins war », in : *Mémoires*, p. 18.

8 Voir notamment C. de Gemeaux, « Friedrich Curtius et l'Alsace, ou penser le service du *Reich* depuis la marge », in *Seuils. Limites et Marges*, Daniel Azuélos, Eric Leroy du Cardonnoy, Paris, L'Harmattan, 2001.

9 *Das Elsaß von 1870–1932*, t. 1, p. 173.

10 La célébration des cultes en français fut prohibée dès le 30 avril 1914. Friedrich Curtius développa ultérieurement sa perspective dans l'article « Demokratie und protestantische Kirche », in : *Frankfurter Zeitung*, n° 895, 30 novembre 1919.

11 Cette expression renvoie au poème de 1912 de la mère d'Ernst Robert Curtius, Louise Curtius, née von Erlach-Hindelbank. Voir Christine de Gemeaux, *Ernst Robert Curtius. Origines et cheminements d'un esprit européen* ... et *Der elsässische Garten, ein Buch von unseres Landes Art und Kunst*, (Hg.) F. Lienhard, H. Pfitzner, C. Spindler, Strasbourg, Trübner, 1912, p. 35.

véritable « paradis » entre France et Allemagne, dont il aurait souhaité qu'il fût traité en espace neutre après 1918. Avec l'affaire de Saverne et celles des cultes, Friedrich Curtius, patriote convaincu, déplore la politique brutale de l'État allemand et donne sa démission ; il se retire en Allemagne dès le 22 décembre 1914 et s'en explique ainsi :

> Es wäre mir unerträglich gewesen, dem militärischen Gewaltregiment, das die Anfänge deutscher Gesinnung im Elsaß vernichtete, mit Gleichmut zuzuschauen.[12]

Désormais rebuté par la force prussienne, en cela proche d'un Adenauer, il choisit d'habiter jusqu'à sa mort à Heidelberg, autre ville sur les bords du Rhin. Ernst Robert Curtius quitte également le *Reichsland.* Il lui demeure attaché. Après l'expérience de l'Alsace, et à propos d'un poste qu'on lui propose à Dresde, il souligne sa nette préférence pour l'Allemagne rhénane :

> Sei es in Cöln [sic], sei es in Bonn – Westdeutschland würde ich aus persönlichen und auch aus sachlichen Gründen (näherer Contact mit der westlichen Kultur) dem Osten unendlich vorziehen » (BhJ 96).

C'est donc d'abord l'Occident, sa culture, et en particulier la France, qui l'occupent depuis toujours. Parlant du jeune Friedrich Schlegel et de son séjour à Paris, il semble vouloir se décrire lui-même lorsqu'il séjourne là-bas:

> Dans sa jeunesse romantique, il cite Diderot et écrit des comptes rendus de la philosophie de l'histoire de Condorcet, et cette participation à la France vivante l'a accompagné sa vie durant et l'a conduit à poser des problèmes hautement intéressants.[13]

---

12 *Erinnerungen für meine Kinder aufgeschrieben*, UB Bonn, inédit, 1932.

13 « Schon in seinen romantischen Jugendjahren zitiert er Diderot und rezensiert er die Geschichtsphilosophie, und diese Teilnahme an dem lebendigen Frankreich hat ihn durch sein ganzes Leben begleitet und zu höchst interessanten Problemstellungen geführt », « Friedrich Schlegel und Frankreich », in : *Kritische Essays zur europäischen Literatur*, p. 80.

Toutefois Curtius stylise ici à tort Friedrich Schlegel en médiateur franco-allemand, alors justement que « Schlegel n'était pas Heine »[14]. Comme Schlegel et bien d'autres noms de la culture allemande (les frères Humboldt, Heinrich von Kleist, Achim von Arnim, etc.) Curtius passe quelques temps au bord de la Seine, durant ses années d'études. Loin de tomber dans une admiration béate de la capitale française, il mesure au contraire l'écart qui existe entre le pays de ses attentes et celui qu'il croit découvrir. Cela se révèle finalement positif à ses yeux, car ce qui rend si fructueux le séjour à Paris pour un jeune Allemand c'est – écrit-il – qu'« il se trouve contraint dès le début de formuler et d'élucider son rapport intime à la France en tant que totalité »[15]. Cette remarque caractérise bien la position de Curtius, engagé de fait dans une recherche identitaire personnelle de ses différentes patries : l'Allemagne et l'Europe.

Quand éclate la guerre de 1914–1918, Curtius écrit à ses parents, le jour même de son incorporation : « Die unbedachte Kriegsbegeisterung mit ihren Tendenzen zur chauvinistischen Phrase und zum gehässigen Verurteilen alles Fremden ist mir widerwärtig" »[16]. Contrairement à bien de ses contemporains, Curtius n'est aucunement touché par l'enthousiasme guerrier de 1914[17]. Il fait l'expérience des combats, il est blessé à la gorge et peut finalement rentrer chez lui dès janvier 1916. L'idée d'Europe se renforce chez lui ; elle représente à ses yeux le meilleur antidote à la guerre, dont le dégoût était déjà ancré dans la tradition familiale. Comme Richard Coudenhove-Kalergi (1894–1972)[18], il aurait pu dire « Ou l'Europe ou la guerre ». Sa réaction en faveur de la paix est d'ordre moral, voire esthétique – nous y reviendrons –, avant d'être politique. Ce qui lui importe c'est le développement de l'esprit,

---

14 Paul M. Lützeler, *Die Schriftsteller und Europa*, p. 51 : « Schlegel war nicht Heine ».

15 *Ibid.*, p. 82 : « dass er sich von Anfang an genötigt findet, seine innere Beziehung zu Frankreich als Ganzes zu formulieren und zu klären ».

16 Lettre à Lili Clemen, 10 octobre 1914, Bibliothèque Universitaire de Bonn.

17 On pense ici aux mémoires de Stefan Zweig dans *Die Welt von gestern. Erinnerungen eines Europäers*.

18 Anne-Marie Saint-Gille, *La 'Paneurope'. Un débat d'idées dans l'entre-deux-guerres*, Paris, PUPS, 2003.

or celui-ci ne peut vivre et grandir que dans une Europe pacifiée, portée par l'entente franco-allemande, ayant pris ses distances face à tout militarisme, nationalisme, excès politique : Curtius rejettera les systèmes communiste et national-socialiste. Et quand, au début des années 1930, il anticipe le bruit de bottes menaçant l'Europe, son conservatisme libéral s'affirme, le conduisant à publier *Deutscher Geist in Gefahr/L'Esprit allemand en danger* (1932) : une mise en garde contre la barbarie culturelle.

Pourtant, ancré dans la mouvance libérale conservatrice, Curtius refuse depuis toujours un pacifisme inconditionnel, fondé selon lui sur de pures abstractions rationalistes et débouchant immanquablement sur le socialisme par lui honni. Sur ce point, Curtius s'oppose au pacifisme de la revue *Clarté* (1919–1924) et d'Henri Barbusse (1873–1935). Il est d'ailleurs à l'origine de la réserve de Gide face à cette revue qui prône, selon lui, une « dépersonnalisation internationaliste », laquelle finit par atteindre jusqu'à un grand esprit pro-européen tel que Romain Rolland (1866–1944). Curtius croit sa vie durant en « la manière organique de penser l'Europe », comme Romain Rolland, mais il ajoute entre parenthèses « (tant qu'il a eu sa liberté face à l'internationale de l'esprit) »[19].

Ce qui ressort de l'approche curtiusienne de la France est son aspect personnel, personnalisé, vivant, immédiat et existentiel. La proximité de la France est nécessaire à Curtius, l'hexagone constitue avec l'Alsace et l'Allemagne de l'Ouest son « terreau » originel, raison pour laquelle il écrit en novembre 1919 à Romain Rolland, rencontré à Rome dès 1912 : « ich habe das Abgesschnittensein von Frankreich schmerzlich entbehrt » (BhJ 98). Il écrit aussi à Robert Minder « Unsere Länder müssen sich besser kennen lernen, und das geschieht am besten durch freie, persönliche Initiative » (BhJ 153). Les rencontres personnelles sont essentielles, et ce sont d'abord des rencontres entre hommes de lettres. Curtius n'est jamais partisan d'un engagement politique, collectif, hormis au sein de

19 Curtius fait allusion au fait que Romain Rolland fonde avec Henri Barbusse le mouvement pacifiste Amsterdam-Pleyel en 1932, lequel organisera en août de la même année un congrès de lutte contre la guerre impérialiste. Citation, *Französischer Geist im neuen Europa*, p. 292.

groupes amicaux comme le Comité franco-allemand ou la revue *Luxemburger Zeitung*, sous l'égide du cercle de Colpach.

C'est dans la littérature qu'il pense rencontrer la France ; c'est en elle qu'il puise la conviction de la nécessité d'une information réciproque des Européens de part et d'autre du Rhin. Son livre sur les nouveaux écrivains français, *Die literarischen Wegbereiter des neuen Frankreich*/ *Les pionniers littéraires de la France nouvelle* (1919), livre préparé pendant la Grande Guerre, exalte la littérature et définit le projet d'une Europe nouvelle fondée sur l'axe culturel franco-allemand :

> Enstehen konnte es nur durch eine schöpferische Neugestaltung des deutsch-französischen Verhältnisses. Eine politische Forderung war es also, die zwischen den Zeilen der *Wegbereiter* stand. Der Europagedanke mußte geistig unterbaut werden. Dazu wollte mein Buch helfen.[20]

Cette publication, au moment de la signature du Traité de Versailles en juin 1919, le met dans une position délicate par rapport à ses pairs et par rapport à l'opinion publique allemande, très remontée contre la France et le *Diktat* qu'elle semble vouloir lui imposer. Son collègue Eugen Lerch (1888–1952) va jusqu'à lui reprocher publiquement une « Anbiederung an die Negernation »[21]. Le livre provoque une sorte de scandale car, aux yeux des professeurs, un universitaire ne doit pas s'occuper de questions d'actualité. Curtius l'avait prévu : « Mein Buch wird schon durch sein Thema das Misstrauen der offiziellen Wissenschaftler erregen » (BhJ 85) ; il craint de se discréditer. Cela ne le décourage pourtant pas, d'autant plus qu'il devient brusquement célèbre. Lors de l'occupation de la Ruhr en 1923, dans un climat très anti-français, Curtius publie son livre magistral sur Balzac. Il permet ainsi aux Allemands de découvrir un des « phares » de la littérature française du XIXe siècle. L'ouvrage est emblématique d'une philologie et d'une herméneutique à la Friedrich Gundolf, porteuse de l'énergie propre à la « philosophie de la vie » d'un Bergson, énergie qu'il juge si nécessaire à l'Allemagne humiliée et qui, à ses yeux, confine au sacré. La mort de Gundolf en 1931 l'attriste profondément ; dans une

20 *Kritische Essays*, Rückblick 1952, p. 520.

21 Hans Helmut Christmann, *Ernst Robert Curtius und die deutschen* Romanisten, Mainz, 1987, p. 20.

lettre à Max Rychner, il évoque „der namenlose Schmerz um Gundolfs Tod" (MR 296). En 1925 paraît un nouveau livre, *Französischer Geist im neuen Europa/ L'Esprit français dans la nouvelle Europe*, dans lequel Curtius développe son idée romantique d'une collaboration organique de toutes les cultures nationales, sans hégémonie aucune. C'est du moins ce qu'il déclare, en toute sincérité croit-il.

Ses rencontres avec les intellectuels de la NRF autour du philosophe Paul Desjardins (1859–1940), initiateur des Décades de Pontigny[22], en 1922, puis en 1924, relèvent aussi de l'initiative privée. Cela convient à celui qui considère que l'action personnelle est plus efficace et plus fructueuse que la propagande officielle des congrès, des associations, etc. (BhJ 153). Pontigny apparaît dans ses lettres comme un lieu idyllique, loin des troubles politiques :

> Pontigny ist ein kleines Dorf in Burgund. Es liegt an dem umbuschten, murmelnden Serein in einer Landschaft, die mit ihren Wiesen, hohen Baumgruppen und Waldstücken manchmal an bukolische Dekors von Poussin erinnert. [...] Die Lebensgemeinschaft, die Spaziergänge, die Einzelgespräche, die gemeinsamen Abendstunden, fern aller Großstadt-Unruhe, unmerklich durchwirkt von dem Eindruck großer Geschichte und friedvoll schöner Landschaft – das macht die Atmosphäre von Pontigny aus. [...] Die gemeinsamen Diskussionen des Nachmittags sind umrankt von vielen Einzel- und Gruppengesprächen, von Spaziergängen und Lesestunden, in denen man sich geistig und seelisch bereichert.[23]

Pour garantir la paix, éloigner la guerre et construire l'Europe, Curtius croit en ces échanges, en ces rencontres, il est convaincu « dass auch die staatlichen und ökonomischen Probleme zu ihrer Lösung auch einer Einsicht in die psychologischen und culturellen Verhältnisse bedürfen » (Anhang 622). Les rapports personnels, la *Völkerpsychologie*, à la mode à l'époque[24], la culture sont les véritables fondements d'une politique

22 François Chaubet, *Paul Desjardins et les Décades de Pontigny*, Lille, Presses Universitaires du Septentrion, 2000, rééd. 2009.

23 Curtius, *Französischer Geist im neuen Europa*, Stuttgart, Deutscher Verlag, 1925, p. 327 sv., p. 341.

24 Wilhelm Wundt, *Völkerpsychologie : eine Untersuchung des Entwicklungsgesetzes von Sprache, Mythus und Sitte*, Leipzig, W. Engelmann, 2 volumes, 1900–1909.

solide. L'importance intellectuelle et personnelle du cercle de Colpach pour Curtius, transparaît dans une lettre à André Gide : « Colpach était le *fairy-land*. C'est là que je vous ai rencontré, c'est de là que j'ai gagné Pontigny »[25]. Colpach était de fait un pays de cocagne pour un amateur de confort tel que Curtius, qui, durant les années 1920, souffrait des restrictions économiques en Allemagne. Emil et Aline Mayrisch (1874–1947)[26], les hôtes du château de Colpach, étaient particulièrement généreux. Chez les Mayrisch étaient conviés non seulement des écrivains et des philosophes mais aussi des peintres, des architectes, des acteurs et des hommes politiques comme Walter Rathenau. Les femmes étaient également présentes : on peut citer l'actrice et directrice de théâtre[27] allemande Gertrud Eysoldt (1870-1955), qui travailla avec le metteur en scène autrichien Max Reinhardt, l'universitaire helléniste Marie Delcourt (1891–1979)[28], enseignante à Liège et surtout Annette Kolb[29].

Grâce à l'amitié d'Aline Mayrisch, il entra rapidement en contact avec tout un réseau intellectuel européen et commença de jouer pleinement son rôle de passeur entre Allemagne et France en mettant, par exemple, en relation Thomas Mann et Aline Mayrisch, en faisant inviter le philosophe Max Scheler à Pontigny en 1923. Curtius avait la même conception du rôle médiateur de l'aristocratie de l'esprit et de sa dimension cosmopolite que sa compatriote Annette Kolb. Comme elle, il croyait à la complémentarité nécessaire des nations européennes entre

---

25 H. et J. Dieckmann (éd.), *Deutsch-Französische Gespräche 1920–1950*, Francfort-sur-le Main, V. Klostermann, 1980, p. 147.

26 Germaine Goetzinger, *Aline Mayrisch. Féministe engagée – philanthrope éclairée – femme de lettres éminente* : documents.irevues.inist.fr/bitstream/handle/.../ANM_2013_95-107.pdf .

27 Le *Schauspielhaus* de Berlin-Charlottenburg, de 1920 à 1922.

28 Voir *Aline Mayrisch-de Saint-Hubert et Marie Delcourt-Curvers. Correspondance 1923–1946*, Catherine Gravet et Cornel Meder (éd.), Luxembourg, Cercle des Amis de Colpach, 2009 ; Marie Delcourt, « L'esprit de Colpach », in : *Colpach*, Luxembourg, 1978, p. 30–34.

29 Voir la monographie d'Anne-Marie Saint-Gille, *Les idées politiques d'Annette Kolb (1870–1967). La France, l'Allemagne et l'Europe*, Berne, Peter Lang,1993 ; et du même auteur, *La vraie patrie, c'est la lumière ! Correspondance entre Annette Kolb et Romain Rolland (1915–1936)*, Berne, Peter Lang, 1994.

elles. Par ses traductions, il fit connaître la France à l'Allemagne et, inversement, il s'employa à expliquer la culture et la pensée allemandes dans des articles parus dans le *Luxemburger Zeitung*, créé et financé dès 1922 par l'industriel mécène Emil Mayrisch[30]. Le *Luxemburger Zeitung* avait pour vocation d'être une tribune européenne de la culture. Curtius y publia, en toute liberté, comme Annette Kolb qui déclarait qu'elle y avait sa *Narrenfreiheit*[31], des comptes rendus de lecture allemands (sur Goethe, Thomas Mann, Nadler, etc.)[32], pour informer le lecteur européen et surtout français. Mais le journal cessa de paraître en 1925. Le *Deutsch-Französischer Studienkomitee / Comité franco-allemand*, fondé en 1926 par Emil Mayrisch, permit ensuite à Curtius d'autres rencontres, avant qu'il ne se détourne de cette entreprise après la mort de Mayrisch.

La rencontre de la plus haute importance pour Curtius fut celle d'André Gide à Colpach en 1921 ; ils ont alors respectivement 35 et 52 ans. Ils se revoient en 1927 à Heidelberg, puis en 1929 à Paris où Gide est le premier Français à faire la connaissance de la fiancée allemande, Ilse, et où il met en contact Curtius et Julien Green. Ensuite, Gide fera le voyage en Allemagne ; Bonn, en 1930, Cologne en 1943, de nouveau Bonn en 1947, puis Paris en 1950. Ces rencontres, doublées d'une correspondance de 178 lettres, furent existentielles car elles donnèrent à Curtius le sentiment d'avoir rencontré la France et trouvé son *alter ego*. Sur le plan de la politique européenne, Gide souligne, en parfaite adéquation avec Curtius :

> Le véritable esprit européen s'oppose à l'inflation isolante du nationalisme. Il s'oppose également à cette dépersonnalisation que voudrait l'internationalisme. Je l'ai déjà dit maintes fois et depuis longtemps déjà : c'est en étant le plus

30 Hans Manfred Bock, « Emil Mayrisch und die Anfänge des Deutsch-Französischen Studienkomitees », in : *Galerie* 10, n°4, 1992.

31 Anne-Marie Saint-Gille, « Und ich hatte dort meine Narrenfreiheit… », in : *Annette Kolbs Beiträge in der Luxemburger Zeitung*, in *Galerie* 11, n°1, 1993.

32 *Goethe, Thomas Mann und Italien. Beiträge in der Luxemburger Zeitung (1922–1925)*, (Ed.) Romain Kirt, Bonn, Bouvier, 1988.

> particulier qu'on sert le mieux l'intérêt général, et ceci est vrai pour les pays aussi bien que pour les individus.[33]

Il faut donc élucider son rapport à l'autre, l'accepter, lui et ses particularités, ses perspectives parfois divergentes, le respecter véritablement, se respecter soi-même en premier lieu, pour qu'un échange authentique puisse se produire. Dans son hommage à André Gide, Curtius souligne leurs affinités et note que la sympathie se réalise et prend conscience d'elle-même grâce à l'amitié qui, dans leur cas, dura finalement toute une vie. Et Curtius d'écrire au décès de l'ami :

> Ich kannte ihn nun über dreißig Jahre. Ohne ihn hätte ich nie dieses Verhältnis zu Frankreich gewonnen. Aber ganz abgesehen davon – abgesehen auch von seinem Künstlertum – er war ein wundervoller Mensch (BhJ 581).[34]

2. La littérature, vecteur spirituel de l'Europe ?

Curtius universitaire et la France

Après la défaite, il évoque l'échec du pur nationalisme qu'il qualifie d'idolâtrie. La nécessité d'une catharsis s'impose en Allemagne. Et Curtius de s'exclamer en octobre 1918 : « Welche Aufgabe wächst hier den Universitäten zu ! Sie werden wieder Pflanzstätten des ethischen Idealismus werden müssen, und sie werden wieder der Sache des Geistes dienen können » (BhJ 85). Devenu professeur, il agit immédiatement dans cette direction. Les universités doivent selon lui redonner un sens à l'intellect et renouer les fils de la culture européenne, notamment ceux qui unissent Allemagne et France. Telle est la mission qu'il compte remplir en tant que romaniste, dès sa prise de poste à Marbourg en 1924. Lorsqu'il est question d'engager un nouveau lecteur de français, la discorde se fait jour entre lui et les philologues et responsables

33 André Gide, in : *Revue de Genève*, 1923.

34 Lettre à Eva Rechel-Mertens, du 6 mars 1951.

locaux : ces derniers veulent certes un francophone, mais pas ennemi de guerre, pas un Français, tandis que lui affirme qu'à une époque où les étudiants ne peuvent ni voyager en France ni acheter de livres français, il serait hautement souhaitable d'engager un Français : « einen lebendigen Franzosen herzusetzen » (BhJ 104). La question des lecteurs français se pose à l'époque dans de nombreuses autres universités du *Reich*.

Curtius s'engage aussi en faveur des étudiants de l'École Normale Supérieure, dont, par l'entremise de Romain Rolland, il connaît le directeur depuis 1923, Robert Minder, qu'il apprécie personnellement. Ainsi lui écrit-il : « Jedes geistige Band, das sich zwischen Frankreich und Deutschland schlingt, ist mir eine besondere Freude, wenn es aus der geistigen Atmosphäre kommt, die in Ihrem Brief atmet » (BhJ 153). Curtius œuvre pour mettre en relation les étudiants allemands et français qui souhaitent effectuer des échanges : cela sera chose faite dès 1925. Mais Curtius ne se pose pas en spécialiste de la pédagogie, c'est au contraire une science qu'il rejette, car elle représente à ses yeux une méthode artificielle de manipulation des esprits.

A sa nomination sur les bords du Rhin, à la Rheinische Friedrich-Wilhelms-Universität de Bonn, en 1929, en tant qu'*ausserordentlicher Professor*, Curtius dévoile, dans une lettre à Eugénie Sellers Strong, son grand projet d'un Institut Français à Bonn :

> Je voudrais assurer à mon institut une indépendance entière, surtout vis-à-vis des gouvernements. C'est pourquoi j'ai conçu ce projet d'un *self-supporting commitee.* En Allemagne comme en France (un peu moins qu'en France), on a l'habitude de confier tout à l'État, d'attendre tout de lui [...][35]

Et il précise dans une lettre en allemand : « Mein Institut würde so zu einem *supra-nationalen* Zentrum, wo Franzosen mit Deutschen zusammenarbeiten könnten (220) »[36]. Dans un courrier collectif adressé à d'éventuels soutiens financiers (Prof. Dr. Clemen, Bonn ; Dr. Carl Duisberg, Leverkusen ; Dr. Max Rychner, Zürich ; Frau Mayrisch, Colpach ; Frau Ratjen, Scharnitz, Österreich ; Staatsminister v. Rauner, Berlin ; Dr. Robert E. Schmidt, Eberfeld ; Pierre Viénot, Berlin ; Prof.

35 4 août 1929, depuis Baden-Baden, BHJ 218.

36 *Ibid.*, p.220.

A. Warburg, Hambourg ; Dr. Hans Wendelstadt, Berlin ; Botschaftsrat Dr. Hempel, Oslo ; Dr. W. Amsler, Schaffhausen), il note : « Dies ist die grössere [sic] politische Perspektive, unter der ich meine Bonner Aufgabe betrachte. » (*Denkschrift für meine Freunde*, BhJ 622).

C'est en écrivant son introduction à l'ouvrage de 1930 sur la culture française, *Französische Kultur*, ouvrage de vulgarisation destiné à ses étudiants, que la nécessité d'un tel institut s'est imposée à lui. Mais les suites de l'occupation militaire de la Ruhr, de l'inflation et les difficultés financières exceptionnelles allemandes font que le projet ne verra jamais le jour. Cette publication témoigne toutefois de l'engagement concret de Curtius, romaniste, comme passeur entre France et Allemagne, même si ses jugements intéressants sur la culture allemande face à la civilisation française, illustrent finalement un sentiment national, un sentiment de supériorité sous-jacent.

La déception face à la France et les zones d'ombre. Une culture de l'Occident ?

Au cours des années 1930, ce sentiment se renforce. Curtius se rend quelquefois en France, par exemple en juin 1930 à Rambouillet, en juin 1931 et en octobre 1937 à l'Exposition Universelle. Mais peu de temps avant les élections de septembre 1930, si favorables au NSDAP, il laisse franchement paraître son agacement face à l'étranger, en particulier face à l'incompréhension de la France pour l'Allemagne :

> Es macht sich im Ausland und auch in der Schweiz niemand klar, wie unsere ökonomische und seelische Lage wirklich ist […] Wenn ein Volk mit 3 Millionen Arbeitslosen Tributzahlungen in Milliardenhöhe leisten soll, dann verliert jeder Appell an gesunden Menschenverstand seinen Sinn. Die ungeheure Heuchelei Europas und vor allem Frankreichs besteht darin, dass es gleichzeitig keinen Pfennig von seinen Raubansprüchen preisgeben und dennoch angeblich die Grundlage zu einem neuen idealen Europa legen will. Gewiss ist die Psychologie der Nazis vom Ausland her schwer zu verstehen, aber diese Leute haben einfach deshalb auf der ganzen Front gesiegt, weil die weitesten Kreise in Deutschland fühlen : so kann es und soll es nicht weitergehen. Das ist das einzig Positive, was hinter diesen Wahlen steckt ; es ist also gänzlich blödsinnig, sie als Wille zur Revanche

> zu deuten, wie dies die französische Presse tut und überhaupt die ganze französische Oeffentlichkeit, die sich ja immer einbildet, dass alles, was in Deutschland geschieht, im Hinblick auf Frankreich geschehe. Dieser Protest richtet sich gewiss gegen die Tributzahlungen, aber genauso gegen die Steuerlasten, gegen die heillos verfahrene wirtschaftliche Situation, gegen das Bürgertum überhaupt (MR 277).

La France le déçoit et ses sentiments se refroidissent ; il l'écrit en 1930 notamment à Friedrich Sieburg (1893–1954), critique littéraire et journaliste résidant à Paris, dont il dit apprécier le livre de 1929 *Gott in Frankreich. Ein Versuch ?*[37] Ce livre recèle, comme celui de Curtius, une forme de louange de l'Allemagne et de critique de la France[38]. Dans une lettre à Eugénie Sellers Strong du 29 décembre 1912, il écrit :

> La situation internationale est plus trouble que jamais et cette vieille Europe ressemble à un organisme raidi et ankylosé qui n'arrive pas à s'adapter à des formes nouvelles d'existence [...]. L'Allemagne est très discutée en ce moment à Paris grâce au livre de Sieburg, improprement intitulé « Dieu est-il français ? ». Je vous engage beaucoup à le lire. Sur les principaux points je suis d'accord avec l'auteur qui est le plus brillant de nos journalistes (BhJ 251).

Il juge avec Sieburg que la France ne fait pas l'effort de comprendre l'Allemagne, ni de soutenir en elle les forces encore favorables à l'entente européenne. Comme une part de la bourgeoisie allemande, la France resterait-elle figée dans des conceptions dépassées, responsables de la catastrophe à venir ? Les années 1931–1932 sont les zones d'ombre du passeur européen, des années charnières pour Curtius qui se montre désappointé par l'évolution politique de part et d'autre du Rhin et par l'histoire en général. En vacances en Suisse, il constate en 1938 « Die Versklavung unseres Volkes macht reissende [sic] Fortschritte » (MR 327). En 1939, il écrit « Mich erinnert diese Stimmung wie manches andere an den Sommer 1914. Noch halte ich den Krieg für vermeidbar, aber ich bin doch auf alles gefasst » (MR 328).

---

37 Paru à Francfort/Main, Societäts-Verlag, 1929. Lettre à Sieburg du 19 décembre 1930 : « Meine Herzensbeziehung zu Frankreich hat sich schon seit Jahren merklich abgekühlt » (BhJ 249).

38 Voir la polémique qui s'ensuivit à Paris suite à la lettre de l'éditeur Bernard Grasset.

Pour prendre de la hauteur, il se tourne toujours plus vers la religion et ses convictions profondes. Son correspondant, le théologien suisse Adolf Keller (1872–1963)[39], évoque ainsi leur commun recours à la foi :

> Seit die wirkliche Geschichte uns so mannigfach enttäuscht hat, wende ich mich wieder stärker dem Glauben und den Hoffnungen zu, und im Bereich der konkreten Realitäten öffne ich auch Ihre Bücher, immer wieder überwältigt nicht nur von der Fülle des Wissens, sondern der Geschichte (BhJ 591).

La tradition littéraire et la spiritualité européenne

Une Europe unie, une Europe chrétienne à la Coudenhove-Kalergi qui veut préserver la paix et éviter la guerre, mais aussi une véritable Europe des nations et non une Fédération européenne ; tels sont les objectifs constants d'Ernst Robert Curtius, « l'invariant de son propos », selon l'expression de Charles Du Bos[40]. Il se situe lui-même dans la mouvance romantique de l'idéal du « concert européen », et notamment dans celle de Madame de Staël dont il présentait régulièrement le livre *De l'Allemagne* aux étudiants qui assistaient à son cours sur le romantisme, dans les années 1930. Il est significatif qu'il ait offert cet ouvrage à son père, lequel lui répondit qu'il appréciait beaucoup cette lecture pour l'enthousiasme à l'œuvre chez cette dernière, inspirée par la découverte de l'âme allemande, tandis qu'il juge le livre de Pierre Viénot :

> ohne die mindeste Fühlung mit der deutschen Seele. Eine solche ist schon wegen der radikalen Ausscheidung der Religion unmöglich. […] Aber es ist auch ein trockener, ganz fantasieloser Schriftsteller. Frau von Staël verstand es besser *De l'Allemagne* zu schreiben.[41]

Curtius est sa vie durant à la recherche de sens, de spiritualité, mais ne pense pouvoir y parvenir que par l'entremise de la beauté, liée pour lui à

39 Keller avait assisté aux cours d'Ernst Curtius à Berlin en 1894–1895 et était resté proche de la famille Curtius, sa vie durant. Il correspondit avec Ernst Robert dès 1902.

40 Charles Du Bos, *Ernst Robert Curtius*, in : NRF, 1930, p. 670.

41 Lettre du 28 juin 1931, B.U. de Bonn.

l'expérience divine dans le sens de la doctrine de Platon ; celle « de tous les grands esprits religieux qui ont été sensibles à la beauté » (BhJ 145). Cela est avéré, écrit-il dans une lettre en français de 1922 à Jacques Heurgon[42], en particulier par la musique de Mozart

> pur porte-parole de la beauté divine. Sa joie, sa jubilation, son innocence sont un reflet de la beauté éternelle. Vous n'avez qu'à entendre son requiem pour vous rendre compte de l'unité de son inspiration (BhJ 145).

Mais la littérature est selon lui le centre absolu de la beauté et du « mystère » européen, terme qu'il utilise fréquemment. Il cite à ce propos de nombreux auteurs, en particulier Balzac, représentant de « la grande famille continentale dont tous les efforts tendent à je ne sais quel mystère de civilisation »[43]. La littérature représente aux yeux de Curtius la première unité européenne de sens (*Sinneinheit*), avec son caractère propre[44]. Ce qu'il écrit à son collègue Karl Vossler au sujet du lyrisme de Fray Luis de León[45], de l'harmonie de sa vie, de la façon presque incompréhensible dont il lie « die Sehnsucht nach dem 'ewigen Reich' [...] mit bukolischem Naturgenuß » (BhJ 428), souligne encore l'orientation chrétienne et platonicienne de la perspective curtiusienne sur le monde. La littérature est le vecteur de l'Europe, et c'est un vecteur d'ordre religieux. Curtius éprouve par elle une expérience spirituelle qui l'entraîne à effectuer un lent travail intérieur d'intégration de cette expérience dans sa vie. Tout cela débouche chez lui sur une idée transfigurée de la culture, voire, selon ses détracteurs, sur une idéologie de l'Occident, où la littérature devient une force vivante chargée de donner au continent la conscience de son unité, de son identité, particulièrement en période de crise. Curtius développe toujours plus une foi dans

42 Jacques Heurgon (1903–1995), gendre de Paul Desjardins, était philologue classique, professeur à la Sorbonne et avait connu Curtius lors des Décades de 1922 à Pontigny. Leur relation amicale n'a jamais cessé. Une conversation personnelle avec lui, en 1995, dans sa maison à l'ouest de Paris, m'a confirmé l'importance du sentiment de Curtius pour Rome.

43 *Balzac*, Kapitel Geheimnis.

44 *ELLMA*, p. 14.

45 Karl Vossler, professeur à Munich, venait de publier *Luis de León*, Munich, Verlag der Bayerischen Akademie der Wissenschaft, 1943.

la force et le pouvoir intégratifs de la littérature. Cette foi s'intensifia au cours des années 1930 et 1940, lorsqu'il entreprit de rédiger son *opus magnum*, le fameux ouvrage *Littérature européenne et Moyen Âge latin*.

Les années de guerre furent pour lui très dures à vivre psychologiquement et, comme il l'écrivit dans une lettre du 10 décembre 1945, 1944 fut une année particulièrement éprouvante (MR 347) ; cette période s'est soldée pour Curtius par une grave dépression. Plongé dans une forme de résistance passive, matérialisée par l'étude de la tradition rhétorique de l'Europe et la méditation religieuse, il s'est retiré à proximité du cloître de Maria Laach. Curtius continue de croire en la littérature et en ses vertus médiatrices entre les cultures, à l'avenir de l'axe franco-allemand, même s'il avoue dans une lettre du 15 décembre 1945 à Max Rychner « ich möchte nicht gern unter fr. [sic] Herrschaft leben » (MR 350). Il séjourne alors, après six années d'absence[46], de nouveau chez les Mayrisch à Colpach. La proximité de la France est immédiatement palpable, cela explique pourquoi, après la défaite, il cherche à reprendre contact avec ses correspondants français pour le journal *Merkur*. C'est avec André Gide, « la France véritable », que recommencent les échanges entre Paris et Bonn, interrompus par la guerre. Ces échanges ne cesseront qu'au décès des deux épistoliers.

Conclusion

Au terme de cette étude, il semble que l'on puisse parler d'un succès relatif de Curtius dans sa mission de passeur, sur son chemin « auf der Suche nach dem besten Frankreich »[47]. Son amitié emblématique avec Gide, un temps entravée par les circonstances, offre une image adéquate

46 Il avait séjourné chez les Mayrisch en juin 1939, évoquant dans une lettre à Max Rychner sa « courte évasion» de l'Allemagne nazie (MR 328).

47 « 'Auf der Suche nach dem besten Frankreich' : zum Briefwechsel zwischen Ernst Robert Curtius mit André Gide und Charles Du Bos, in : *Analecta Romanica*, Cahier 49, Francfort-sur-le Main, Vittorio Klostermann, 1984.

de son attachement profond à la France. Comme sa famille, marquée par la pensée nationale, par le rôle essentiellement culturel qu'elle voulait jouer dans l'affirmation de l'Allemagne sur la scène européenne, Curtius, contempteur (naïf ?) de la pure politique, fut cependant rattrapé par l'actualité, par le combat des forces partisanes et par la guerre. Curtius, grand thuriféraire de la culture germanique, fit le point sur sa conception des rapports franco-allemands, restant avant tout un patriote allemand. Des réajustements lui permirent d'élargir progressivement sa perspective culturelle à l'Occident tout entier, incluant non seulement la Grande-Bretagne mais aussi l'Espagne, l'Italie et la Russie. Il dessina un panorama intéressant de la position allemande. Mais même après la déception de la fin des années 1930 et la défaite de 1945, il demeura un médiateur franco-allemand engagé.

Ses efforts entre Allemagne et France, apparemment anéantis en 1933, reprirent à l'ère adenauerienne ; Curtius jouit alors d'une réelle célébrité et d'une place reconnue dans le monde de l'*intelligentsia* quand, au début des années 1950, représentant de l'Allemagne de la culture, garant de la « renaissance » démocratique et bourgeoise du pays après le national-socialisme, il voit dans le principe de la démocratie chrétienne[48] le meilleur horizon possible pour son pays et anticipe la construction européenne. Après le choc de « l'année zéro », il reprend donc du service. Le dialogue transculturel représente toujours pour lui *le* chemin vers l'avenir de l'Europe. L'Europe a alors, pour se reconstruire, plus que jamais besoin de passeurs, comme dans les temps difficiles au Moyen Âge, lorsque des hommes, tels le moine copiste Cassiodore ou Isidore de Séville, deux hommes d'église, deux modèles de Curtius, tentèrent de sauver l'héritage de la tradition antique. A sa façon, Curtius a suivi leur sillage en participant à la conversation européenne des lettres, car il voyait en la philologie, en la critique littéraire, en la littérature, la voie de la connaissance, de la culture européenne et de la compréhension mutuelle, « ce qui confère à sa démarche sa singulière

48 Son père Friedrich Curtius était un électeur du *Zentrum ;* Ernst Robert votait le plus souvent, selon Madame Curtius, pour le DDP, parti libéral-démocrate, et aurait ultérieurement, toujours selon Ilse Curtius, sans doute choisi le FDP.

dignité »[49]. Par la rencontre, dès sa jeunesse, de grands écrivains de la littérature française, il fait, à sa mesure, une expérience d'ordre spirituel, celle qui compte le plus pour lui : le besoin d'harmonie du continent européen. Jusqu'au terme ultime de sa vie, à son décès dans la ville qui représentait pour lui le centre de la chrétienté et de la culture occidentale, Rome, il reste fidèle à ses idées et à son intérêt pour les rapports entre Allemagne et France, même en temps de crise : « L'Europe, la France, l'Allemagne survivront tant bien que mal »[50], écrit-il de façon prémonitoire en 1931 (BhJ 254).

Ce qui, jusqu'à présent, n'a pas été suffisamment mis en relief par la critique concerne, à notre sens, le contexte familial et le caractère à la fois existentiel et religieux de son engagement franco-allemand. Cet engagement, apparemment « apolitique »[51], dans le sens où Curtius ne place pas la politique au centre de ses considérations, fait qu'il considère au contraire que toute tentative de construction d'une société, d'une Europe unie sur des valeurs exclusivement terrestres, politiques, est vouée à la faillite. Il s'en méfie. Ainsi écrit-il en 1924 :

> Wenn ich loser mit der Nation zusammenhänge als andere, so wurzelt das nicht im geistigen Kosmopolitismus von 1800, sondern in dem überirdischen Heimatsbewusstsein, das zu meinem tiefsten Wesen gehört.[52]

Cela le classe, sans conteste, parmi les conservateurs protestants nationaux, libéraux, patriotes allemands, sans préoccupations sociales ; voilà qui interdit toutefois de lui imputer toute orientation politique totalitaire. Comme Annette Kolb, il croit dans la légitimité du christianisme dans un continent en guerre. Dès 1924, il soulignait déjà fermement : « Meine

---

49 Du Bos, *Curtius*.

50 Lettre à Catherine Pozzi du 14 janvier 1931.

51 Sur cette question voir pour les années 1920 Hans Manfred Bock, « Die Politik des 'Unpolitischen'. Zu Ernst Robert Curtius' Ort im politisch-intellektuellen Leben und in den deutsch-französischen Beziehungen der Weimarer Republik », in : *Kulturelle Wegbereiter politischer Konfliktlösungen. Mittler zwischen Deutschland und Frankreich in der ersten Hälfte des 20. Jahrhunderts*, Tübingen, Günter Narr Verlag, Éd. *Lendemains 2*, 2005.

52 Lettre à Siegfried A. Kaehler, BhJ.

Widerstände gegen den Nationalismus sind religiöser Art »[53], et dans son *opus magnum* il écrit « Wir sehnen uns nach einem Humanismus, der von aller Pädagogik (und Politik !) gereinigt ist und die Schönheit genießt » (*ELLMA* : 256). La beauté est chez lui synonyme d'expérience divine. Sa vocation de passeur repose sur une véritable passion des échanges, confirmant son attachement à une *Weltanschauung* de l'énergie, de l'enthousiasme et de la liberté ; son action permanente doit de ce fait être comprise comme un acte religieux exclusif, esthétique, en faveur de l'harmonie du monde qu'il enrichit de l'apport culturel allemand, raison pour laquelle le terme de « vocation » apparaît entre guillemets dans le titre du présent article. Il y a une dimension mystique en lui et il le reconnaît, notamment dans une lettre à Gide : « Je suis chrétien et les mystiques n'ont jamais cessé de m'attirer »[54]. De mes propres conversations avec l'épouse de Curtius, Ilse Curtius[55], il ressort que la religion, et non la politique, représentait le ciment familial, l'énergie et le cœur de la pensée des Curtius. Au mois de décembre 1945, Ernst Robert Curtius écrit ainsi en français une lettre depuis Colpach au Père Jean de Menasce[56] :

> Ilse et moi sommes plus profondément unis que jamais, dans un amour que la foi vient renforcer. Elle me soutient, elle dégèle mon cœur trop souvent endurci, elle me ramène à l'humilité, à la prière. C'est une grâce indicible que Dieu m'a faite (BhJ 456).

---

53 Lettre du 28 août 1924 à l'historien Siegfried A. Kaehler.

54 Dieckmann Herbert, Jane (Ed.), *Deutsch-französische Gespräche 1920–1950*, p. 86.

55 Née Gsottschneider, elle-même, profondément religieuse et en quête de spiritualité, Madame Curtius m'hébergeait chez elle à Bonn lorsque je préparais ma thèse. Elle lisait chaque jour les « *Losungen* » de la mission évangélique de Herrnhut.

56 Jean de Menasce (1902–1973), né à Alexandrie d'un père banquier juif, se convertit au catholicisme et entra chez les Dominicains en 1930. Il avait rencontré Curtius à Pontigny en 1924. Les deux hommes correspondirent régulièrement, en particulier sur des questions théologiques. Leurs lettres sont conservées à la Bibliothèque universitaire de Bonn, mais également à la Bibliothèque du Saulchoir à Paris, au couvent des dominicains.

La politique, qu'il s'agisse d'Ernst, de Friedrich, de Louise son épouse, d'Ernst Robert et d'Ilse Curtius, de toute cette famille marquée par le christianisme, leur semblait une affaire bien trop humaine, bien trop douteuse, pour constituer une priorité et donner un sens à la vie. Cette certitude les a engagés dans une voie spécifique, une « porte étroite », trop étroite à l'évidence. Reste que, face à la barbarie, le rappel des règles fondamentales s'est imposé comme ultime recours. Thomas Mann publia ainsi en 1943 *La Loi*[57], un texte sur Moïse et les dix commandements exhortant le peuple allemand à se détourner d'Hitler. Le parallèle avec les Curtius est frappant ; eux, qui considéraient que le spirituel devait l'emporter largement sur le politique, le divin sur l'humain, appliquaient, à leur manière, à la même époque, le premier commandement du Décalogue : « Tu n'auras pas d'autre Dieu devant la face ».

57 Thomas Mann, *La loi*, C. de Gemeaux (traduction, notes et commentaire), Paris, Presses Pocket, 1990 ; et C. de Gemeaux, « Face à la régression de la culture : *La Loi* de Thomas Mann », in : *L'homme et la Cité allemande au XX*e *siècle. Souffrance et résistance*, Textes réunis par F. Knopper et J.-M. Paul, Nancy, Presses Universitaires de Nancy, 2001.

Jean-Michel Pouget

L'union franco-allemande, « épine dorsale » du « grand organisme européen » : Paul Heinrich Distelbarth (1879–1963) et le rêve d'une Europe organique

Bien que son nom soit relativement peu connu, Paul Heinrich Distelbarth a incontestablement joué un rôle important de médiateur entre la France et l'Allemagne[1]. L'engagement en faveur de l'entente franco-allemande de cet ancien officier de la Grande Guerre devenu pacifiste remonte au début des années 1930, il se fondait sur la conviction forte que seul un rapprochement des deux peuples par la base pouvait garantir une paix véritable[2]. Alors que l'embellie de Locarno touchait à sa fin et que les relations diplomatiques se tendaient à nouveau[3],

1 Pour un aperçu biographique on consultera l'entrée consacrée à P. Distelbarth dans : *Lexikon der deutsch-französichen Kulturbeziehungen nach 1945*, Nicole Colin, Corine Defrance, Ulrich Pfeil, Joachim Umlauf (éd.), Tübingen, narr Verlag, 2013, p. 201–202. Hans Manfred Bock a publié un recueil commenté de textes de P. Distelbarth comprenant de larges extraits de ses principaux ouvrages sur la France, de nombreux articles journalistiques ainsi que des écrits inédits : Paul H. Distelbarth, *DAS ANDERE FRANKREICH Aufsätze zur Gesellschaft, Kultur und Politik Frankreichs und zu den deutsch-französischen Beziehungen 1932–1953 Mit einer Einleigung herausgeben und kommentiert von Hans Manfred Bock*, Berne, Peter Lang, 1997.

2 Cette idée anticipait le rapprochement franco-allemand après 1945 dont le succès a reposé en partie sur le rôle décisif joué par la société civile.

3 On consultera l'état des lieux de la situation des relations franco-allemandes dans les années 1930 dans l'ouvrage collectif de référence sur ce champ de recherches : Hans Manfred Bock, « Zwischen Locarno und Vichy Die deutsch-französischen Kulturbeziehungen der dreißiger Jahre als Forschungsfeld », in : H. M. Bock, Reinhart Meyer-Kalkus, Michel Trebitsch (dir.), *Entre*

P. Distelbarth, qui se méfiait des élites, a œuvré pour le rétablissement de la confiance entre les deux peuples « par le bas ». C'est là l'originalité de l'action de cet autodidacte dont la carrière de médiateur franco-allemand fut véritablement lancée par un discours remarqué devant le cartel de la paix à Dijon en janvier 1932 et se poursuivit par une tournée de conférences dans toute la France en tant que représentant du *Reichsbund der Kriegsbeschädigten.* Entretenant d'étroits contacts avec l'Union Fédérale des Anciens Combattants et son Président Henri Pichot, P. Distelbarth pouvait compter sur sa parfaite maitrise de langue française[4] et son statut de vétéran de guerre, tout en bénéficiant du soutien matériel apporté par l'industriel R. Bosch, associé au mouvement paneuropéen de Coudenhove-Kalergi. Cette action de rapprochement franco-allemand par le biais des anciens combattants culmina dans la participation de P. Distelbarth, en tant que représentant allemand de la délégation de la CIAMAC[5], à la conférence de Lausanne sur la question des réparations en juillet 1932[6]. Mais cette incursion dans le domaine de la politique étrangère resta sans lendemain[7]. Le terrain de prédilection de P. Distelbarth n'était pas celui des milieux dirigeants et des élites intellectuelles, la priorité de son action était et restera toujours d'œuvrer pour une meilleure connaissance mutuelle des deux peuples. Celui qui

---

Locarno et Vichy Les relations franco-allemandes dans les années 1930, Paris, CNRS éditions, vol. I, p. 25–61.

4 P. Distelbarth avait appris le français à Paris où il avait exercé une activité commerciale pour le compte de son père au début du siècle.

5 Conférence internationale des associations de mutilés et anciens combattants.

6 Dans le cadre de cette conférence, Henri Pichot et P. Distelbarth furent reçus par les deux chefs de gouvernement allemand et français, Franz von Pappen et Edouard Herriot.

7 Après l'abandon des poursuites engagées par le régime nazi à l'encontre P. Distelbarth en 1933, ce dernier établira néanmoins des contacts avec les milieux officiels nazis à Paris et à Berlin pour tenter de faire valoir sa conception de l'entente franco-allemande. Celle-ci étant diamétralement opposée à celle des nationaux-socialistes, cette tentative ne pouvait que tourner court d'autant que la francophilie de Distelbarth inquiétait les officiels nazis. Le soupçon de compromission avec le nouveau régime, alimenté par ailleurs par le fait que l'exilé Distelbarth a toujours maintenu ses distances vis-à-vis des exilés allemands en France, semble donc sans fondement.

n'avait pas choisi par hasard de devenir vigneron dans la région de Heilbronn au début des années 1920 quitta son terroir pour partir à la découverte de cette France provinciale qui sera au centre de l'ouvrage à succès *Lebendiges Frankreich*[8]. Cet écrit résolument francophile, paru en 1936 et réédité à cinq reprises dans l'Allemagne hitlérienne[9], a véritablement lancé la carrière d'essayiste et de journaliste de P.H. Distelbarth, le plaçant parmi les auteurs allemands écrivant sur la France les plus lus en Allemagne dans la période de l'entre-deux-guerres, aux côtés de Friedrich Sieburg et de Ernst R. Curtius. Dans *Lebendiges Frankreich*, P. Distelbarth cherche à corriger l'image déformée qu'ont les Allemands, celle d'une France passéiste en déclin. Dès 1933, dans un article de la *Deutsch-französische Rundschau*[10] visant sans le nommer l'auteur de *Gott in Frankreich?*, il fustigeait la vision biaisée des observateurs allemands focalisés sur Paris et laissant délibérément de côté la province considérée comme quantité négligeable. Il contestait également l'image propagée en Allemagne par la presse d'une nation française belliqueuse et fière, animée par une volonté hégémonique, lui opposant l'aspiration profonde des anciens combattants français à la paix et, plus généralement, l'esprit foncièrement pacifiste d'un peuple attaché plus que tout autre à ses racines paysannes[11]. Dans ses différents écrits

---

8 P. Distelbarth, *Lebendiges Frankreich. Mit 28 Abbildungen auf Kupfertiefdrichktafeln und einem Vorwort von Henri Pichot*, Berlin, Rowohlt Verlag, 1936. Une traduction française parait en 1937 aux éditions Alsatia sous le titre *France vivante*.

9 Ce succès éditorial d'un ouvrage francophile dans l'« Allemagne nouvelle » où dominait le mépris pour une France jugée décadente et arriérée est assez surprenant. Il a contribué à nourrir les soupçons de proximité de son auteur avec le nazisme. G. Badia a souligné toutefois (cf. Bock, *Entre Locarno et Vichy*, p. 175–185) que les nazis s'accommodèrent fort bien des idées contraires à leur idéologie dans cet ouvrage tant que la vision d'une France pacifiste qu'il véhiculait leur était utile. Après 1939, il n'était toutefois plus question pour eux d'en autoriser la publication.

10 « Sind die Franzosen ein dekadentes Volk ? », *Deutsch-französische Rundschau*, 1933, p. 144–155.

11 « 'Frieden' ist in Frankreich ein Wort von inbrünstigem religiösen Klang », Distelbarth, *Das andere Frankreich*, p. 338.

sur la France[12], P. Distelbarth a toujours eu le souci de déconstruire l'image dominante de ce pays en Allemagne et de lui substituer une autre vision. Comme ses adversaires, il s'appuie sur une argumentation, courante à l'époque, de type essentialiste et fondée sur la psychologie des peuples[13], ce qui l'expose au risque des généralisations abusives et des créations stéréotypées. Mais cette quête de l'essence véritable de la « personne France »[14] n'était pas l'ultime objectif de P. Distelbarth. Cette meilleure connaissance de la France en Allemagne devait permettre de rétablir la confiance entre ces deux peuples si proches et d'enclencher ainsi un authentique rapprochement, condition *sine qua non* de la naissance d'une Europe de la paix. P. Distelbarth a ainsi esquissé, dès avant la guerre et surtout après 1945, les contours de ce devenir européen à partir de l'épine dorsale (Rückgrat) formée par la France et l'Allemagne. Le fondement essentialiste de sa pensée se double d'une vision organique qui n'est pas sans rappeler l'interprétation morphologique de l'histoire d'Oswald Spengler[15], à la différence – fondamentale – près que l'horizon eschatologique du très chrétien Distelbarth le place aux antipodes de la vision spenglerienne de décadence, la France et l'Allemagne étant appelés à accomplir ce destin, voulu par Dieu, de nations complémentaires au service de la paix en Europe.

Dans les développements qui vont suivre, nous proposons d'éclairer cette conception brièvement esquissée d'une construction de la paix en Europe à partir de l'entente franco-allemande. Pour ce faire, nous

12 Outre *Lebendiges Frankreich*, P. Distelbarth est l'auteur de trois ouvrages sur la France : *Neues Werden in Frankreich. Zeugnisse führender Franzosen* (1938), *Franzosen und Deutsche. Bauern und Krieger* (1946), *Frankreich gestern, heute, immer* (1953). Il a également traité la thématique de la France et de l'entente franco-allemande dans de nombreux articles pour différents journaux et revues des deux pays jusqu'en 1941. Après la Seconde Guerre mondiale, il utilisera le quotidien régional *Heilbronner Stimme* comme tribune pour exposer ses idées.

13 La *Völkerpsychologie*, théorisation de l'idée de *Volksgeist*, se constitue au XIXe siècle chez Humboldt puis Steinthal, Lazarus et G. Simmel.

14 Distelbarth reprend à l'historiographe français Michelet cette idée que la France est une personne comme il s'en explique au tout début de l'introduction de *Lebendiges Frankreich*.

15 Oswald Spengler, *Der Untergang des Abendlandes. Umrisse einer Morphologie der Weltgeschichte*, Munich, 1923.

reprendrons les deux piliers autour desquels s'organise cette réflexion qui, si elle n'a pas fondamentalement varié depuis le début de l'engagement de P. Distelbarth vers la fin des années 1920 jusqu'au début des années 1950, a néanmoins subi des inflexions induites par les événements tragiques de la Seconde Guerre mondiale. Nous aborderons dans un premier temps l'image largement positive et idéalisée d'une France perçue comme organisme vivant telle que P. Distelbarth l'a élaborée à partir du matériau empirique foisonnant fourni par des années vécues au contact direct du peuple français dans les années 1930[16]. Nous verrons que cette (contre-)image reste toutefois le produit d'une pensée spéculative jouant sur les clichés traditionnels de la représentation de la France et des Français en Allemagne. Dans un second temps, nous nous placerons dans la période d'après-guerre pour analyser le projet de renouveau européen à partir de l'épine dorsale franco-allemande. Ce projet est largement exposé par le publiciste P. Distelbarth dans les colonnes de la *Heilbronner Stimme*, quotidien régional pour lequel il reçut une licence d'exploitation des Américains en 1946 et dans lequel il publia de nombreux articles et chroniques jusqu'en 1950[17].

1. La « France vivante »

Plus de vingt ans après la parution de *Lebendiges Frankreich*, P. Distelbarth se réjouissait d'y « avoir donné une image la plus exacte et complète possible d'une époque révolue vue sous l'angle des petites gens »[18]. Cet ouvrage foisonnant illustré par des photographies se

16 Poursuivi pour trahison en avril 1933 par le régime nazi à cause de ses liens étroits avec la France (notamment avec la gauche française) et de ses conférences pacifistes puis relaxé, Distelbarth resta en France de 1933 à 1939.

17 Nombre de ces articles sont repris dans le recueil d'écrits de P. Distelbarth édité par H. M. Bock (Distelbarth, *Das andere Frankreich*).

18 « In *Lebendiges Frankreich* ein möglichst genaues und vollständiges Bild einer Epoche gegeben zu haben, die nie wiederkehren wird, und zwar von den kleinen Leuten aus gesehen », Distelbarth, *Das andere Frankreich*, p. 96.

présente en effet comme une succession de tableaux vivants, de descriptions de scènes de la vie quotidienne saisies dans différentes régions de l'hexagone. Dans la seconde partie intitulée « Bilder und Szenen aus Frankreich », l'auteur y brosse le portrait de paysages de province mais il décrit aussi, tel un ethnologue, les modes de vie, usages et coutumes des Français de toutes conditions qu'il a rencontrés lors de ses multiples déplacements[19]. *Lebendiges Frankreich* se fonde sur un matériau empirique important, les expériences les plus diverses vécues par son auteur en France s'y trouvent rassemblées en un tout parfaitement cohérent, le lien entre les différents éléments constitutifs étant assuré par l'idée de vie, d'organicité[20]. L'intention de l'auteur n'est pas d'écrire un récit de voyage mais de proposer sa vision d'une *France vivante* comme le titre l'explicite à merveille. La prouesse est d'avoir réussi à mettre cet abondant matériau, accumulé au fil des ans, au service d'une visée spéculative. En effet, le but véritable de P. Distelbarth était de mettre en évidence l'existence de forces vives dans ce pays pour contrer l'image, dominante en Allemagne, d'une France arriérée, passéiste, statique, irrémédiablement vouée au déclin, voire à la décadence[21]. A cet effet, il allait recourir à la psychologie des peuples, méthode courante à l'époque[22], pour dégager l'essence de la « personne France », « l'âme » du peuple français. Dès 1932, dans un article paru dans la *Deutsch-französische Rundschau*, P. Distelbarth rejetait la thèse, défendue notamment par F. Sieburg, d'une France statique par opposition à une Allemagne

19 Citons par exemple quelques titres de chapitres : « Nationalfeiertag in Gap », « Wochenmarkt in Menilmontant », « Bilder aus der Auvergne », « Erlebnisse mit Kellnern und anderen kleinen Leuten ».

20 L'un des buts affichés du second ouvrage sur la France (*Neues Werden in Frankreich*), qui vaut aussi pour *Lebendiges Frankreich*, est précisément de mettre en évidence l'organicité de la France : « zu zeigen, wie im geistigen Leben des Ichs Frankreichs alles sich hebt und trägt, alles ineinander verflochten und verzahnt ist ».

21 Gilbert Badia décrit cette image de la France en Allemagne à partir de son expérience personnelle dans : Bock, *Entre Locarno et Vichy*, p. 175–176.

22 Après le sombre épisode du nazisme, cette approche essentialiste fondée sur la psychologie des peuples sera totalement abandonnée pour des raisons évidentes.

dynamique[23], argumentant que ces deux notions n'étaient que de simples formules décrivant des états transitoires traversés par chaque peuple qui ne pouvaient donc pas être considérées comme « propriétés essentielles » (« Wesenseigenschaften »), celles-ci étant immuables par définition[24]. L'essence du peuple français, selon Distelbarth, réside dans sa nature paysanne et son attachement ancestral à la terre, idée qui sera au centre de *Lebendiges Frankreich*, où il est affirmé: « Die Franzosen sind ein Bauernvolk, im Kern und in der Besinnung »[25]. Par opposition, l'essence du peuple allemand est définie (dans l'article de 1932) comme un mélange entre l'esprit paysan et l'esprit d'aventure du marin : « in dieser Mischung zwischen Seemans- und Ackerbauerngeist liegt die Besonderheit des deutschen Wesens »[26]. En 1932, Distelbarth ne définit donc pas encore ouvertement l'âme allemande comme guerrière. Cet esprit marin cache en réalité un esprit guerrier, une soif permanente de découverte et de conquête. Dans *Lebendiges Frankreich* en revanche, l'antithèse est nettement établie. Evoquant le peuple français, l'auteur francophile écrit : « Es hat die Geduld der Bauern. Wir Deutschen haben die Ungeduld der Krieger »[27]. La patience paysanne est bien supérieure à l'impatience du guerrier aux yeux de Distelbarth, elle révèle une plus grande maturité. A l'aide de la métaphore des âges de la vie, il oppose (nous sommes en 1932) un peuple français adulte collectivement (« als Kollektiwesen erwachsen »)[28] à un peuple allemand encore jeune (« im

23 « Der Abgrund zwischen Deutschland und Frankreich » (Distelbarth, *Das andere Frankreich*, p. 322–332).

24 « Das Wesen von Völker ändert sich ja nicht. », *ibid.*, p. 322.

25 Distelbarth, *Das andere Frankreich*, p.116. De façon générale un lien étroit unit tous les peuples à la terre, ce lien expliquant leur nature foncièrement pacifique : « das bäuerliche Ideal : dass jeder seinen Acker in Frieden bebaue, geschützt vor Raub und Willkür ; dass er auf seinem Grund und Boden bleibe ; nicht den des Nachbarn begehre ; », *ibid.*, p. 145.

26 *Ibid.*, p. 328.

27 *Ibid.*, p. 145. Observons que Distelbarth propose lui-même une formule alors qu'il dénonce par ailleurs le recours aux formules (« gegen Formel, so blendend sie sein mögen, [ist] ein gewisses Mißtrauen angebracht und geboten », *ibid.*, p. 322).

28 Dans *Lebendiges Deutschland*, Distelbarth évoque un peuple dans la force de l'âge (« als Volksperson, reif, erwachsen – zwar nicht alt, wie viele sagen, aber im besten Lebensalter », *ibid.*, p. 351.

Jünglingsalter ») en proie à une crise d'adolescence (« eine jugendliche Entwicklungskrise »[29]), opposition destinée à prendre le contrepied de l'image largement répandue d'une Allemagne dynamique face à une France en sommeil. Le vigneron wurtembergeois recourt aussi à une métaphore viticole, opposant l'équilibre et le haut degré d'élaboration du vin français à un vin allemand en pleine fermentation qui ne peut que se bonifier avec le temps, tout n'étant qu'une question de patience[30]. Cette optimisme sera cruellement démenti par les évolutions historiques dans les années 1930. Sur la base de la connaissance intime du peuple français acquise à son contact direct, Distelbarth veut faire comprendre à ses compatriotes que les Français leur sont supérieurs sur de nombreux plans[31]. C'est l'attachement à la terre, à la fois une source de vie et d'esprit, de sagesse et de paix[32], qui a forgé l'esprit de ce peuple au fil des siècles en dépit des guerres dynastiques dans lesquelles il s'est trouvé entrainé contre son gré. L'auteur de *France vivante* ne tarit pas d'éloges pour ce peuple qui, plus que tout autre, a su rester fidèle aux lenteurs maternelles de la nature et réaliser ainsi la fonction que lui avait assigné Dieu grâce à la distance critique et l'indépendance qu'il a toujours su conserver par rapport aux dérives des élites dirigeantes. La « personne France » est l'émanation de ce peuple imprégné durant des siècles par cet esprit de la terre (« Geist der Erde ») qui lui a donné sa cohérence interne, son organicité : « Die Franzosen, Zellen der großen Person France, sind einander ähnlicher als die Glieder irgendeines andern Volkes »[33]. Cette homogénéité remarquable de

29 *Ibid.*, p. 329.

30 *Ibid.*, p. 326–327.

31 Si P. Distelbarth peut être considéré comme l'un des nombreux penseurs allemands ayant prôné le modèle français en Allemagne, il fut l'un des rares à le faire à son époque où l'on jugeait ce modèle totalement dépassé. Cette valeur de modèle de la France chez Distelbarth est abordée par Gilbert Badia, « La France vue par Paul Distelbarth : un pays modèle », in : Bock, *Entre Locarno et Vichy*, p. 175–185.

32 L'attachement à la terre est élevé au rang de valeur universelle : « Denn immer und überall ist der Ackerbau die Quelle, die einzige Quelle, aus der Volkstum quillt und sich verjüngt. », *ibid.*,, p. 323.

33 *Ibid.*, p. 187.

l'âme française est le produit de l'histoire[34], elle fait de la France un être organique supérieur au sens biologique du terme. Dans un texte non publié de 1939, Distelbarth écrit : « Der einzige grosse Staat Europas, der organisch von innen herausgewachsen war und fast nur Menschen gleicher Sprache und Kultur umfasste, war Frankreich »[35]. Sur le terreau commun de l'attachement à la terre s'est développé cet esprit typiquement français façonné à la fois par la langue et la pensée rationnelle de type cartésien dont Distelbarth constate après la Deuxième Guerre mondiale, en 1949, le caractère indestructible :

> die erstaunliche Einheitlichkeit des französischen Denkens, die ihre Wurzeln in der strengen Schule durch die Sprache einerseits, die cartesianischen Denkgewohnheiten andererseits hat, [ist] erhalten geblieben und offenbar unzerstörbar.[36]

Être organique évolué, La France possède la faculté d'absorber et d'intégrer les apports extérieurs, de résoudre facilement (parce qu'organiquement) les nombreuses contradictions qui la traversent. Dans *Lebendiges Frankreich* il consacre un chapitre à l'influence (positive) de la langue française sur l'esprit français[37], retraçant l'histoire de cette dernière et en faisant l'éloge à la manière des auteurs allemands de la première moitié du XVIIIe siècle qui considéraient le français comme modèle d'imitation pour la langue allemande. Tous ces développements sur l'essence de la langue et de l'esprit français suggèrent de façon plus ou moins implicite une supériorité de la France sur l'Allemagne demeurée intacte. La supériorité de la langue française est ainsi exprimée poétiquement :

---

34 Sans nier l'impact de la composante raciale, donnée irréductible, Distelbarth pense que l'essence d'un peuple est le résultat d'un façonnage historique, un peuple contracte un caractère singulier lié aux particularités de son parcours. Cela rappelle la notion d'*habitus* développée par le sociologue Norbert Elias.

35 *Ibid.*, p. 370.

36 *Ibid.*, p. 453. Distelbarth contribue à alimenter le stéréotype d'une France cartésienne : « die Rationalisten der Menschheit, Anbeter der Vernunft », *ibid.*, p. 111, « Frankreich [ist] ein so durch und durch rationalisiertes Land », *ibid.*, p. 189.

37 Chapitre intitulé « Der Einfluss der Sprache », Distelbarth, *Lebendiges Frankreich*, p. 53–64.

> Die deutsche Sprache ist wie en Bergwerk, aus dem immer neue Schätze ans Licht gefördert werden, die französische wie eine Schatzkammer, in der Gold und Silber, Münzen und Kunstwerke wohlgeordnet und übersichtlich aufgestellt sind.[38]

Cette comparaison poétique n'est pas si anodine qu'il y parait. Elle se présente en effet comme une inversion de l'antithèse que récuse Distelbarth d'une France statique opposée à une Allemagne dynamique. La langue allemande est certes en plein essor par rapport à la langue française qui a achevé son développement, mais les trésors intemporels que recèle cette dernière lui assurent sa supériorité. L'argument de F. Sieburg selon lequel la France serait achevée (« fertig ») aux deux sens du terme se trouve ainsi habilement retourné. Sous la plume de Distelbarth, l'achèvement n'est plus un symptôme d'immobilisme, il devient une marque de complétude, de perfection, de totalité organique et doit être rapproché des notions d'équilibre et de mesure, autres caractéristiques majeures de l'essence du peuple français[39]. On aurait néanmoins tort de croire que Distelbarth ne fait que réactualiser des stéréotypes anciens remontant à l'époque où la France dominait l'Europe culturellement et politiquement. N'oublions en effet qu'un ouvrage comme *Lebendiges Frankreich* est fondé sur l'expérience vécue de son auteur, il est avant tout le reflet des réalités de la vie culturelle, sociale, politique dans la France des années 1930. A ce titre, il fut un ouvrage informatif à destination des lecteurs allemands qui pouvaient notamment se familiariser avec l'organisation de la vie politique, syndicale et associative[40],

---

38 *Ibid.*, p. 125.

39 En 1949, P. Distelbarth écrivait encore dans les colonnes de la *Heilbronner Stimme* : « In keinem Lande ist das Streben nach Gleichgewicht, verbunden mit dem Sinn für Maß und Ziel, gleich fest in den Seelen verankert wie in Frankreich. Das ist sprichwörtlich », Distelbarth, *Das andere Frankreich*, p. 301.

40 Distelbarth consacre un chapitre aux associations d'anciens combattants (Distelbarth, *Lebendiges Frankreich*, p. 181–207) dans lesquelles il voyait l'une des manifestations les plus éclatantes du renouveau des forces politiques françaises. Il fondait tous ses espoirs de paix en Europe sur les anciens combattants : « Denn sie [Kriegsteilnehmer] sind fähig und berufen, die Aussöhnung zwischen Deutschen und Franzosen zur Wirklichkeit zu machen, von der die Zukunft Europas abhängt », *ibid.*, p. 222.

découvrir l'importance de la parole, des discours formels et discussions informelles dans le processus de formation d'une « opinion publique » (« öffentliche Meinung ») plus libre et critique qu'en Allemagne selon Distelbarth. Autant d'éléments empiriques éloignés des visions stéréotypées, mais néanmoins de nature à suggérer, sinon une supériorité, du moins une plus grande maturité de la culture politique en France. H. M. Bock a souligné que Distelbarth s'inspirera de son expérience française, notamment celle acquise au contact du mouvement radical, pour initier, en tant que coéditeur et rédacteur de la *Heilbronner Stimme*, le renouveau politique dans l'Allemagne d'après-guerre. Tout en puisant dans le stock des stéréotypes sur la France répandus en Allemagne[41], le chantre de l'entente franco-allemande parvient à les combiner habilement avec les nombreux matériaux tirés de son expérience vécue. Il donne ainsi une interprétation positive des soi-disant défauts des Français, inversant les repères établis et bousculant les idées reçues des lecteurs allemands: le passéisme devient un rapport vivant au passé d'où le peuple français tire sa cohésion (organique), l'immobilisme est transformé en sens de l'équilibre et de la mesure, le savoir-vivre et le bien-vivre deviennent des manifestations de saine vitalité, la tendance au repli sur soi s'avère être la marque d'un esprit pacifique, l'individualisme un signe d'indépendance et un garde-fou contre toutes les formes de conditionnement. Distelbarth peut également être amené à rectifier et nuancer un stéréotype pour l'adapter aux réalités mouvantes du terrain :

> Im französichen Volke sind gewisse instinktive Kräfte besonders mächtig. Sie bilden das Gegengewicht gegen den Kultus des Verstandes. Im Vertrauen auf sie kann das Volk unbesorgt dem Verstand folgen, weil sie diesen sofort zur Ordnung rufen, wenn er sich auf den geradlinigen Wegen der Logik von der Kurve der Wirklichkeit entfernt.[42]

La France est certes le pays par excellence de la raison mais l'instinct du peuple sait se prémunir des dérives et des excès de rationalité contre lesquels les Germains ne sont en revanche pas immunisés : « Die

41 Les composants stéréotypés de l'image des Français en Allemagne sont présentés dans : Colin..., *Lexikon der deutsch-französichen Kulturbeziehungen*, p. 421–422.

42 Distelbarth, *Das andere Frankreich*, p. 182.

Germanen im allgemeinen [...] fühlen sich unwiderstehlich zu mechanischen Lösungen hingezogen »[43]. On pourrait multiplier les exemples qui illustrent ce procédé consistant à valoriser la France tout en suggérant, explicitement ou non, un déficit correspondant du côté allemand. Si Distelbarth était certes tenu de forcer le trait pour inverser l'image d'une France immobile et décadente, rien ne semble devoir contredire le fait que cette propension à idéaliser la France procédait chez lui d'une conviction sincère. C'est précisément cette foi dans la France qui conduira celui qui, après 1945, se définira lui-même comme « patriarche de l'entente franco-allemande » (« Patriarch der deutsch-französischen Verständigung ») à promouvoir le rôle moteur de la France pour l'avenir de l'Europe.

2. Le grand organisme européen

L'image de la France chez P. Distelbarth s'apparente à celle de H. von Keyserling. Si le philosophe et aristocrate balte voyait lui aussi ce pays comme un « pays-jardin » et les Français comme un peuple incarnant l'harmonie et la mesure, fleuron de la civilisation européenne, il craignait néanmoins que cela ne constitue plutôt une entrave dans la marche accélérée d'un monde dominé par des peuples au « tempérament dynamiquement faustien »[44]. La confiance absolue de Distelbarth dans la supériorité de la civilisation, de la langue et de la culture politique française tranche nettement avec le scepticisme de Keyserling pour qui la France faisait plutôt figure de belle endormie, rejoignant ainsi l'auteur de *Gott in Frankreich ?* Si le portait d'une France certes séduisante (le pays de l'art de vivre où il fait bon vivre) mais vieillie et en déclin, visait, chez F. Sieburg, à faire ressortir par contraste le dynamisme de l'Allemagne, celui qu'avait élaboré son concurrent, qualifié par Sieburg de « fanatique de l'entente franco-allemande (« Fanatiker

43 *Ibid.*

44 H. von Keyserling, *Analyse spectrale de l'Europe*, Paris, 1930, p. 55.

der deutsch-französischen Verständigung ») n'avait d'autre but que de favoriser le rapprochement des deux peuples liés par des affinités profondes[45]. Après avoir présenté la conception (idéaliste) de P. Distelbarth d'une Europe (organique) formée à partir du noyau franco-allemand, nous tenterons d'évaluer dans quelle mesure l'amorce d'un renouveau franco-allemand et les prémices de la construction européenne jusqu'au début des années 1950 répondaient aux espérances du chroniqueur de la *Heilbronner Stimme* qui fut un observateur aussi attentif que critique des évolutions de son temps.

2.1 L'union de la France et de l'Allemagne, « épine dorsale » de l'Europe

Dans un écrit daté d'octobre 1939 retrouvé dans les archives familiales, P. Distelbarth ébauche un projet de réorganisation de l'Europe[46]. Il s'agit de réflexions d'ordre géopolitique sur fond de conception organiciste du devenir historique du continent européen[47]. L'Europe y est présentée comme ensemble de personnalités-peuples (« Volkspersönlichkeiten ») liées par une communauté de destin (« Schicksalgemeinschaft ») et parvenues à un niveau de développement et de conscience trop élevée (« einen hohen Grad von Bewußtheit erlangt », p. 365) pour que l'on continue à suivre l'ancienne logique des intrigues et des conquêtes visant à leur soumission et à leur asservissement. Laissant de côté cette conception qu'il juge périmée, Distelbarth propose une vision de l'Europe comme « unité indestructible, parce que biologique »[48] et tente d'en délimiter les frontières. Comme Coudenhove-Kalergi, il

45 Pour une étude comparative de la pensée de Distelbarth et Sieburg on consultera : Margot Taureck, « 'Esprit' et 'Bonne volonté' bei Friedrich Sieburg und Paul Distelbarth », in : Bock, *Entre Locarno et Vichy*, p. 187–202.

46 L'écrit s'intitule *Gedanken zur europäischen Politik*, Distelbarth, *Das andere Frankreich*, p. 365–373.

47 « Um Europa dauerhaft neu zu ordnen, muß man es im echten Sinne des Wortes organisieren, d.h. nach organischen oder biologischen Grundsätzen », *ibid.*, p. 370.

48 « Als eine unzerstörbare, weil biologische Einheit zu betrachten », *ibid.*, p. 365.

exclut la Russie et l'Angleterre du « grand organisme »[49] européen. L'exclusion de la Russie repose sur le niveau de développement (culturel) inférieur de ce pays par rapport à l'Allemagne (« dem hochkultivierten Deutschland »)[50] et sur sa composante asiatique qui ne permettent pas d'envisager un bloc eurasien formant une « unité vivante » (« lebendige Einheit »). Quant à ce « fauteur de trouble » (« Unruhestifter ») qu'est l'Angleterre, son exclusion se justifie par le fait que, se désintéressant de l'Europe, son ambition a toujours été la quête d'un empire planétaire. Ni la Russie, ni l'Angleterre ne remplissent donc le critère d'organicité qui légitime l'appartenance à l'« espace vital européen » (« europäischen Lebensraum »[51]). Si la signification du terme « Lebensraum » chez Distelbarth recoupe partiellement le sens donné par les nationaux-socialistes à la notion forgée par Friedrich Ratzel[52], sa véritable portée est organique : il s'agit avant tout d'un espace de vie partagé par des pays affichant une proximité en termes d'origine géographique, raciale, culturelle. Cette proximité et cette affinité ont été le creuset dans lequel s'est forgé au fil des siècles, à partir de racines communes, un patrimoine culturel sans égal dans le monde, faisant de l'Europe le foyer spirituel et intellectuel de l'humanité entière[53]. Mais cette Europe n'existerait pas sans l'Allemagne et la France qu'unissent des liens d'autant plus étroits qu'ils sont invisibles. Tout se passe en effet comme s'il existait pour Distelbarth une liaison organique d'origine à la fois naturelle, historique[54] et divine entre deux pays littéralement

49 « Ein so großer Organismus wie Europa », écrira Distelbarth dans la *Heilbronner Stimme* en 1948, *ibid.*, p. 424.

50 Bien que plaidant pour l'intégrité de chaque nation, Distelbarth reste prisonnier d'une vision inégalitaire et hiérarchique.

51 *Ibid.*, p. 371.

52 Dans son projet de nouvelle Europe, Distelbarth envisage une répartition entre l'Allemagne et la France : la première étendrait son influence à l'Est de l'Europe, la seconde au Sud et dans les pays méditerranéens.

53 Même après 1945, la pensée de Distelbarth reste européo-centrée. Dans un article de la *Heilbronner Stimme* intitulé *Zukunft Europas*, il écrit en 1948 : « Noch immer ist Europa derjenige Teil der Erde, in dem die geistigen Kraftquellen unseres Planeten sprudeln », *ibid.*, p. 424.

54 « Der von der Natur und Geschichte gewiesene Weg », *ibid.*, p. 484.

prédestinés à concrétiser l'idée d'Europe[55]. Si l'histoire des deux peuples, telle qu'il la retrace parfois dans ses écrits, révèle les marques de cette prédestination, le partisan de l'entente franco-allemande ne peut néanmoins que constater que leur rapprochement n'a cessé d'être contrarié et différé, non pas à cause des peuples eux-mêmes[56], mais de la haine sans cesse attisée par leurs élites dirigeantes, que ce soit pour servir les intérêts dynastiques à l'âge féodal ou bien celui des nationalismes exacerbés à l'époque moderne. Ce n'est qu'ainsi qu'a pu naitre le préjugé selon lequel Français et Allemands sont séparés par un abîme[57]. Défaire cette fausse croyance imposée aux peuples par la propagande et ruiner ce qu'il qualifiera, après 1945, de « légende d'une inimité soi-disant 'héréditaire' »[58] fut l'un des combats les plus constants de Distelbarth entre les deux guerres mais aussi après 1945. Au risque de fonder une nouvelle mythologie, il opposera à l'antagonisme franco-allemand l'idée d'une affinité quasi-élective[59] et celle de complémentarité naturelle des deux peuples dont on sait la place centrale qu'elle a joué dans le discours de réconciliation de la seconde moitié du XXe siècle[60]. Le

---

55 « Deutschland ist das Schicksal Frankreichs (wie auch umgekehrt) », *ibid.*, p. 345 ; « Es [das französische Volk] fühlt sich zu Deutschland hingezogen », *ibid.*, p. 346 ; « Im Grunde geschieht in Frankreich fast alles Wesentliche im Hinblick auf Deutschland, bewußt oder unbewußt. In der Außenpolitik ist es ganz deutlich », Distelbarth, *Lebendiges Frankreich*, p. 144. On retrouve ici le topos de la fascination réciproque des Allemands et des Français.

56 Tout peuple est foncièrement bon : « Das Volk haßt nicht », *ibid.*, p. 335.

57 Dans « Der Abgrund zwischen Deutschland und Frankreich », article de 1932 déjà cité, Distelbarth explique qu'un tel abîme n'existe pas dans la réalité mais seulement dans les têtes.

58 « Die Legende einer angeblichen 'Erbfeindschaft' », *ibid.*, p. 428 ; « das Gerede vom Erbfeind », *ibid.*, p. 375.

59 « Es gibt kein zweites Volk, dem sich die Franzosen so verwandt fühlen, wie das deutsche Volk », *ibid.*, p. 331.

60 « Man kann nicht oft und nachdrücklich genug darauf hinweisen, in wie hohem Grade sich Deutsche und Franzosen in ihren besten Eigenschaften ergänzen », *ibid.*, p. 269. Cette idée de complémentarité était déjà présente dans *Lebendiges Frankreich* : « wir sind dazu geschaffen, einander zu ergänzen, nicht aber uns fortwährend zu bekämpfen. Und weiter : wenn wir zwei Hand in Hand arbeiten, dann kann niemand mehr den Frieden in Europa stören. Das leuchtet auch dem einfachsten Gemüt ein », Distelbarth, *Lebendiges Frankreich*, p. 144.

rêve européen[61] de P. Distelbarth se fonde sur cette affinité organique originaire franco-allemande enfouie sous les préjugés et les malentendus séculaires. Il s'agit de réactiver cette liaison naturelle, non pas en s'appuyant sur des traités, mais sur les forces vives de chaque peuple de manière à créer l'« épine dorsale » (« Rückgrat ») de la future Europe[62]. A l'époque où le vieux continent plie sous le joug des puissances de l'Axe, Distelbarth oppose la notion biologique d'épine dorsale à celle d'axe, construction mécanique autour de laquelle gravitent des éléments dans une instabilité permanente contrairement à l'épine dorsale qui permet une organisation solide et stable car elle est de type organique[63]. L'union de la France et de l'Allemagne étant voulue par la nature (et Dieu), elle est destinée à devenir l'épine dorsale de l'Europe[64], c'est sur elle que viendront ensuite se greffer naturellement les autres organismes-nations pour former le grand organisme européen qui compte parmi ces « grandes communautés de vie »[65] en voie de formation dans le monde contemporain entrevues par Distelbarth. La nouvelle guerre qui éclate en 1939 sonne le glas de l'ère des nations autocentrées et de l'idée d'une Europe fondée sur la force et la soumission des peuples qui en découle. Ce qu'il voit poindre à l'horizon après ce désastre annoncé, c'est un autre monde reposant sur des rapports internationaux de type organique excluant la violence puisque le développement organique est un long fleuve tranquille selon Distelbarth[66]. Reste à savoir si cette

61 Le rêve européen des penseurs allemands est analysé dans l'ouvrage suivant dans lequel le nom de P. Distelbarth n'apparait toutefois pas : Jean Nurdin, *Le rêve européen des penseurs allemands (1700–1950)*, Paris, Septentrion, 2003.

62 La métaphore de l'épine dorsale constitue un véritable leitmotiv de la pensée de Distelbarth, il la reprendra dans différents articles de la Heilbronner *Stimme*.

63 « Organe aber kann man weder schaffen noch verändern, man muss nur dafür sorgen dass sie gesund bleiben und funktionnieren. Das liegt auch im Interesse des ganzen Organismus und gilt auch von Europa », *ibid.*, p. 446.

64 « Das von der Natur gegebene Rückgrat Europas ist vielmehr die Gemeinschaft Deutschland-Frankreich. […] Um das Rückgrat Deutschland-Frankreich herum würde sich Europa gleichsam von selbst organisch ordnen », *ibid.*, p. 371.

65 « Große Lebensgemeinschaften », *ibid.*, p. 373.

66 « Organisches Leben ist aber auf der äußeren Gewalt nicht möglich », *ibid.*, p.371. La morphologie des évolutions historiques de Distelbarth est beaucoup plus

vision organique du renouveau européen à partir de l'épine dorsale franco-allemande s'est concrétisée après 1945 aux yeux du patriarche de l'entente franco-allemande. Afin de répondre à cette question, nous allons tenter d'évaluer le décalage entre cette conception idéaliste et la réalité du renouveau de la relation franco-allemande et de la construction européenne jusqu'au début des années 1950.

2.2 L'idée d'organisme européen à l'épreuve du renouveau des relations franco-allemandes et des prémices de la construction européenne (1945–1950)

Alors que l'autre grand publiciste allemand de l'entre-deux-guerres Friedrich Sieburg était sous le coup d'une interdiction de publier décrétée par les alliés pour cause de compromission avec le pouvoir nazi, P. Distelbarth put rapidement reprendre son activité de publication après 1945. Ses écrits connurent une large audience jusqu'en 1950, notamment par le biais de ses contributions dans la *Heilbronner Stimme*. Dans l'ouvrage pamphlétaire *Franzosen und Deutsche. Bauern und Krieger* paru en novembre 1946, Distelbarth propose un programme de renouveau de la culture politique en Allemagne fondé sur l'aveu de culpabilité, la redéfinition des valeurs de citoyenneté et la construction d'une identité européenne adossée à la France[67]. Il est remarquable de constater que malgré l'affaiblissement considérable de ce pays sur la scène internationale au sortir de la guerre, le voisin d'outre-Rhin n'a rien perdu de sa valeur de modèle pour l'Allemagne, pour l'Europe même. Dans un chapitre de *Lebendiges Frankreich* rajouté à l'édition de 1948, la France est investie d'une mission pacificatrice pour l'humanité : « das Vaterland der Ideen, die große Versogerin der Menschheit mit Geistesgütern. Eine große Aufgabe liegt vor ihm : die Arbeit und die Beziehungen

---

rassurante que celle de Spengler, sa pensée s'apparente davantage à l'optimisme morphologique de Goethe, auteur auquel Distelbarth se réfère fréquemment.

67 *Ibid.*, p. 63–64.

der Menschen untereinander zu veredeln, zu vermenschlichen »[68]. Le renouveau démocratique et culturel de l'Allemagne passe par la France selon Distelbarth, plus exactement par la réconciliation et l'entente des deux peuples, préalable indispensable à la construction d'une Europe de la paix. Or, l'occupation d'une partie de l'Allemagne par la France est, selon lui, de nature à entretenir les vieux sentiments d'hostilité. D'où la mise en garde répétée à l'adresse des Allemands mais aussi des Français pour qu'ils ne perpétuent pas les anciens réflexes des ennemis héréditaires alimentés par la méconnaissance du voisin[69]. Même s'il estime la nouvelle configuration d'après-guerre propice à une entente puisque les deux nations ne jouant plus les premiers rôles sur la scène internationale, aucune n'a plus de motif de se sentir supérieure et de mépriser l'autre comme ce fut longtemps le cas auparavant, Distelbarth n'en reste pas moins habité par la crainte permanente d'une dégradation des relations franco-allemandes. Cette crainte explique le scepticisme qui ressort nettement d'un article relatant la cérémonie d'inauguration du « Deutsch-französisches Institut » de Luswigburg en février 1949[70] : et si ce nouvel institut dont l'inauguration en grande pompe rappelle à Distelbarth les efforts entrepris à grand frais entre les deux guerres était voué à subir le même sort que celui de la « Deutsch-französischen Gesellschaft » après 1933 ? Cette crainte de l'échec se nourrit également d'une réticence instinctive vis-à-vis des élites, fussent-elles intellectuelles, Distelbarth n'ayant véritablement confiance que dans les populations pour fonder une entente solide, organique, entre les peuples.

Dans ses chroniques pour la *Heilbronner Stimme*, Distelbarth martèle que cette entente franco-allemande est la condition *sine qua non* de la nouvelle Europe et tente d'en évaluer les chances dans le contexte du conflit Est-Ouest naissant et de l'opposition croissante

68 *Ibid.*, p. 357. H. M. Bock écrit : « Andererseits wurde Frankreich für ihn zunhemend zum Hoffnungsträger für die Erneuerung der politischen Kultur in Deutschland und für die europäische Einigung », *ibid.*, p. 68.

69 Dans les colonnes de l'*Heilronner Stimme*, Distelbarth a critiqué certains excès d'autorité de l'administration française dans la ZFO. Cette critique était avant tout motivée par sa crainte que soit ternie l'image de la France en Allemagne.

70 « Verständnisbemühungen », article paru dans la *Heilbronner Stimme* en février 1949 (*ibid.*, p. 439).

des deux grandes puissances rivales. Or, le renforcement de la guerre froide entre les Etats-Unis et Union soviétique fait émerger les contours d'une Europe militaire fondée sur la défense du vieux continent contre le danger du communisme. Distelbarth dénonce avec virulence cette construction d'un bloc défensif (« Verteidigungsblock ») dans lequel il voit un processus mécanique : « man adiert Kräfte, um vorübergehend stärker zu sein, aber niemand denkt im Ernst daran, in einem größeren Ganzen aufzugehen. »[71]. A cette réalité tangible d'une Europe en passe de se transformer en bastion du capitalisme, Distelbarth oppose son idée d'une Europe organique indépendante à côté des deux blocs rivaux : « Europa als selbständige geistige Wesenheit kann nur blühen und wirken, hat nur Sinn als unabhängiger lebendiger Organismus zwischen den beiden Riesen. Alles andere ist Selbstbetrug »[72]. Refusant la formation d'un monde bipolaire né de l'antagonisme du communisme et du capitalisme, Distelbarth défend l'idée d'une « troisième force » (« Dritte Kraft ») de nature spirituelle, une Europe de l'esprit facteur de paix et d'équilibre[73]. Le facteur temps joue un rôle important dans l'argumentation : la constitution de cette Europe de la défense répond à la logique mécanique de l'axe précédemment évoquée, il s'agit d'un processus mécanique rapide à mettre en place mais fragile[74] à la différence de la croissance organique qui exige du temps mais qui est seule garant de stabilité et d'équilibre : « Europa hat noch so viel Zeit, dass es sich konstituieren kann, wenn man sie ihm läßt »[75]. La référence à l'organicité permet à Distelbarth de contrer une évolution historique

71 « Unlösbare Probleme », article paru dans la *Heilbronner Stimme* en décembre 1949 (*ibid.*, p. 457).

72 *Ibid.*

73 Si l'Europe fut contrainte de céder le leadership mondial au profit des Etats-Unis après les deux conflits mondiaux, Distelbarth continue de croire à la supériorité culturelle de l'Europe, véritable creuset spirituel de l'humanité (« Brunnenstube des Geistes auf unserm Planeten », *ibid.*, p. 495).

74 Distelbarth récuse la création précipitée d'une armée européenne sous l'emprise de la peur et oppose à ce « zusammengeschustertes Angstprodukt » « l'émanation entièrement naturelle de la force » (« der ganz natürliche Ausfluß von Kraft », *ibid.*, p. 495).

75 *Ibid.*

jugée dangereuse, notamment parce qu'elle est source d'instabilité et de déséquilibre. A cette Europe militaire que l'on cherche à construire à la hâte, il oppose cette autre voie exigeant de la patience et fondée sur les affinités électives de la France et de l'Allemagne : « es müssen vielmehr zuerst Frankreich und Deutschland sich einigen, damit ein fester Kern entsteht, an den sich das Übrige ankristallisieren kann, ein künftiges Rückgrat, das jeder höherstehende Organismus braucht »[76]. L'union de la France et de l'Allemagne n'est pas, précise Distelbarth, une question de sentiments mais d'intérêts communs de deux nations complémentaires confrontées toutes les deux à une perte d'influence sur la scène internationale. Leur salut respectif (et donc celui de l'Europe) ne peut venir que de leur alliance, c'est pourquoi la raison doit impérativement l'emporter sur les (re)sentiments[77]. Il n'est pas seulement question ici de dépasser l'hostilité séculaire opposant Français et Allemands mais d'accepter le sacrifice d'une part de souveraineté nationale au profit de la création d'une Europe fédérale (« Zustandenkommen eines europäischen Staatenbundes »[78]) ou des Etats-Unis d'Europe[79]. Distelbarth défend avec force cette idée de supranationalité dans l'ère du temps. Il y voit en effet la marque d'une évolution historique inéluctable vers la constitution d'entités organiquement constituées plus vastes que les organismes-nations et s'y substituant. Or, la réalité offrira au partisan d'une Europe fédérale l'occasion d'espérer la concrétisation de son rêve: la déclaration Schuman du 9 mai 1950 dans laquelle le président du conseil et ministre des affaires étrangères Robert Schuman annonçait la création d'une institution européenne supranationale[80] sera accueillie avec enthousiasme par Distelbarth qui lui donnera un large écho dans les colonnes de la *Heilbronner Stimme*[81]. Son engouement

76 *Ibid.*, p. 469.

77 Distelbarth évoque un mariage de raison dans l'article « Vernunftehe », *ibid.*, p. 468.

78 *Ibid.*, p. 459.

79 « 'Die Vereinigten Staten von Europa' », *ibid.*, p. 482.

80 Le traité établissant la Communauté européenne du charbon et de l'acier (CECA) première (et dernière) institution supranationale européenne fut signé le 18 avril 1951.

81 Voir notamment les trois articles « Wendung » (13 mai 1950), « Für und wider Schuman » (17 mai 1950), « Die Sechserkonferenz » (6 septembre 1950).

pour ce projet se comprend à la lumière de sa conception organiciste : à la différence du Conseil de l'Europe qu'il considère avec méfiance comme le lieu d'intrigues politiciennes (nationales) notamment de la part des Anglais, le plan Schuman créé selon lui les conditions de la liaison organique espérée entre la France et l'Allemagne : « eine Zusammenlegung der Grundindustrien [schafft] eine Verflechtung, die, sobald sie sich eingespielt hat, nicht wieder aufzulösen ist »[82]. Le lien établi est irréversible, il débouchera de façon inéluctable sur l'union des nations européennes. L'abandon par les gouvernements nationaux d'une partie de leur souveraineté au profit de la Haute Autorité est perçu comme l'unique moyen de dépasser l'enfermement dans les cadres nationaux devenus trop étroits et entravant l'évolution naturelle du monde[83]. C'est pour Distelbarth le signe tangible que l'idée d'Europe est arrivée à maturité[84], son développement à partir du noyau franco-allemand constituant « le chemin indiqué par la nature et l'histoire »[85]. La pensée du patriarche de l'entente franco-allemande trahit une vision téléologique : de même que la formation des Etats-nations a autrefois permis de sortir des impasses du régime féodal, l'emprise des égoïsmes nationaux au sein des partis, des syndicats et des gouvernements, qui constitue une entrave à la marche « naturelle » de l'histoire dans le monde actuel, doit être surmontée par le biais d'organisations supranationales (« übernational ») instaurant un nouvel ordre mondial. Un homme incarne ce tournant historique et en est en quelque sorte le vecteur :

> ein Mann, der französische Außenminister Robert Schuman, der zugleich den Franzosen und den Deutschen gehört, [hat] aus seiner religiösen Grundeinstellung heraus, d.h. aus der unmittelbaren Verbundenheit mit dem großen göttlichen Strom von Kraft und Liebe, der alles Leben ständig hervorbringt und ernährt, den Mut gefunden […], die Hand ans Werk zu legen und an die Ausführung jener Idee zu gehen.[86]

---

82 *Ibid.*, p. 475.

83 « Den zu eng und zu starr gewordenen nationalen Rahmen, zu sprengen, der das große Hindernis für eine gesunde und natrürliche Weiterentwicklung der Welt bildet », *ibid.*, p. 489–490.

84 « Die Idee Europa ist reif. », *ibid.*, p. 477.

85 « Der von der Natur und Geschichte gewiesene Weg », *ibid.*, p. 484.

86 *Ibid.*, p. 494.

Si Jean Monnet n'est pas évoqué, alors qu'il fut à l'origine de l'idée de CECA et la souffla à son ami Robert Schuman, c'est peut-être parce que ce dernier, comme le souligne Distelbarth, était à la fois allemand et français. Il incarnait à merveille l'affinité élective franco-allemande, il était l'exemple vivant chez un individu de la symbiose réussie des deux peuples. Cet hommage rendu à l'un des fondateurs de la construction européenne illustre la dimension mystique et religieuse de l'attachement de Distelbarth à l'entente franco-allemande.

Durant les années 1950, après l'abandon de son activité journalistique et une marginalisation éditoriale croissante en raison de son engagement pour la neutralité de l'Europe, Paul Distelbarth voyagea en Russie et en Chine pour tenter, comme il l'avait fait en France, d'en cerner la réalité vivante. Il dédia un ouvrage à chacun de ces deux pays afin de faire changer le regard des Allemands et favoriser ainsi le rapprochement des peuples. Malgré tout, c'est à la France qu'il restait le plus attaché et il y passa une grande partie de ses dernières années, dans la maison qu'il avait acquise au bord de la Méditerranée. Il mourut quelques jours seulement avant la signature du Traité de l'Elysée le 17 janvier 1963 sans avoir véritablement pris la mesure des progrès considérables accomplis dans le domaine des relations franco-allemandes, notamment des nombreuses initiatives de la société civile visant à rapprocher les populations des deux pays.

L'Occupation

Marcel Boldorf

Collaboration et confrontation économique franco-allemande pendant la Deuxième Guerre mondiale[1]

Avec la libération de l'Europe de la domination et de l'occupation national-socialiste, l'année 1945 marque une profonde rupture. Cette année-là semble être aussi d'une grande importance pour les relations franco-allemandes, elle constitue visiblement un tournant : si l'on peut décrire l'époque d'avant 1945 comme étant marquée pour l'essentiel par des rapports conflictuels, les relations entre les deux pays ont évolué ensuite vers une coopération et un partenariat. Mais il y a plus. L'Allemagne et la France devinrent la cellule de base de la réorganisation de l'Europe, du développement d'une communauté et de la formation d'institutions supra-étatiques.

Les développements qui vont suivre ne sont pas destinés à remettre en cause le caractère fondamental de cette césure mais cherchent à attirer l'attention sur un phénomène remarquable : la transformation très rapide des anciens ennemis en amis. Les ennemis sont très rapidement devenus amis. Ce qui sur le plan des querelles de personnes ne susciterait guère l'étonnement, se présente quelque peu comme un casse-tête au niveau des Etats nationaux : le conflit opposant l'Allemagne et la France semblait de nature si fondamentale que son dépassement en l'espace de quelques années après la Seconde Guerre mondiale ne peut que susciter l'étonnement. Dans les développements qui vont suivre, nous chercherons à établir dans quelle mesure la période de l'occupation de la France par l'Allemagne peut être considérée comme phase transitoire. A partir du moment où l'on envisage la période d'après 1945 comme phase de transformation accélérée des relations franco-allemandes, on

1 Article traduit de l'allemand par Jean-Michel Pouget.

peut légitimement se demander ce qu'il en est immédiatement avant. Les prémices de la transformation de l'immédiat après-guerre étaient-elles déjà perceptibles sous l'Occupation ?

C'est Elmar Michel, chef de la division économie du Commandement militaire en France (*Militärbefehlshaber in Frankreich*, MBF) qui, en 1944 au moment où les troupes se retiraient de la France occupée, a mis par écrit ce bilan qui rappelle cette thèse : « Il n'a jamais existé, dans l'histoire entre la France et l'Allemagne, de collaboration aussi intense et étroite que celle qui eut lieu dans le domaine économique durant les quatre années d'Occupation »[2].

Mais il existe aussi d'autres recherches récentes qui signalent l'existence d'une continuité entre l'organisation industrielle du régime de Vichy et la Quatrième République, par exemple la thèse de doctorat de Luc-André Brunet[3]. Ce dernier souligne le rôle des comités d'organisation lancés à l'initiative du Ministère français de la production industrielle sous contrôle allemand et que l'on peut interpréter comme étant le résultat d'une étroite coopération franco-allemande. Brunet en déduit le plan Schuman dont le rôle pour la constitution de la CECA est incontestable. Parmi les chercheurs anglo-américains, il n'était pas rare de trouver cet attachement à l'idée que le rapprochement franco-allemand pendant la guerre a préparé le terrain d'une coopération et d'un partenariat futurs entre les deux pays précédemment en conflit. L'objet de cet exposé va dans ce sens. Il s'agit de se demander dans quelle mesure il est possible d'attribuer à l'Occupation le caractère d'une période de transition. C'est particulièrement dans le domaine économique – principal centre d'intérêt de l'occupant allemand – que l'on peut suivre cette question des convergences franco-allemandes de façon concrète et détaillée. Cet exposé tente de montrer que la collaboration franco-allemande a profondément évolué durant l'Occupation.

---

2 Bundesarchiv-Militärarchiv Freiburg (BArch-MA), RW 35/714, cité d'après : Arne Radtke-Delacor, « Produire pour le Reich. Les commandes allemandes à l'industrie française (1940–1944) », *Vingtième siècle. Revue d'histoire* 70, 2001, p. 99–115, ici : p. 99.

3 Luc-André Brunet, *The New Industrial Order: Vichy, Steel, and the Origins of the Monnet Plan, 1940–1946*, London, Thèse de doctorat, 2014.

La coopération politique a beaucoup perdu de son importance, plaçant ainsi de façon croissante les entreprises au centre de la coopération économique. Des contrats imposés de force par les Allemands aux entreprises ont émergé non seulement des institutions de pilotage à dominance allemande mais aussi des relations personnelles d'un genre nouveau. Cela étant, on ne saurait en aucun cas nier que l'oppression doit être considérée comme caractéristique principale de l'occupation allemande.

1. Les pratiques en matière de prise de contact

Au troisième jour de l'invasion allemande en marche vers Paris, le 17 juin 1940, arrivèrent sur place, outre Elmar Michel déjà mentionné, les responsables de groupe désignés qui étaient chargés du ravitaillement et de l'agriculture, des métiers, de la fixation des prix, ainsi que le responsable pour l'énergie, le charbon et les transports[4]. Ce groupe de personnes devait constituer le noyau de la division économie du MBF. Il prit aussitôt contact avec les entreprises établies à Paris et dans les environs[5]. Bien que de nombreux dirigeants industriels aient pris la fuite, les premières discussions purent avoir lieu rapidement. Un représentant du MBF rendit par exemple visite au directeur général de Rhône-Poulenc dans les locaux de la filiale de la Société parisienne d'expansion chimique (Specia) le 26 juin 1940[6]. Une autre prise de contact directe avec la société Saint-Gobain eut lieu par l'intermédiaire de l'usine

4 Archives Nationales Paris (ANP) AJ40/578, MBF, département de l'organisation de l'économie, Erste Tagesmeldung an das Oberkommando des Heeres (OKH), 17.6.1940.

5 ANP AJ40/578, Fünfte und neunte Tagesmeldung von Westphal (MBF) an das OKH, 23. et. 27.6.1940.

6 ANP AJ40/578, Achte Tagesmeldung von Westphal (MBF) an das OKH, 26.6.1940.

d'Aubervilliers en banlieue parisienne[7]. Peu de temps après, le responsable du bureau chimie de la division économique se rendit à Bordeaux avec des représentants du siège parisien du groupe pour y rencontrer les représentants de la succursale locale[8]. A partir du Département de Seine les contacts de l'administration allemande s'étendirent aux autres régions françaises. La réception d'une délégation du Ministère de la production industrielle le 5 août 1940 marqua le début d'une concertation stratégique visant à répartir les domaines de compétences[9]. Michel informa Jacques Barnaud, chef de la délégation française, Jean Bichelonne et Henri Lafond qu'il fallait que les délégations économiques allemande et française auprès de la Commission d'armistice discutent à Wiesbaden des questions à caractère diplomatique, par exemple l'acquittement des frais occasionnés par l'occupation ou le règlement du ravitaillement, tandis qu'on négociait à Paris pour régler l'essentiel des questions d'ordre pratiques. C'est donc à l'hôtel Majestic, siège parisien du MBF, que battait le cœur de la collaboration, car c'est ici qu'avaient lieu des discussions hebdomadaires de l'administration allemande avec les divisions respectives des Ministères restés à Paris, surtout le Ministère de la production industrielle. Elmar Michel a estimé avec le recul que la surveillance administrative fut considérablement facilitée par le fait que le gouvernement français et les Ministères étaient en grande partie disposés à coopérer[10]. La majorité des interlocuteurs de l'administration allemande faisait partie d'un groupe de technocrates qui avaient quitté leurs importantes fonctions dans l'économie au début de la guerre pour des postes haut placés au sein du gouvernement. Ils partageaient avec l'occupant allemand le même intérêt pour une réorganisation corporative, autoritaire de l'Etat français[11]. Ils étaient tous passés

---

7 ANP AJ40/578, Zwölfte Tagesmeldung von Westphal (MBF) an das OKH, 30.6.1940.

8 ANP AJ40/578, Achte Tagesmeldung von Westphal (MBF) an das OKH, 26.6.1940.

9 ANP AJ41/397, Léon Noël, Délégué Général du Governement français, lettre à Pétain, Chef de l'État français, 9.6.1940.

10 BA-MA RW35/244, Elmar Michel: Allgemeiner Rückblick [1944], p. 53.

11 Michel Margairaz, *L'Etat, les finances et l'économie. Histoire d'une conversion 1932–1952*, vol. 1, Paris, Comité de l'histoire économique et financière de la France 1991, p. 560.

par une formation dans les grandes écoles, caractéristique des élites industrielles françaises. Barnaud et Bichelonne venaient par exemple de l'École polytechnique que le dernier nommé avait quitté en 1925 avec les plus hautes et prometteuses distinctions. D'autres comme l'industriel Pierre Pucheu, étaient, de façon également typique, diplômés de l'École normale supérieure. Les technocrates étaient très côtés au sein du MBF, c'est ce qu'attestait le rapport achevé en novembre 1941 sur les influences des conceptions philosophiques adverses en France[12]. On appréciait qu'ils soient des spécialistes reconnus, dans le domaine de la finance par exemple (Jacques Barnaud, Yves Bouthillier), quoique le rapport ait noté que la clique de Bouthillier se distinguait par des tendances ultra-conservatrices. Vis-à-vis de Bichelonne, on manifestait un grand respect pour ses distinctions aux examens, comme dans les communiqués français on lui imputait de plus un esprit de décision, une clairvoyance et une bonne mémoire. On portait au crédit de Lehideux ses efforts pour mettre sur pieds le service du travail obligatoire de même que ses liens avec l'« équipe Worms », à savoir Barnaud et Pucheu. Concernant Pucheu l'industriel, qui fut d'abord secrétaire d'Etat pour la production industrielle puis Ministre de l'intérieur à partir de 1941, le rapport allemand contient l'expertise politique la plus claire, le présentant comme un organisateur d'un extrême sang-froid et fin calculateur. En regard de ce rapport allemand, il est frappant de constater que, dans le cas de nombreux protagonistes français, la recherche a sous-estimé leur rôle politique, les réduisant uniquement à leur fonction de technocrates modèles. On peut opposer une autre vision à l'image du pont de la rivière Kwaï[13] qui en découle. L'exemple de Bichelonne attestait d'une loyauté inébranlable envers l'occupant qui se fondait sur un véritable enthousiasme pour l'Etat autoritaire[14]. Ce n'est pas un hasard si

12 ANP AJ 413, MBF, Bericht über gegnerisch-weltanschauliche Einflüsse in Frankreich, 10.11.1941.

13 Alfred Sauvy, *La vie économique des Français de 1939 à 1945*, Paris, Flammarion, 1978, p. 177 ; Margairaz, *L'état, les finances et l'économie*, p. 678.

14 Arne Radtke-Delacor, « Die „gelenkte Wirtschaft" in Frankreich. Versuch einer vergleichenden Untersuchung der technokratischen Strukturen der NS-Besatzungsmacht und des Vichy-Regimes, 1940–1944 », in : Alain Chatriot, Dieter Gosewinkel (éds.): *Figurationen des Staates in Deutschland und*

l'administration allemande le tenait pour le Ministre français le plus apte et l'homme de l'avenir. Durant la phase finale de la collaboration du régime de Vichy, son pouvoir politique dépassa celui du chef de gouvernement Pierre Laval. Les mobiles des acteurs de la collaboration ont donné lieu à diverses interprétations. Selon Henry Rousso, l'intérêt des Allemands pour la collaboration a été dans un premier temps assez faible, tout au moins du côté du gouvernement de Berlin. L'initiative des contacts, ajoute-t-il, est venue des acteurs disposés à collaborer du côté français, ceux-ci en ayant eux-mêmes formulé la demande[15]. Pourtant, la coopération allait très nettement dans le sens des intérêts allemands, car l'occupant ne pouvait maintenir à un bas niveau les effectifs de l'armée d'occupation et des personnels administratifs qu'au moyen de la collaboration. Il y avait aussi des préparatifs minutieux en cours depuis l'automne 1939 indiquant que l'objectif était la préparation d'une administration de surveillance. La thèse selon laquelle l'occupant allemand n'aurait cherché qu'à piller et rapatrier les ressources de la France induit elle aussi en erreur[16]. Malgré des pillages considérables dans les entrepôts français (notamment 213 000 tonnes de métaux non ferreux, 108 000 tonnes de fer et d'acier et 36 000 tonnes de matières premières textiles)[17] il faut retenir qu'il n'y a pas eu de phase exclusive de pillage.

Frankreich 1870–1945. Les figures de l'Etat en Allemagne et en France, Munich, Oldenbourg, 2006, p. 247–250.

15 Henry Rousso, *Vichy. Frankreich unter deutscher Besatzung 1940–1944*, Munich, Beck, 2009, p. 41–43.

16 Alan S. Milward, *The New Order and the French Economy*, Oxford, Oxford University Press, 1970, p. 79 sv. ; Dietrich Eichholtz, « Institutionen und Praxis der deutschen Wirtschaftspolitik im besetzten Europa », in : Richard Overy, Gerhard Otto, Johannes Houwink ten Cate (éds.), *Die „Neuordnung" Europas. NS-Wirtschaftspolitik in den besetzten Gebieten*, Berlin, Metropol, 1997, p. 47–54; Hans Umbreit, « Die Verlockung der französischen Ressourcen: Pläne und Methoden zur Ausbeutung Frankreichs für die kriegsbedingten Bedürfnisse und die langfristigen Ziele des Reichs », in : Claude Carlier, Stefan Martens (éds.), *La France et l'Allemagne en guerre. Septembre 1939-Novembre 1942*, Paris, IHAP, IHCC, 1990, p. 437.

17 Hans Umbreit, « Auf dem Weg zur Kontinentalherrschaft », in : Bernhard Kroener, Rolf-Dieter Müller, Hans Umbreit (éds.), *Das Deutsche Reich und der Zweite Weltkrieg, vol. 5/1: Organisation und Mobilisierung des deutschen Machtbereichs.*

Les occupants allemands instaurèrent très tôt des institutions de pilotage économique. On ne peut guère non plus interpréter l'objectif des Allemands durant la phase médiane de l'Occupation comme exploitation à long terme[18]. En réalité, le système de l'économie de guerre des Allemands a toujours reposé sur une double stratégie : on exploitait la France en créant des incitations pour augmenter la production, celles-ci n'étaient toutefois efficaces qu'orientées vers un rendement maximal pour l'économie de guerre. L'armée d'occupation ne poursuivait donc pas de stratégie à long terme au sens propre.

2. Mise en place d'institutions de pilotage au début de l'Occupation

Les accords entre les officiers ministériels français et les occupants allemands en matière de politique économique se sont concrétisés depuis l'été 1940 dans les projets de réorganisation institutionnelle de l'économie. En outre, les technocrates français poursuivaient l'objectif concret de relancer la production française de denrées alimentaires, de biens de consommation de même que celle des produits industriels, afin de préserver le pays de la faim et de la détresse matérielle. On cherchait à opposer quelque chose aux pillages des Allemands et à remettre l'économie sous occupation sur la bonne voie pour en avoir le contrôle. Sous le choc de l'Occupation, les collaborateurs partaient du principe que l'Allemagne sortirait vainqueur de la guerre et que la France serait le

Kriegsverwaltung, Wirtschaft und personelle Ressourcen, Stuttgart, DVA,1988, p. 224.

18 Hans Umbreit, « Die deutsche Herrschaft in den besetzten Gebieten 1942–1945 », in : Bernhard Kroener, Rolf-Dieter Müller, Hans Umbreit (éds.), *Das Deutsche Reich und der Zweite Weltkrieg, vol. 5/2: Organisation und Mobilisierung des deutschen Machtbereichs. Organisation und Mobilisierung des deutschen Machtbereichs*, Stuttgart, DVA, 1990, p. 184 ; Radtke-Delacor, *Produire pour le Reich*, p. 99.

premier pays à se faire une place dans une Europe sous hégémonie allemande. Avec les comités d'organisation apparut une segmentation corporative de l'économie comparable à la conception des groupes économiques dans le Reich. Le 16 août 1940, Jacques Barnaud présenta en tant que chef de cabinet du Ministre de l'intérieur une loi portant sur la réorganisation provisoire de l'industrie à l'élaboration de laquelle Jean Bichelonne et Henri Lafond furent associés[19]. Au vu de la précipitation dans laquelle cette loi fut élaborée, il ne restait guère de possibilités aux entrepreneurs de peser dessus[20]. Pour garantir une mise en place rapide, la création du comité s'adossa il est vrai étroitement aux associations d'employeurs, de sorte que des dirigeants de grandes entreprises industrielles arrivèrent à sa tête. Cela étant, l'intérêt des Allemands pour la réorganisation corporative de l'économie était faible, ils s'intéressaient bien davantage à l'installation d'un système de répartition fiable. Trois ordonnances du 27 mai 1940 concernant le commerce, l'agroalimentaire et l'économie forestière décrétèrent un rationnement et un contrôle des stocks immobilisés suite aux réquisitions ainsi que de tous les biens de production générés par l'économie. En outre, les occupants allemands promulguèrent en très peu de temps deux autres ordonnances sur le blocage complet des prix et sur le droit du commerce extérieur et des devises[21]. Les ordonnances promulguées côté allemand déterminèrent le cadre dans lequel le Ministère de l'industrie intégra le 10 septembre 1940 la loi visant à créer l'office central de répartition des produits industriels (OCRPI)[22.] Cette instance administrative décidait de l'affectation générale des matières premières entre les différentes branches industrielles. Ses dix sections étaient responsables des différents groupes de produits et de matières premières tels que textiles, fer et acier, métaux non ferreux, charbon, pétrole, graisses industrielles,

19 Journal officiel Nr. 205 (1940), 18.8.1940, cf. Margairaz, *L'Etat, les finances et l'économie*, p. 512.

20 Richard Vinen, *The Politics of French Business 1936–1945*, Cambridge, Cambridge University Press, 1991, p. 103 ; Margairaz, *L'Etat, les finances et l'économie*, p. 512.

21 BArch-MA RW35/254, Tätigkeitsbericht der Gruppe Justiz [1944], cf. aussi : BArch-MA RW35/10, MBF, Lagebericht für August 1940, 2.9.1940.

22 Margairaz, *L'Etat, les finances et l'économie*, p. 513–516.

produits chimiques, papier et emballages, cuir et caoutchouc. Dans la seconde moitié de l'année 1940, les sections de l'OCRPI furent chapeautées par des responsables allemands, qui n'étaient autres que les directeurs des services correspondants au sein de la division économie du MBF[23]. Les répartiteurs français et leurs homologues allemands se retrouvaient à l'hôtel Majestic pour des réunions hebdomadaires le plus souvent, afin de discuter de questions économiques concrètes et stratégiques[24]. Ces rencontres permettaient de contrôler la pratique française de ce pilotage ainsi qu'une vérification de sa conformité aux exigences de l'économie de guerre de l'Allemagne. Les comités d'organisation qui étaient parfois impliqués étaient uniquement compétents pour la répartition non prioritaire aux entreprises. Recourant à la formule „cédant à la contrainte" forgée par le Ministre des finances Yves Bouthillier, le gouvernement de Vichy accepta en août 1940 de régler les coûts liés à l'occupation avec paiement rétroactif à partir du 25 juin 1940[25]. La Banque de France créditait tous les dix jours une somme de quatre milliards de francs (i.e. 200 millions de Reichsmark selon le taux de change en vigueur) sur un compte dont disposait chez elle l'administration principale de la caisse de crédit du Reich à Paris[26]. L'argent généré par ce système de financement était utilisé par l'occupant allemand non seulement pour financer les achats en France mais aussi la guerre menée par l'Allemagne sur le front de l'Est[27]. Une instance propre, le service central des commandes, était compétente pour placer les commandes

23 ANP AJ40/408, MBF département économique. Wirtschaftsanordnung betr. Rohstoffbewirtschaftung in Frankreich, 20.12.1940.

24 ANP F37/3, Deutsch-französische Wirtschaftsverhandlungen, mars à décembre 1941; ANP F37/4, *idem*, 1942 et janvier 1943 à juillet 1944.

25 Alfred Munz, *Die Auswirkung der deutschen Besetzung auf Währung und Finanzen Frankreichs*, Tübingen, Institut für Besatzungsfragen, 1957, p. 32.

26 Michel Margairaz, « La Banque de France et l'Occupation », in : *idem*. (éd.), *Banques, Banque de France et Seconde Guerre mondiale*, Paris, Albin Michel, 2002, p. 39; cf. aussi: ANP AJ40/444, Chef des Verwaltungsstabes, Lagebericht für September 1940, 2.10.1940.

27 Marcel Boldorf, Jonas Scherner, « France's Occupation Costs and the War in the East: The Contribution to the German War Economy, 1940–1944 », *Journal of Contemporary History* 47, 2012, p. 291–316.

allemandes dans le territoire occupé. Elle complétait la palette des institutions de pilotage économique et était au centre d'un système d'incitation spécialement conçu pour transmettre les commandes des firmes allemandes à des exportateurs français à partir d'un seuil de 5000 Reichsmark. Le service central des commandes servait aussi à la collecte d'informations relatives à la production et fournissait une aide déterminante aux importateurs allemands en quête de partenaires commerciaux en mesure de fournir certaines pièces ou produits semi-finis[28]. Les institutions mises en place couvraient cinq domaines relativement étendus: (a) la gestion des marchandises et des matières premières par le système central d'affectation sous contrôle du MBF, (b) le contrôle financier et la création de monnaie au moyen du versement du surplus des coûts d'occupation à la caisse de crédit du Reich, (c) la réglementation des prix et des salaires par le MBF, le revers de la médaille étant l'apparition de marchés noirs où la Wehrmacht elle-même, dotée d'une puissante capacité financière, se fournissait, (d) le placement des commandes d'armement par le service central des commandes et (e) l'achat de matières premières par des sociétés commerciales allemandes.

3. La mise hors-circuit de l'influence française

La recherche française a insisté depuis le début des années 1980 sur le rôle d'organes de pilotage corporatistes joué par les comités d'organisation[29]. Leur formation représentait une modification frappante de la structure d'organisation existante parce qu'elle se rattachait aux concepts

---

28 Ouvrage de référence pour le Service central des commandes: Elena Dickert, Die „Nutzbarmachung" des Produktionspotentials besetzter Gebiete durch Auftragsverlagerungen im Zweiten Weltkrieg. Staatliche Regulierung und Verlagerungsverhalten von Maschinenbau- und Automobilunternehmen, Trondheim, Thèse de doctorat, 2013.

29 Henry Rousso « L'organisation industrielle de Vichy », *Revue d'histoire de la deuxième guerre mondiale* 116, 1979, p. 27–44.

fondés sur les catégories professionnelles de l'Etat corporatiste fasciste dans l'entre-deux-guerres[30]. Le premier comité apparut fin septembre 1940 dans l'industrie automobile, les créations dans les plus importantes branches industrielles étaient achevées au milieu de l'année 1941. De plus en plus de catégories professionnelles s'organisèrent, le nombre de 224 comités était atteint en avril 1944[31]. Des recherches détaillées montrent que dès le départ les comités n'ont pas réussi à assumer les compétences qui leur étaient attribuées[32]. Au printemps 1941, le secrétaire de l'équipement national François Lehideux entreprit de placer les comités d'organisation au centre du processus de pilotage économique. Dans un courrier adressé à diverses entreprises, il rappelait le mode d'exécution fixé pour le traitement des commandes allemandes[33]. Toute entreprise recevant une commande, écrivait-il, doit communiquer au comité d'organisation compétent le nom du partenaire commercial allemand, le montant de la livraison, le prix ainsi que le mode de paiement. Lehideux n'exigeait ainsi que le respect des seuls droits prévus par le deuxième paragraphe de la loi sur la création de l'OCRPI[34]. En réaction à cette exigence, l'État-major de l'économie de guerre et de l'équipement s'opposa aux interventions soi-disant non autorisées des organisations françaises dans le transfert de commandes de la Wehrmacht vers la France[35]. Il cherchait à empêcher que les services français aient une influence sur le déblocage des matières premières réquisitionnées ou sur les livraisons convenues. La division économie du MBF donnait des instructions à l'OCRPI afin qu'il

---

30 Marcel Boldorf, « Racist Parameters in the French Economy 1919-1939/44 », in : Christoph Kreutzmüller, Michael Wildt, Moshe Zimmermann (éds.): *National Economies: Volks-Wirtschaft, Racism and Economy in Europe between the Wars (1918-1939/45)*, Cambridge, Cambridge University Press, 2015, p. 167–180.

31 Hervé Joly, « Les comités d'organisation. Un ensemble vaste et disparate », in : *idem* (éd.), *Les comités d'organisation et l'économie dirigée du régime de Vichy*, Caen, Centre de recherche d'histoire quantitative, 2004, p. 87.

32 *Ibid.*, p. 87–92; Margairaz, *L'état*, p. 512.

33 ANP AJ40/776, Rundschreiben, François Lehideux als Vorsitzender des Organisationskomitees Automobilbau, 4.3.1941.

34 Cf. Margairaz, *L'état*, p. 514.

35 ANP AJ40/776, Lettre du Wehrwirtschafsstab au MBF, département économique, 11.3.1941.

veille à ce que les contrats de livraison soient conclus directement entre les sociétés françaises et allemandes impliquées[36]. Ceci préparait le terrain du changement institutionnel formel accompli par la réforme Speer (1942/43) pour mettre à l'écart la bureaucratie et privilégier les contacts directs entre les entreprises françaises et allemandes. On retira définitivement aux comités la possibilité d'influer sur les conditions de livraison, les prix et les attributions de matières premières. Dans une circulaire adressée aux entreprises ainsi que dans un communiqué de presse, Bichelonne, secrétaire général du Ministère français de l'industrie, soulignait que les comités d'organisation ne pouvaient plus se présenter comme instances de contrôle[37]. Après le rétablissement de Pierre Laval dans son poste de chef de gouvernement en avril 1942, d'innombrables responsables français, dont François Lehideux, quittèrent la collaboration. Le régime de Vichy évolua ainsi pour devenir l'exécuteur docile des intérêts allemands et prit le chemin d'une obéissance inconditionnelle. Les postes clé de l'économie étaient regroupés dans la personne de Jean Bichelonne dont on a souvent souligné la résignation. Il ne prit pas seulement la direction de l'OCRPI et du Ministère de l'industrie mais devint aussi Ministre du travail responsable de l'organisation du service du travail obligatoire (STO). C'est faire son apologie que de le présenter dès lors comme technocrate ou mathématicien d'exception fourvoyé dans la politique[38]. Il fut le principal responsable de la soumission de la France à la logique d'exploitation des Allemands. Ceux qui n'avaient pas abandonné leurs responsabilités, comme Lehideux, Bouthiller ou Le Roy Ladurie au moment de la transition du second Vichy sous Laval, ou comme Lafond ou Couve de Murville en novembre 1942 au moment de l'invasion allemande en zone non occupée, dépendaient pour le meilleur et pour le pire de la loyauté envers l'appareil de guerre des Allemands. Il s'avéra qu'il était trop tard pour changer de camp en mars 1943, lorsque Pierre Pucheu, ancien compagnon de route réfugié à Alger, fut accusé. Un tribunal militaire

36 ANP AJ40/776, MBF, département économique, lettre à Bichelonne, Secrétaire Général au Ministère de l'industrie.

37 ANP AJ40/776, MBF, département économique, notes sur les entretiens avec Bichelonne et Pannié, 30.5.1941.

38 Jean-Pierre Azéma, Olivier Wieviorka, *Vichy 1940–44*, Paris, Perrin, 1997, p. 281.

le condamna à une exécution arbitraire pour haute trahison. Ce premier jugement d'épuration judiciaire réduisait de plus en plus les alternatives à la collaboration pour les membres restants du gouvernement Laval. Les collaborateurs français soutenaient la politique de l'économie de guerre sans que, du côté allemand, on ait encore de concessions majeures à faire. Après l'invasion allemande dans le Sud de la France en novembre 1942, il ne restait essentiellement que deux domaines dans lesquels l'administration allemande continuait à négocier avec les responsables politiques français de l'économie: à partir de janvier 1943, Hans Hemmen, ancien directeur du service économie de la délégation d'armistice française de Wiesbaden, reçut, en tant que délégué du gouvernement du Reich pour les questions économiques et financières, l'intendant général Casanoue pour des entrevues hebdomadaires à l'hôtel Majestic[39]. Le contenu de ces négociations se rapportait presque exclusivement à la situation d'approvisionnement, le ravitaillement des troupes allemandes occupant comme d'habitude une place prépondérante. L'objet des négociations se limitait à une problématique nettement circonscrite aux seules questions de politique agricole. Les réunions franco-allemandes régulières avec un plus grand nombre de participants du MBF et des Ministères français ne reprirent qu'à la suite de la rencontre de Speer et de Bichelonne en septembre 1943 à Berlin[40]. Mais ces négociations aussi se concentraient sur un ensemble de problèmes précis, à savoir l'emploi de main d'œuvre française en Allemagne, c'est-à-dire la mise en place de ce qu'on appelait les actions de Sauckel. Chargé de mission pour Sauckel, le SS Glatz fut promu au rang de vice-chef de l'administration militaire en France. Faisaient office d'interlocuteurs côté français, outre Jean Bichelonne et son chef de cabinet Cosmi, le secrétaire d'Etat au Travail Marcel Déat à partir de mars 1944, ainsi que d'autres collaborateurs qui menèrent loyalement à son terme jusqu'en juin 1944 la coopération en matière de gestion de la main d'œuvre. Dans le secteur du ravitaillement, le MBF mettait en demeure de fournir d'importantes livraisons. Casanoue, qui menait les négociations pour les questions agricoles côté français, ne pouvait rien

39 ANP F 37/4. Copies adressées par le Services des négociations avec la Puissance occupante au Ministère de l'agriculture et du ravitaillement.

40 ANP AJ 72/1929. Papiers Bichelonne-Cosmi.

faire d'autre que de rappeler lui-même sans cesse qu'il était urgent de ravitailler la France. Finalement, il ne put pas faire grand-chose pour son pays, mais pour l'administration allemande son importance fut considérable pour la diffusion de ses instructions au sein de l'appareil administratif français. Il n'en alla pas différemment des négociations portant sur la main d'œuvre. Une contradiction apparut en particulier, due à la collusion de l'envoi de main d'œuvre en Allemagne et des plans de Speer destinés à mettre en route en France les entreprises intéressantes pour l'armement. Ce dilemme transforma les collaborateurs en alliés du Ministère de l'armement : leur argumentation visait à convaincre Glatz, émissaire allemand de Sauckel, que différentes entreprises françaises représentaient un intérêt pour l'armement.

Le personnel du Ministère de l'industrie fit en sorte que les entreprises industrielles reconvertissent au moins 70% de leur production dans les biens d'armement, afin de figurer sur la liste des entreprises S (*S-Betriebe*) ce qui les mettait à l'abri de toute réquisition de main d'œuvre de la part de services de Sauckel (on en attendait un arrêt de l'envoi de main d'œuvre en Allemagne). En ce sens, on ne peut pas parler, comme bon nombre d'auteurs le font, d'une convergence des intérêts allemands et français en matière d'objectifs de négociation[41]. Du côté français, vu la marge de décision, il ne restait plus qu'à opter pour le moindre mal. Dans le domaine industriel, les négociations directes entre les entreprises allemandes et leurs partenaires français s'imposèrent à partir de 1943. A cet effet, le gouvernement allemand avait transposé à la France occupée le nouveau système allemand d'auto-administration industrielle, la création de « comités » (*Ausschüsse*) et de « cercles » (*Ringe*). Le 1er août 1942, on établit un bureau allemand d'approvisionnement à Paris[42]. Parallèlement, 18 responsables allemands s'établirent à l'hôtel Chambord à Paris, leur nombre augmenta pour atteindre 28 à la fin de la guerre. Les groupes industriels attribuaient des clients allemands aux entreprises françaises. Afin de concrétiser ce système, Speer, Ministre de l'armement, élabora un système de parrainage et de pilotage des entreprises françaises. Une

41 Au contraire de : Radtke-Delacor, *Gelenkte Wirtschaft*, p. 250 sv.

42 Radtke-Delacor, *Produire pour le Reich*, p. 109.

société allemande exerçant un parrainage (*Patenfirma*) entretenait des liens solides avec une entreprise française de la même branche, tandis qu'une société-pilote (*Leitfirma*) avait le contrôle sur plusieurs entreprises d'une même branche industrielle. Les objectifs explicitement visés n'étaient pas seulement de simplifier l'administration mais aussi d'exercer une influence plus étroite sur l'expertise française en matière de fabrication[43]. Dans cette mesure, la réforme institutionnelle de Speer visait un transfert de technologie et de savoir-faire. Ce système concernait essentiellement le secteur des grandes entreprises industrielles dont la production était intéressante pour l'armement : fin 1943, 222 entreprises allemandes assuraient le parrainage ou le pilotage de 710 usines françaises. Avec l'accord de Bichelonne le système fut étendu au sud de la France[44]. D'un côté, les liaisons directes d'entreprise à entreprise contournaient l'appareil administratif de Vichy. De l'autre, les autorités centrales d'occupation des Allemands perdaient elles aussi leur fonction de contrôle. Mais cela n'importait guère vu la mince couverture en personnel dont disposait le MBF. Le véritable effet souhaité était autre : comme dans le Reich, Speer misait sur la débureaucratisation et s'en remettait totalement à l'aspiration au profit des responsables économiques pour relancer la production d'armement[45]. L'autonomie des entreprises qui pouvaient à présent suivre la logique du profit dans des relations d'affaires de type monopolistique s'en trouva considérablement renforcée. Particulièrement dans les branches intéressantes pour l'armement, la coopération entre entreprises françaises et allemandes augmenta par rapport à la période d'avant novembre 1942.

---

43 Bundesarchiv Berlin R 3101/32261. Reichsminister Speer an die Ausschüsse und Ringe betr. deren Einschaltung bei der Nutzbarmachung Frankreichs, 1er juin 1943.

44 Radtke-Delacor, *Produire*, p. 109.

45 Bundesarchiv Berlin R 3101/32261. Reichsminister Speer an die Ausschüsse und Ringe betr. deren Einschaltung bei der Nutzbarmachung Frankreichs, 1er juin 1943.

4. Négociations directes entre les entreprises

Neutraliser la collaboration politique eut pour effet de déplacer le centre de gravité des relations économiques au niveau des entreprises. Pourtant, s'il y eut des contacts directs entre elles durant toute l'Occupation, ceux-ci s'intensifièrent à partir de 1943. On peut les suivre dans différents domaines. Les négociations de l'hôtel Majestic impliquaient déjà directement des entrepreneurs. Les industriels allemands tentèrent de tirer profit du fossé entre les deux pays pour imposer des conditions de livraison exclusives. On a par exemple relevé le cas d'Emil Fuchs, entrepreneur de Betzdorf-sur-le Sieg, qui s'est présenté de lui-même au MBF pour obtenir un monopole d'importation des matières premières de la société française des Minerais de la Grande Ile[46]. Ce cas concret se solda certes par un refus de Paris, mais il montre la façon dont les entreprises allemandes ont promptement tenté de se procurer des avantages au sein des structures existantes. Un exemple que l'on a pu suivre au-delà de la période d'Occupation concerne les activités de construction mécanique de l'Allemand Rolf Böhringer dans le Wurtemberg[47]. En accord avec le haut commandement de la *Wehrmacht*, il voyagea dès juillet 1940 à travers la France et la Belgique pour s'informer et constata que l'industrie des machines-outils de ces pays nécessitait ce qu'on appelait un encadrement technique de fabrication. Böhringer développa des contacts particulièrement étroits avec le fabricant français de machines-outils A. Cazeneuve S.A. basé à Saint Denis. L'entreprise française fut obligée dans un premier temps de réduire son programme de fabrication à un seul type de tour industriel. Dans un second temps, la filiale de Böhringer Bekoma reçut à partir de 1941 l'exclusivité de la commercialisation des tours Cazeneuve en Allemagne. Dans un troisième temps, on signa un contrat dans lequel la société allemande s'engageait notamment à assurer une assistance technique. Cazeneuve eut par ce biais

46 ANP F 37/3. Compte rendu de la Direction des Mines. Conversation avec les autorités d'occupation, 10.5.1941.

47 Astrid Gehrig, *Nationalsozialistische Rüstungspolitik und unternehmerischer Entscheidungsspielraum. Vergleichende Fallstudien zur württembergischen Maschinenbauindustrie*, Munich, Oldenbourg, 1996, p. 114–117.

un aperçu du travail de construction réalisé dans les « usines de fabrication de tours réunies ». En outre, un collègue de Böhringer chargé de l'assistance technique fut détaché à Saint Denis. Böhringer n'était pas pour l'instant disposé à livrer l'intégralité de ses plans de construction, parce que Cazeneuve comptait traditionnellement parmi ses principaux concurrents en matière de construction de tours. Le résultat de cette coopération fut à double tranchant : d'une part, la filiale Bekoma de Böhringer profitait de la distribution exclusive des tours industriels du fabricant français qui étaient importants pour la guerre. De l'autre, Cazeneuve s'assura un débouché pour ses produits malgré les restrictions de production en vigueur en France et eut un aperçu des procédés et des expériences de son concurrent allemand en matière de construction. Dès 1941, le MBF exigeait que les formalités concernant la délivrance des cartes d'identité à des commerçants étrangers soient simplifiées pour les négociants allemands désirant s'installer en France[48]. On proposa d'augmenter le nombre de procédures : l'ancienne chambre de commerce allemande à Paris devait centraliser et faire suivre les demandes au Ministère de l'industrie. Après vérification, il était du ressort des préfets de délivrer les cartes et de les remettre aux commerçants. Visiblement, de tels efforts s'inscrivaient dans l'objectif d'une étroite interpénétration des deux économies. Ayant connaissance de ces négociations, des représentants allemands d'entreprises s'impliquèrent rapidement. En juillet 1941, un représentant de la société Telefunken se présenta par exemple auprès du MBF pour fonder la dépendance Telefunken-France[49]. Une autre variante d'initiative entrepreneuriale fut celle d'investisseurs allemands s'efforçant de rentrer dans le capital des entreprises françaises. On ne cherchait certes pas de façon systématique ou acharnée à récupérer des entreprises françaises par le biais des capitaux allemands[50]. Pourtant, l'aryanisation des entreprises juives offrait une brèche pour le placement de capitaux allemands. Dans 41 des 175 cas étudiés pour diverses branches industrielles, on peut noter l'existence d'une volonté de rachat des

48 ANP F 37/3. Note de Barjonet, sous-chef de bureau, à la Direction du commerce intérieur, sur la discussion avec le Referatsleiter Hornes, 18 juin 1941.

49 ANP F 37/3 Compte rendu de conversation avec les autorités d'occupation de Giboin, Direction du commerce intérieur, 17 juillet 1941.

50 Margairaz, *L'Etat*, p. 631–669.

Allemands[51]. Mais ici aussi on en restait souvent à de simples tentatives car les participations au capital souhaitées pouvaient être fréquemment rejetées par voie de négociation. Dans 25 cas seulement, des entreprises allemandes ont effectivement acquis des parts, très souvent dans de petites entreprises. Les cas importants et spectaculaires, celui des Galeries Lafayette ou des chaussures André par exemple, entraient dans le cadre des négociations économiques franco-allemandes à l'hôtel Majestic, mais elles n'ont pas débouché sur des rachats par les Allemands. Une tentative de prise de participation allemande au capital a concerné les schistes d'Autun[52]. On eut le soupçon que la participation allemande en question, d'un montant de 50 millions de francs, allait être prélevée sur les fonds destinés au financement de l'occupation. Les efforts pour acquérir des parts de cette entreprise débouchèrent sur des tentatives appuyées visant à s'immiscer dans les intérêts d'une entreprise française. Fischer, délégué du Ministère de l'économie à Berlin, était convaincu qu'une extension de cette carrière de schistes sur le modèle estonien pourrait considérablement améliorer les performances de production. Le chef allemand des négociations laissait entrevoir la possibilité de détacher du personnel spécialisé en provenance d'Estonie[53]. Ces spécialistes arrivèrent à Autun en juin 1941 et s'occupèrent d'extraire du pétrole de schiste destiné à améliorer l'approvisionnement insuffisant en carburant[54]. Il y eut une série de projets industriels communs. Ceux-ci concernaient presque toujours des secteurs industriels de haute importance pour la guerre, par exemple la fabrication de penthrite à Angoulême. On relança l'entreprise Omnium de produits azotiques, qui devait fabriquer des explosifs. Dans l'aéronautique aussi, on se mit d'accord en juin 1941 sur un projet à réaliser en commun. C'est dans ce contexte qu'apparurent aussi des projets techniques et scientifiques, tels que la construction d'un laboratoire commun pour la fabrication de poudre dans la commission française des poudres de Versailles. La palette des projets communs concernait le

51 Philippe Verheyde, « Vichy, die deutsche Besatzungsmacht und ihre wirtschaftlichen Beziehungen im Rahmen der „Arisierung" der großen jüdischen Unternehmen », *Zeitschrift für Unternehmensgeschichte* 50, 2005, p. 220.

52 ANP F 37/3. Réunions diverses entre mai et octobre 1941.

53 ANP F 37/3. Compte rendu de la Direction des Mines. Conversation avec les autorités d'occupation, 2 mai 1941.

54 ANP F 37/3. Réunion présidée de Michel et Barnaud au Majestic, 10 juin 1941.

domaine civil, comme la construction d'une unité de production de jus de pommes en Normandie[55]. En règle générale, on observait un véritable transfert de technologie, par exemple par le biais de la présence d'ingénieurs allemands dans les mines de charbon du Nord-Pas-de-Calais[56]. Même le développement imposé par la guerre d'industries de produits de substitution eut des retombées partiellement positives sur l'économie française. Avec l'aide de la puissance occupante, on favorisa la fabrication française de soie artificielle de même que la production industrielle de caoutchouc synthétique introduite depuis 1937[57]. Après l'arrêt des importations de caoutchouc naturel à cause de la guerre, l'administration d'occupation se mit d'accord avec le Ministre français de l'industrie pour construire en trois ans une usine au Nord-Est de Lyon avec la participation de l'IG Farben[58]. Avant que cela ne soit réalisé, la société Hutchinson basée dans le Loiret profitait directement de la signature d'un contrat lui garantissant l'importation du procédé de fabrication allemand. Les projets communs dans l'industrie chimique ont débouché sur une étroite coopération des entreprises impliquées. Les directeurs allemands d'entreprises du secteur de la chimie venaient régulièrement en France assister aux conseils d'administration. Ils fréquentaient souvent les assemblées extraordinaires dans lesquelles se prenaient les décisions vraiment importantes et où les rapports de force étaient en faveur des Allemands[59]. Dans les entreprises chimiques françaises, les chimistes et les ingénieurs allemands participaient à la formation des salariés en dépit de leurs

---

55 ANP F 37/3. Réunions au Majestic de l'année 1941; Gerhard Hirschfeld, « Kollaboration in Frankreich – Einführung », in : Gerhard Hirschfeld (éd.), *Kollaboration in Frankreich. Politik, Wirtschaft und Kultur während der nationalsozialistischen Besatzung 1940–1944*, Francfort-sur-le-Main, Fischer Verlag, 1991, p. 16.

56 Le Maner, Rousso, *Domination allemande*, p. 39.

57 AN, F 37/3. Compte rendu de conversation de Perret, directeur général du comité d'organisation de l'industrie du caoutchouc, 20 mai 1941.

58 AN, AJ 40/444. Rapport du MBF sur la période d'octobre à décembre 1942, 27 janvier 1943. AN, F 37/4. Réunion au Majestic présidée par Barnaud et Michel, 14 octobre 1942.

59 Hervé Joly, « Französische Unternehmen unter deutscher Besatzung », in : Marcel Boldorf, Christoph Buchheim (éds.), *Europäische Volkswirtschaften unter deutscher Hegemonie*, Munich, Oldenbourg, 2012, p. 131–146.

craintes d'espionnage industriel. Le profit financier de ces coopérations, qu'il s'agisse de dividendes, de redevances ou de produits de la vente, était relativement limité pour les Allemands, d'autant que les sociétés françaises étaient beaucoup plus petites. Pourtant, des managers haut placés de l'IG-Farben tels que Fritz ter Meer ou Otto Ambros se rendaient régulièrement en France – entre douze et quatorze fois au moins entre 1941 et 1944 . Ils avaient en vue l'après-guerre et cherchaient surtout à s'assurer la maitrise d'un marché important, s'intéressant beaucoup moins aux livraisons présentes et aux profits à court terme. Les goulets d'étranglement dus à la guerre empêchaient pourtant la réalisation de nombreux projets ; il y avait une pénurie d'énergie, de charbon et de matériaux de construction tels que ciment et fer, pour achever la construction programmée des usines. Il est toutefois remarquable que l'on poursuivit des deux côtés ce travail commun sur des projets à long terme jusqu'au début 1944. Les coopérations franco-allemandes ont principalement eu lieu dans les industries d'avenir du XXe siècle en phase de croissance. Par opposition aux antagonismes des branches traditionnelles, la coopération a pu s'y développer de façon très réussie. L'industrie aéronautique française s'est développée pendant la guerre tout en se modernisant de façon durable. Dans la branche automobile, il y eut une coopération étroite entre Renault et Daimler-Benz, Citroën et Auto Union de même qu'entre Peugeot et Volkswagen[60]. Peugeot en tira profit, autant dans sa division aviation qu'automobile par exemple. L'entreprise produisait des moteurs d'avions pour les Junker 52 et des chenilles pour plusieurs fabricants automobiles allemands. Ces affaires réalisées en commun ont généré un transfert de savoir dont les entreprises ont profité durant l'essor de l'après-guerre.

60 Peter Lessmann, « Industriebeziehungen zwischen Deutschland und Frankreich während der deutschen Besatzung 1940–1944. Das Beispiel Peugeot–Volkswagenwerk », *Francia 17/3*, 1990, p. 120–153. Monika Riess, *Die deutsch-französische industrielle Kollaboration während des Zweiten Weltkriegs am Beispiel der Renault-Werke (1940–1944)*, Francfort-sur-le Main, Peter Lang, 2002, p. 265–273.

Bilan et perspectives

Comme nous l'avons vu, des relations franco-allemandes furent nouées à de multiples niveaux durant l'Occupation entre 1940 et 1944. Le caractère technocratique de ces relations était au premier plan. Au niveau politique d'abord puis au niveau des entreprises, les acteurs tentèrent de manière pragmatique de tirer le meilleur parti de la situation pour leurs institutions respectives. L'élément déterminant fut le fait que le régime national-socialiste a considérablement modifié le cadre institutionnel en court-circuitant les négociations politiques et diplomatiques. Ceci permit à l'occupant de recourir aux technocrates et d'utiliser les entreprises à ses fins. Dans de nombreux secteurs régnait ainsi une rationalité économique que les entreprises savaient exploiter à titre individuel pour leur propre compte. Ceci fut favorisé par le fait que la puissance occupante tenait à neutraliser le plus possible l'influence de la politique sur l'économie et à s'appuyer sur la souplesse des arrangements institutionnels. Des deux côtés, les entreprises ont réussi à tirer profit de cette situation : les contacts franco-allemands déjà existants entre les entreprises n'ont que rarement été interrompus, il y eut beaucoup plus souvent une intensification des relations d'affaires existantes ou la création de nouveaux liens. Peut-être peut-on même placer l'accent différemment, spécialement dans ce domaine : après 1945, on s'inscrivit dans la continuité d'une situation d'étroite coopération économique dont la mise en place fut forcée par la collaboration. Selon cette lecture, l'Occupation se présenterait aussi sous forme de point de départ des liens économiques franco-allemands de l'après-guerre. Si l'on suit la logique décrite, la modification du cadre institutionnel après la guerre eut une importance tout à fait décisive. Après les intermezzos de la dénazification et de l'épuration, la politique réglementaire changea très rapidement en Allemagne de l'Ouest et en France. Sous la pression des Etats-Unis s'engagea un processus de libéralisation conduisant à un niveau de libéralisation des échanges internationaux sans précédent au XXe siècle. L'Accord général sur les tarifs douaniers et le commerce (Agétac, GATT) conclu en octobre 1947 atteste de façon frappante de ce renouveau de l'économie mondiale libérale. Avec l'application successive de ses règles, la circulation des marchandises entre les anciens adversaires de guerre fut réamorcée. A partir de la France exista d'abord un fort courant d'échanges commerciaux avec sa propre zone d'occupation. Après la création d'un Etat allemand à l'Ouest en 1949 le volume du commerce entre les deux Etats n'a cessé de croître. La France a arrêté de faire obstruction aux plans américains. Une fois avéré l'échec de la mainmise politique sur la Ruhr, on tenta d'intégrer le cœur industriel de la jeune République fédérale dans une structure politique commune. C'est pourquoi le gouvernement français créa la surprise en proposant, dans la déclaration Schuman du 9 mai 1950, de réunir l'industrie ouest européenne du charbon et de l'acier pour former un marché commun. La création d'un tel cadre institutionnel devait à la fois répondre aux attentes françaises en matière de sécurité et aussi – effet secondaire – promouvoir une intégration industrielle de l'Europe. Au plan économique, la franchise douanière prévue pour la France signifiait qu'elle pourrait importer à bas prix les produits du secteur du charbon et de l'acier. Alors que les industriels de la Ruhr concernés considéraient ces plans avec scepticisme et annonçaient leur opposition, le gouvernement fédéral du chancelier Adenauer regardait plutôt du côté des avantages politiques du plan Schuman : le renouveau des relations franco-allemandes servait l'émancipation de la République fédérale et son intégration à égalité avec les autres partenaires dans l'ordre européen d'après-guerre. L'intensification des contacts entre les entreprises sous le régime imposé par l'économie de guerre fut bénéfique pour la progression de l'intégration économique des deux voisins européens.

Après 1945

Thomas Nicklas

« Frankreichs Uhren gehen anders » Herbert Lüthy, la construction de l'Europe et les impasses de la Quatrième République

« La France existe-t-elle encore ? », demanda le journaliste Georges Suffert (1927–2012) dans un article de la revue *Esprit*, paru à la fin de l'année 1957[1]. Il trouva un lecteur attentif en la personne d'un Suisse-allemand installé à Paris depuis 1946, Herbert Lüthy, qui pensait que la question était mal posée aux yeux de celui qui voit que le pays réel existe bel et bien. Une nation ne meurt pas, elle fait preuve de son existence dans la mesure où elle se transforme afin d'entrer dans un nouveau stade de développement: « Ein Land stirbt nicht : es erweist sein Leben gerade darin, dass es seiner überkommenen, versteinerten Form entwächst »[2]. Toujours est-il qu'il fallait oser le changement pour exister. Observateur perspicace de la vie française sous la Quatrième République, de 1946 à 1958, Lüthy plaidait en faveur d'une telle métamorphose française, d'un renouveau européen faisant éclater le carcan trop serré de l'Etat-nation avec ses us et coutumes parfois étranges dans lequel la France s'était figée depuis la Grande Révolution. Amateur sincère et critique de son objet d'étude, Lüthy appelait de ses vœux la fin de l'auto-contemplation française pour permettre à la nation de trouver enfin sa place parmi ses voisines, au sein d'une vaste construction européenne[3]. Quelle forme l'Europe pourrait-elle

1 Georges Suffert, « L'Exil », *Esprit*, 12, 1957, p. 625–637.

2 Pour les textes de Herbert Lüthy, on se réfère essentiellement aux Œuvres Complètes éditées par Urs Bitterli et Irene Riesen : Herbert Lüthy, *Frankreichs Uhren gehen anders* (=Gesammelte Werke II), Zürich, Verlag NZZ, 2002, p. 352 (postface de 1958).

3 *Ibid.*, p. 353.

prendre si sa clé de voûte, la France, venait à lui manquer ? Ce Suisse de Paris ne se lassait pas de rappeler à la France la responsabilité européenne qui est la sienne…

1. Pourquoi l'Europe ? Thèse française, antithèses suisses (-allemandes)

En 1958, Lüthy devient professeur d'histoire moderne à l'École Polytechnique fédérale de Zurich, après avoir terminé son mémoire d'habilitation rédigé en langue française sur les banquiers protestants en France, sous l'Ancien Régime[4]. Ce changement de position, de Paris à Zurich, l'amène à se poser des questions sur le rôle de cette « Suisse à contre-courant » qui l'intéresse et le préoccupe, sa position par rapport à une Europe s'engageant sur le chemin de l'intégration économico-politique, entérinée par les traités de Rome de 1957. A ses yeux, la Confédération helvétique qui a su adapter ses structures particulières, voire « médiévales » à la modernité, se situe à l'opposé de la nation une et indivisible, issue des transformations révolutionnaires[5]. Ce système de micro-états cantonaux, multiculturel et pluriel, fut l'antithèse vivante de l'Europe des nationalismes qui n'a laissé qu'un champ de ruines, après s'être cruellement déchirée dans deux guerres mondiales. Négation de l'idée d'une concentration toujours plus poussée des organismes politiques et sociaux, la Suisse a prouvé que les hommes sont capables d'exercer la liberté politique, sans tomber sous la coupe d'un

4 Herbert Lüthy, *La banque protestante en France de la révocation de l'Édit de Nantes à la Révolution*, 2 vols., Paris, SEVPEN, 1959/61. Pour la biographie de l'auteur : Peter Wegelin, « Einleitung », in *Gesammelte Werke I*, Zürich, Verlag NZZ, 2002, p. XVII–XXX.

5 Herbert Lüthy, « Die Schweiz als Antithese, 1961», in : *Essays I : 1940–1963* (= Gesammelte Werke III), Zurich, Verlag NZZ, 2003, p. 410–430.

gouvernement tout-puissant et totalitaire[6]. L'idéal unificateur de la Révolution et de la République qui a formé la France semble très éloigné de cette organisation politique qui ne sert qu'à défendre les autonomies locales. A la conception française de la construction étatique répond, toujours selon Herbert Lüthy, une certaine antithèse suisse, résultat d'une histoire singulière. Il est loisible de penser, conclut-il, que le modèle helvétique puisse indiquer à l'Europe la voie dont elle peut intégrer, d'une façon organique, toutes ses particularités régionales et locales, en évitant l'écueil de la standardisation technocratique qui menacerait son identité[7]. La Suisse, seule forme empirique de l'Europe, peut certes servir de modèle, même si Lüthy ne se fait pas trop d'illusions à l'égard de son pays d'origine. Ce n'est pas par hasard qu'il a choisi de s'installer à Paris, à la fin de la Seconde guerre mondiale. Cet intellectuel critique déplore la « petitesse helvétique », mélange d'un utilitarisme banal et d'un conformisme social dans la vie de tous les

---

6 *Ibid.*, p. 415–416 : « So hat die Schweiz ihre Staatsform *gegen* den Strom der allgemeinen europäischen Entwicklung der letzten Jahrhunderte ausgebaut; indem sie das Wesentliche ihrer mittelalterlichen Strukturen bewahrte, hat sie weder den zentralisierten und einheitlich verwalteten Territorialstaat noch die Lehre von der einen und unteilbaren Souveränität gekannt, die in den absoluten Monarchien den Weg zur einheitsstaatlichen und egalitären Demokratie geebnet hat; sie hat infolgedessen auch die Identifizierung von Staat und Nation nicht gekannt, und sie durchschritt das Zeitalter des Nationalismus – die Epoche, vor deren Ruinen das heutige Europa steht – nicht nur ohne daran teilzunehmen, sondern indem sie ihm ständig die Herausforderung ihres multinationalen und pluralistischen Bundesstaates entgegensetzte. Durch ihr bloßes Bestehen, durch die Demonstration des freien Zusammenlebens freiwillig zusammengeschlossener Gemeinschaften war die Schweiz die Verneinung all dessen, was man als die unentrinnbare geschichtliche Entwicklung zur Zusammenballung großer organisierter Massen betrachtete, und der beharrliche Beweis dafür, dass sich die Menschen selbst regieren können, ohne unter das Joch ihres Regierungsapparates zu fallen. ».

7 *Ibid.*, p. 428: « Wobei sich erweisen könnte, dass die lange Geschichte des Werdens der schweizerischen Eidgenossenschaft und der pluralistische Aufbau ihres Mikrokosmos zwar keine fertige Schablone, aber immer noch das einzige verfügbare Modell sind, an dem sich die Modalitäten einer organischen Integration der europäischen Partikularismen – im Gegensatz zu einer technokratischen Gleichschaltung – empirisch studieren lassen ».

jours, qui fait de la Confédération une terre peu fertile pour les arts et les lettres[8]...

Violemment opposé aux nationalismes de toute sorte, on l'a vu, Lüthy préconise un avenir post-national pour l'Europe sauvée *in extremis*, à la suite de deux cataclysmes, seule voie d'issue d'une histoire tragique et sanglante. L'observateur helvétique a intensément vécu les drames de la Seconde Guerre mondiale qui constituent la toile de fond de toutes ses réflexions sur l'Europe. En 1941, le jeune doctorant de l'université de Zurich, âgé de 23 ans, séjourne à Lyon pour y préparer sa thèse consacrée aux marchands suisses en France, à l'époque du Roi-Soleil[9]. Ce séjour de travail aux archives de la plus grande ville française située en zone libre, porte ses fruits sous forme d'une série d'articles publiés au journal saint-gallois *St. Galler Tagblatt*[10], grand quotidien radical de la Suisse orientale qui, par la suite, ouvre ses colonnes aux commentaires du jeune post-doctorant livrant, entre 1942 et 1944, des analyses perspicaces de la presse étrangère où il laisse libre cours à ses pensées et à sa compassion pour l'humanité souffrante, tout en rappelant à ses compatriotes qu'ils devront assumer leur part de responsabilité pour cette Europe ruinée et exsangue[11]. Dans ses premiers exercices du métier de journaliste, sur les pages du petit journal social-démocrate de Saint-Gall *Volksstimme*, il avait déjà tiré, à la fin

8 *Ibid.*, p. 419: « Es gibt eine gewisse schweizerische Kleinlichkeit, einen Kult des unmittelbar Nützlichen und Rentablen, einen aller Phantasie feindlichen sozialen Konformismus, die dieses Land für die Künste und Grazien ungastlich gemacht haben. ».

9 Thèse dirigée par Hans Nabholz et soutenue en 1942: Herbert Lüthy, *Die Tätigkeit der Schweizer Kaufleute und Gewerbetreibenden in Frankreich unter Ludwig XIV. und der Regentschaft*, Aarau, Sauerländer, 1943.

10 Herbert Lüthy, « Lyoner Reise 1941 », in : *Essays III (Frankreich) : 1941–1990* (= Gesammelte Werke V), Zurich, Verlag NZZ, 2005, p. 3–15.

11 Herbert Lüthy, *Fünf Minuten nach zwölf. Die ‚Kleine Wochenschau' des St. Galler Tagblatts von September 1942 bis Dezember 1944 sowie vier Schlussbetrachtungen* (=Gesammelte Werke I), Zürich, Verlag NZZ, 2002. Voir aussi: Thomas Nicklas, « L'impossible neutralité: Jean Rudolf von Salis et Herbert Lüthy : deux intellectuels suisses face à la guerre », in : Landry Charrier, Anne-Sophie Gomez, Fanny Platelle (dir.), *La Suisse, entre consensus et conflits : enjeux et représentations*, Reims, EPURE, 2016, p. 49–65.

de la terrible année 1940, sa conclusion prophétique, trop prophétique même pour le jeune homme qu'il était : la rage hitlérienne a renversé les souverainetés nationales et rendu caduques les frontières et ce serait la pire des absurdités de l'histoire si on les rétablissait après-guerre. La catastrophe de 1940 doit être le prélude à l'unification d'une Europe enfin délivrée des démons des nationalismes, dont l'hitlérisme n'est qu'un ultime paroxysme abstrus et sanguinaire[12].

Dans la droite ligne de ses idées qui se sont formées tout au long de la guerre, Lüthy devient, dès 1945, un fervent partisan de toutes les tentatives qui visent à unifier ce qui reste de l'Europe, après la pire des catastrophes. Pour lui, il s'agit de bénéficier de la dernière chance que le Vieux Continent peut avoir. S'il la manque, l'Europe sera condamnée à vivre le sort du monde hellénique après la disparition d'Alexandre le Grand : culturellement riche, matériellement pauvre et politiquement marginalisée, face au pouvoir montant de Rome, la Grèce a connu toutes sortes de déclin avant de s'incliner devant l'arrogance des Romains[13]. C'est avec effroi qu'il entend, après-guerre, discourir des hommes d'État français d'un possible « retour à l'équilibre des puissances » qui assurerait au continent sa paix et sa tranquillité, comme du bon vieux temps du prince Metternich. Quel équilibre, demande Lüthy, celui qui a préparé à l'Europe les conflagrations de 1914 et de 1939/40, avec leurs cortèges d'atrocités et de destructions[14] ? L'équilibre entre invalides sur un espace devenu trop étroit[15] ! Si les états-nations d'Europe s'obstinent à refuser toute synthèse et continuent à miser sur les recettes du passé qui n'ont jamais fait leur preuve, le destin du Vieux Monde est scellé et il peut se contenter de végéter comme l'appendice des grandes puissances extra-européennes qui n'hésiteront pas à prendre sa relève.

---

12 « …dass es [= le peuple allemand] die europäischen Grenzen und Souveränitäten einrannte, deren Einsturz längst fällig war »: Herbert Lüthy, « Jahr der Prüfung 1940 », in : *Essays I 1940–1963*, p. 3–14 (ici p.13). L'article date du 30 décembre 1940.

13 Herbert Lüthy, « Wirtschaftseinheit oder was sonst ? (1953) », in : *Essays III 1940–1963*, p. 186–208 (ici p. 189/190).

14 Herbert Lüthy, « Von Versailles nach Berlin (1954) », in : *Essays III 1940–1963*, p. 249–254.

15 *Ibid.*, p. 253.

Et Lüthy de prévenir que tous ces mini-nationalismes accumulés dont on n'a pas pu se débarrasser à temps sonneront dans un avenir proche le glas de la civilisation européenne…

1.1 Un combat pour l'Europe : Herbert Lüthy contre Joseph Hours

Né à Bâle, au mois de janvier 1918, dans une famille protestante, Herbert Lüthy a d'emblée accepté le fait que la première réalisation de l'Europe politique, autour du noyau de la CECA créé dès 1950, a été initiée par des « hommes d'État catholiques », à l'instar de Schuman, d'Adenauer et de De Gasperi, qui étaient les seuls dans le chaos de l'immédiat après-guerre à posséder « une vision commune du monde, une tradition partagée et une langue commune ». Les seuls à ne pas penser que « charité bien ordonnée commence par soi-même »[16] ! En Allemagne, des nationalistes comme le national-libéral Thomas Dehler (1897–1967), ministre de la Justice fédéral dans le premier gouvernement d'Adenauer, pestaient contre cette « Europe vaticane »[17]. Des

16 Herbert Lüthy, « Mit Sonderzug und Postkutsche (1952) », in : *Essays I 1940–1963*, p. 172–176 , ici p. 176:
« Doch Tatsache ist, ob man es als Ärgernis empfindet oder nicht: dieser erste konkrete Ansatz Europas ist das Werk weniger: das Werk einer kleinen Gruppe katholischer Staatsmänner, die als einzige im Chaos der Nachkriegszeit ein gemeinsames Weltbild, eine gemeinsame Tradition und eine gemeinsame Sprache besaßen – im Gegensatz etwa zu den Sozialisten, die in den ersten Nachkriegsjahren in fast allen europäischen Regierungen, von Stockholm bis Rom und von London bis Prag und Warschau, den Ton angaben und deren weltumfassender Internationalismus in dieser Schicksalsstunde keine andere Regel des Verhaltens fand, als dass einem jeden das Hemd näher sei als der Rock; womit sie sich freilich in völliger Übereinstimmung mit allen ‚öffentlichen Meinungen' befanden ».

17 Thomas Großbölting, *Der verlorene Himmel. Glaube in Deutschland seit 1945*, Göttingen, Vandenhoeck & Ruprecht, 2013, p. 57. Pour les écarts de langage nationalistes (répétés) de Dehler et ses démêlés avec les Alliés: Udo Wengst, *Thomas Dehler 1897–1967. Eine politische Biographie*, Munich, Oldenbourg, 1997, p. 195–201. Lüthy avait cru que le chef du SPD Kurt Schumacher était à l'origine du slogan de l'« Europe vaticane ». Or celui-ci a parlé, en 1950, d'une Europe « conservatrice, catholique, capitaliste et cartelliste ».

voix analogues se levaient ailleurs, et surtout en France. Il faut se rappeler que, sous l'impulsion de Robert Schuman, ministre des affaires étrangères de 1948 à 1952, la France a joué le rôle de pionnière pour la construction européenne, avant de devenir une nation-frein, avec le rejet de la Communauté de défense européenne (1954), et d'adopter enfin une posture de suiviste dans le processus de relance qui précède la signature des traités de Rome (1955–1957)[18].

Début 1953, Lüthy s'inquiète beaucoup des conséquences de l'éviction de Robert Schuman du ministère des affaires étrangères. Au Quai d'Orsay, on assiste au retour du prédécesseur du chrétien-démocrate lorrain, Georges Bidault. Le journaliste suisse chante les louanges de Schuman qui avait adapté la politique extérieure française aux réalités nouvelles, préparé la réconciliation franco-allemande et jeté les bases de la construction européenne[19]. L'Europe politique serait-elle condamnée à mort même avant d'avoir vécu, à la suite du départ de ce père fondateur ? Observateur rompu de la politique française, Lüthy s'était habitué au feu nourri des gaullistes et des communistes français contre l'Europe. Même au sein du parti de Robert Schuman, le MRP chrétien-démocrate et centriste, des tendances dirigées contre la construction de l'Europe se font jour qui mettent en émoi l'observateur suisse. Sa bête noire désignée est l'historien Joseph Hours (1896–1963), professeur au Lycée du Parc à Lyon[20]. Cofondateur du MRP à Lyon, collègue de Georges Bidault au Lycée du Parc, Hours n'a de cesse

18 Christine Manigand, « La France face au choix européen », in : Sylvain Schirmann (dir.), *Penser et construire l'Europe (1919–1992). États et opinions nationales face à la construction européenne*, Paris, Sedes, 2007, p. 35–56 (ici p. 43).

19 Herbert Lüthy, « Wendepunkt in Frankreich (1953) », in : *Essays III (Frankreich) 1941–1990*, p. 163–167 (ici p. 166): « Robert Schuman war ein Einzelgänger, ein geduldiger, hartnäckiger und schweigsamer Politiker auf eigene Faust, und die Leistung, die französische Außenpolitik aus der Sackgasse illusionärer Großmachtspielerei und hoffnungsloser Isolierung im Schmollwinkel herausgeführt zu haben, in die sich in den ersten Nachkriegsjahren verrannt hatte, die deutsch-französische Aussöhnung angebahnt und die Grundlagen eines europäischen Zusammenschlusses gelegt zu haben, ist seine persönliche Leistung. ».

20 Voir : Bruno Permezel, *Résistants à Lyon, Villeurbanne et aux alentours. 2824 engagements*, Lyon, BGA Permezel, 2003, p. 341.

de dénoncer « l'Europe vaticane et germanique », créée par le Lorrain Schuman, cette construction inacceptable pour les consciences laïques et françaises[21]. Profondément attaché aux traditions gallicanes et nationales, Hours s'attaque violemment à la menace cléricale, allemande et antiétatique que représente pour lui la création d'une union européenne. Les chrétiens-démocrates français qui soutiennent la construction de l'Europe sont pour lui les fossoyeurs condamnables de la souveraineté nationale. A la suite des initiatives prises par Schuman, en 1950, Hours a publié une première mise en garde contre le projet européen qu'il définit comme réactionnaire car il viserait à recréer le Saint Empire romain germanique :

> Aujourd'hui encore, dans la plus grande partie de ce continent, faire l'unité européenne, ce n'est pas ébaucher dans je ne sais quelle cité intemporelle et interplanétaire une construction juridique harmonieuse et pure, c'est avant tout faire revivre le Saint Empire.[22]

C'est l'Etat-nation, par contre, qui incarne toujours le progrès et la modernité en Europe et dans le monde !

En 1953, en plein débat sur la Communauté européenne de défense, l'historien lyonnais repasse à la charge contre les européanistes dont l'idéal redonnerait vie au Saint Empire[23]. En particulier, il s'en prend à Germaine Peyroles (1902–1979), députée MRP et vice-présidente

21 Yvon Tranvonez, *Catholicisme et société dans la France du XXe siècle. Apostolat, progressisme et tradition*, Paris, Karthala, 2011, p. 194–196 ; Piotr H. Kosicki, « Image et réalité : la mythologisation française de la Démocratie chrétienne de l'après-guerre », in : *Chrétiens et Sociétés*, 12, 2005, p. 109–128 ; Marc Le Dorh, *Les Démocrates Chrétiens français face à l'Europe. Mythes et réalités*, Paris, Harmattan, 2005, p. 325–327, p. 415–416.

22 Joseph Hours, « L'Europe à ne pas faire », in : *La vie intellectuelle. Revue mensuelle*, octobre 1950, p. 276–304 (ici p. 278–279).

23 Joseph Hours, « L'idée européenne et l'idéal du Saint Empire », in : *L'année politique et économique*, 111, 1953, p. 1–15. Le directeur de la revue, l'économiste Bernard Lavergne (1884–1975), a ajouté une note introductive à l'article où il précise (p. 1, n. 1) : « Désormais il sera impossible à quiconque aura lu cette étude magistrale de mettre en doute que malheureusement l'idée d'Europe Unie, succédané de l'idée de Saint Empire romain germanique, est fondamentalement tout à la fois une idée catholique et allemande. Jamais idée n'a été plus opposée à toute

française du Mouvement européen, qui avait déclaré qu'il fallait « dénationaliser les nations »[24]. Joseph Hours qui trouve cette affirmation insoutenable y répond par un appel explicite : « La vérité, c'est l'existence des patries. Que ceux qui souhaitent mettre fin à la vie de la France le disent au grand jour plutôt que d'y travailler par des voies obliques »[25] . Or ce « cri de colère » du professeur lyonnais interpelle l'européen Herbert Lüthy qui ne peut pas s'empêcher d'y rétorquer en démontrant toute l'absurdité des arguments historiques qu'emploie son adversaire pour souligner l'incompatibilité qui existe toujours entre la nation et l'Europe. Lüthy, marqué par le souvenir des atrocités de la Seconde Guerre mondiale, ne peut pas accepter la position de Hours qui essaie de faire croire que « l'Europe n'est pas du tout une idée avancée, mais au contraire rétrograde et réactionnaire, tandis que c'est le nationalisme qui, loin d'être réactionnaire et rétrograde, est, lui, une idée avancée »[26]. L'historien Lüthy trouve intolérable la facilité avec laquelle l'auteur nationaliste prépare un ragoût à partir d'ingrédients historiques divers et variés :

> Qu'il s'agisse des luttes de Philippe le Bel contre le pouvoir temporel de la papauté, ou de celles de François Ier contre l'Empire universel de Charles-Quint, de l'Église gallicane sous l'ancien régime et de l'anticléricalisme de la Troisième République, on retrouve là les différentes phases du même combat éternel contre la supra-nation ; et l'actualité impose à nos contemporains de reprendre à leur tour l'épée contre l'Europe 'germano-catholique' dont on prétend les gratifier.[27]

Ce qui frappe surtout l'observateur suisse, c'est la complète interchangeabilité des idées nationalistes de part et d'autre du Rhin qui se dressent contre cette « Europe vaticane », imposée depuis l'extérieur :

---

tradition française. En vain M. Robert Schuman, tout pétri de culture germanique, nous a assuré que c'était là 'une initiative française'. »

24 *Ibid.*, p. 5, n. 1.

25 *Ibid.*, p. 15.

26 Herbert Lüthy, « La France seule », in : *Preuves. Revue mensuelle*, 39, 1954, p. 9–20 (ici p. 9).

27 *Ibid.*

> La première réaction que provoque pareille thèse, c'est la stupeur. Au vrai, c'est fort exactement du Bainville à l'envers : le privilège de la 'révolte contre l'Europe' que M. Joseph Hours revendique pour la France ne fut-il pas, en effet, jusqu'à ce jour, constamment réservé à l'Allemagne par les historiens patriotes français ? Certes, 'la fille aînée de l'Église' ne se serait jamais avisée (...) d'identifier le catholicisme et la Ville Éternelle avec le 'germanisme'. Au reste, que Bainville nous soit resservi à l'envers ou à l'endroit, peu importe : l'histoire nationaliste peut intervertir à volonté ses arguments, elle se ressemble toujours, qu'elle parle français ou allemand.[28]

La lecture de l'article de Lüthy fait réagir Joseph Hours. Il écrit une lettre à la rédaction de la revue *Preuves* où il se réfère à la contradiction du « Suisse de langue allemande » sans y répondre directement[29]. Il insiste sur l'incapacité intrinsèque de ce Suisse germanophone de comprendre la portée de ses arguments : « Je passe sur les déformations que M. Luthy fait subir à ma pensée, préférant croire que cet étranger (malgré sa connaissance du français) ne l'a pas comprise »[30]. Le jugement apodictique de Hours blesse profondément Lüthy. Pourquoi un étranger de langue allemande serait-il, *a priori*, exclu du débat qui porte sur le rôle que la France doit jouer au sein de l'Europe? Dans sa réponse adressée à Hours, Herbert Lüthy parle de « cette tendance au repliement sur soi que nous sommes quelques-uns, étrangers de langues diverses, à voir se développer avec angoisse parce qu'elle menace de retirer quelque chose d'essentiel à chacun de nous et à l'Europe toute entière, et parce que 'la France seule' nous laisserait atrocement seuls »[31]. Si ces arguments prévalaient, la construction européenne n'aboutirait à rien et on se retrouverait de nouveau face aux impasses d'antan. Herbert Lüthy ne se privera pas de s'exprimer sur les enjeux européens et de rappeler au public français ses responsabilités pour l'avenir de leur continent. Il entreprend la tâche difficile d'expliquer la France indécise de 1953 aux lecteurs de langue allemande, cette France qui hésite avant de s'engager définitivement sur la voie de l'Europe, après avoir lancé l'initiative courageuse de 1950. Lorsqu'il s'agit de mettre la France de la Quatrième

28 *Ibid.*, p. 10.
29 « Lettre de M. J. Hours », in : *Preuves*, 41, 1954, p. 99.
30 *Ibid.*
31 *Ibid.*, p. 109–110 (« Réponse de Herbert Luthy »).

République à l'heure européenne, on constate que ses horloges, sans être pourtant tombées en panne, tournent à un rythme particulier et individuel: *Frankreichs Uhren gehen anders...*[32]

1.2 Un livre « dédié à la France d'aujourd'hui » : réconcilier le passé national et l'avenir européen

Le grand essai que Lüthy a dédié à la « France d'aujourd'hui » paraît en 1954 à l'Europa-Verlag, à Zurich, qui avait édité dès 1933 de nombreux textes d'auteurs exilés allemands et autrichiens[33]. En rédigeant ce livre, Herbert Lüthy s'était proposé de démontrer que seule la construction de l'Europe permettra à la France de sortir des impasses dans lesquelles elle se trouve. Les belles visions européennes découlent, bien prosaïquement, du constat d'une faillite. Après-guerre, l'Europe dévastée et appauvrie n'a plus les moyens pour reconstruire l'ancienne splendeur de ses nations. Les Européens préfèrent ne pas s'en rendre compte, mais les Américains le leur rappellent. Le 5 avril 1947, l'un des intellectuels les plus influents du « siècle américain », Walter Lippmann (1889–1974), publie un article dans le *Washington Post*, intitulé *Cassandra Speaking*, où il explique que le vieux continent était en passe de devenir un foyer de contagion dangereux pour le monde entier, si l'unité de l'Europe, au moins de sa partie occidentale non soumise à l'autorité soviétique, n'était pas faite. Pour cette entreprise vaste et indispensable, Lippmann réclame le soutien moral et financier des États-Unis[34]. Lüthy souligne que la coopération des états-nations a pris forme sous la contrainte des grands bailleurs de fonds pour la reconstruction des pays dévastés que

32 Herbert Lüthy, *Frankreichs Uhren gehen anders*, Zürich: Europa-Verlag, 1954; la traduction française: *A l'heure de son clocher. Essai sur la France*, Paris, Calmann-Lévy, 1955.

33 Pour l'éditeur zurichois Emil Oprecht (1895–1952) qui a fondé la maison d'édition voir : Peter Stahlberger, *Der Zürcher Verleger Emil Oprecht und die deutsche politische Emigration 1933–1945*, Zürich, Europa-Verlag, 1970.

34 Voir : Ronald Steel, *Walter Lippmann and the American Century*, New York: Vintage Books, 1981, p. 441–442. Lüthy, *Frankreichs Uhren*, p. 264.

sont les Américains[35]. Washington ne prête pas ses dollars pour un retour symbolique au XIXe siècle qui verrait renaître les vieux nationalismes et les barrières économiques et politiques entre les pays européens. Ces impulsions viennent d'Outre-Atlantique. Mais deux véritables hommes d'État français les assimilent à leur grand projet européen, à la fois politique et technocratique, pour faire de l'Europe un endroit vivable après ces folies guerrières et libérer ses forces productrices, sclérosées sous le carcan ultra-protecteur des états-nations : Robert Schuman et Jean Monnet[36]. Pour réaliser ce projet, il fallait d'abord chasser les fantômes d'une politique étrangère française totalement inadéquate qui misait sur le bilatéralisme et des alliances irréalistes avec Moscou et Londres pour contrebalancer la puissance américaine tout en neutralisant l'ennemi de toujours, l'Allemagne. Pour adapter les esprits à la réalité d'un siècle ayant profondément modifié les données géostratégiques, il s'avère indispensable, ajoute-t-il avec sarcasme, de mettre à mort « le professeur d'histoire non racheté » qui réclamait pour la Gaule une frontière sur le Rhin, tout en citant Jules César et en se revendiquant du cardinal de Richelieu[37]. Si le regard reste toujours tourné en arrière, on ne peut rien créer de nouveau, ni se lancer dans un avenir qui contient des promesses, malgré tout.

Si l'Europe empruntait ses vieux chemins après avoir accepté l'aide américaine du plan Marshall, elle commettrait la plus grande malversation de l'histoire, s'indigne Herbert Lüthy[38]. Mais comment mettre la Quatrième République à l'heure européenne, avec son « anarchie organisée, sa bureaucratie souveraine et son parlementarisme négatif », tous ces facteurs de blocage qui rendent tout changement impossible[39] ? A ce

---

35 *Ibid.*, p. 269–270.

36 *Ibid.*, p. 251.

37 *Ibid.*, p. 257: « Wie ein Gespenst aus vergangenen Zeiten ging in den Trümmern des alten Europa der unerlöste Geschichtsprofessor um, der seinen Bainville auswendig rezitierte und jedem, der es hören wollte, aus Caesars ‚*Bellum gallicum*' unwiderleglich bewies, dass seit ewigen Zeiten der Rhein die natürliche und gottgewollte Grenze zwischen Gallien und Germanien hätte bilden sollen. ».

38 *Ibid.*, p. 270.

39 *Ibid.*, p. 274 : « Gerade weil Frankreich seine Stagnation nicht von innen heraus zu überwinden und die eingerosteten Mechanismen seine Volkswirtschaft nicht

moment crucial de l'histoire, les vases communicants franco-allemands entrent en fonction. Sans la création d'un État (ouest-) allemand, que la politique française doit accepter après de longues tergiversations, toutes ces négociations entamées pour arriver à une « intégration européenne » se seraient sans doute éternisées avant d'être terminées sans résultat concret. Mais la réapparition d'une structure politique portant le nom de l'Allemagne fixait un objectif à toutes ces tractations dont beaucoup espéraient qu'elles n'aboutiraient à rien. Au moins fallait-il faire l'Europe pour contrôler les Allemands qui avaient raté leur expérience d'Etat-nation d'une manière particulièrement douloureuse, expérience dont les autres pays peinaient à se remettre. En refusant la souveraineté pleine et entière à la République fédérale créée en 1949, les voisins européens s'obligeaient de renoncer en partie à leur propre souveraineté, conclut Lüthy[40].

Le nœud gordien est tranché le 7 mars 1950, lorsque le chancelier Adenauer évoque dans une interview accordée à un journaliste américain l'idée d'une « union entre la France et l'Allemagne (qui) donnerait une nouvelle vie et une nouvelle vitalité à une Europe qui est gravement malade »[41]. Un homme d'État français complètement retiré des affaires, Charles de Gaulle, lui fait écho en disant son admiration pour le chancelier et cette proposition audacieuse. L'Europe se met finalement en action. Les initiatives suivantes, dont celle de Robert Schuman en faveur d'une communauté du charbon et de l'acier, découlent de ces prises de parole. L'union franco-allemande devient l'axe de toute politique européenne :

---

aus sich selbst heraus in Bewegung zu setzen vermochte, weil die kombinierte Abwehrkraft einer organisierten Anarchie, einer souverän gewordenen Bürokratie und eines negativen Parlamentarismus jede, auch die augenscheinlich notwendigste Reform von innen her erfolgreich verhinderte, haben immer wieder französische Staatsmänner und Wirtschaftspolitiker diesen nationalen Rahmen, innerhalb dessen jede Entwicklung blockiert war, zu sprengen versucht ».

40 *Ibid.*, p. 277.

41 Georges Chabert, *L'idée européenne. Entre guerres et culture : de la confrontation à l'union*, Bruxelles, Peter Lang, 2007, p. 260 ; F. Roy Willis, *France, Germany and the New Europe 1945–1963*, Stanford, University Press, 1965, p. 78–80 (il y est question de la réaction de De Gaulle).

> Entscheidend war der politische Hintergrund, die vollkommene Verlegung des europäischen Schwerpunkts auf die deutsch-französische Union als die unabdingbare und schon fast ausreichende Voraussetzung jeder europäischen Konstruktion: hier lagen die Hindernisse, hier mussten sie überwunden werden, alles andere war Beiwerk.[42]

Ce noyau européen peut prendre forme, entre 1950 et 1952, pour une simple raison: la Grande-Bretagne renonce à vouloir en faire partie. Cette absence de la redoutable force de blocage britannique inquiète les anti-européanistes français et allemands. Alors, qui leur épargnera l'effort de penser autrement ?

Mise en cause par cette brusque ouverture à l'Europe et à l'avenir, la France de « notre chère petite ville »[43], décrite par Marc Bloch à la suite de la défaite de 1940, organise enfin sa défense, toujours en retard d'une guerre. Cette France des « ateliers patriarcaux, des petites épiceries et des notables locaux » se réveille et se rend compte avec effroi que ses portes et ses fenêtres ne sont plus verrouillées[44] ! La levée de boucliers contre l'Europe est lancée, lors du congrès radical de Bordeaux, en octobre 1952, assez symboliquement par un personnage qui appartient à une autre époque. Il s'agit d'Édouard Daladier qui avant d'entrer en politique avait, lui aussi, exercé comme professeur d'histoire dans un lycée à Nîmes, précise Lüthy[45]. Il réagit avec sarcasme au discours bordelais de Daladier qui mettait en garde ses auditeurs contre le péril

42 Lüthy, *Frankreichs Uhren*, p. 287: « L'arrière-plan politique se modifia d'une manière décisive: l'Union franco-allemande devint le point de gravitation européen, une condition préalable et presque suffisante pour la construction européenne. Si on enlevait les obstacles qui s'y opposaient, qu'il fallait surmonter, tout le reste ne fut qu'accessoire. »

43 Marc Bloch, *L'étrange défaite. Témoignage écrit en 1940, suivi de Écrits clandestins 1942–1944*, Paris, Albin Michel, 1957, p. 191.

44 Lüthy, *Frankreichs Uhren*, p. 310: « Auch das ‚Frankreich der kleinen Stadt', wie es Marc Bloch genannt hatte, der patriarchalischen Werkstätten, kleinen Läden und lokalen Notabilitäten wachte nun auf und sah, dass seine Türen und Fenster nicht mehr sicher verriegelt waren. ».

45 Voir aussi : Frédéric Fogacci, « Les radicaux divisés sur la CED : interventions d'Édouard Daladier et René Mayer au congrès de Bordeaux (17 et 18 octobre 1952) », in : *Parlement(s). Revue d'histoire politique*, 3, 2007, p. 123–129.

d'une grande Allemagne qui ferait, dans un avenir proche, de l'Europe l'espace élargi de sa puissance retrouvée. Quoi, s'exclame Lüthy, l'homme qui en 1938, à Munich, a sacrifié l'Europe au « Troisième Reich pacifique » d'Hitler ose formuler en 1952 des avertissements contre la « République fédérale guerrière » d'Adenauer[46] ! Le discours de Daladier, quoique déconnecté des réalités d'après-guerre, a contribué à libérer la parole, constate Herbert Lüthy. Le critique suisse voit d'un très mauvais œil la mobilisation générale des forces passéistes dirigées contre cet avenir européen auquel il croit. Le vent tourne et la dynamique européaniste se brise, fin 1952. Les fantômes du passé sortent de leurs tombes et se mettent à parler. Même les tenants d'un passé très proche et très douteux osent reprendre la parole. « Tout Munich » et « tout Vichy » se lèvent contre l'idée d'une Europe unie en général et celle d'une communauté de défense européenne en particulier : « les hommes de la capitulation et de la collaboration » font leur réapparition politique dans la vaste campagne contre la CED, s'insurge Lüthy, pour se refaire une santé sur les débris du rêve européen[47]. L'éternel professeur d'histoire, le regard rivé sur le passé, incapable de se lancer dans une expérience nouvelle, aura-t-il le dernier mot en l'affaire ? Toujours est-il, conclut le commentateur suisse, qu'il faut trouver une réponse à peu près cohérente à la question allemande et l'Europe seule pourra la fournir[48]. Cet élément contribue à ébranler les structures sclérosées et les opinions arrêtées. Le commentateur suisse s'interdit tout pessimisme pour la cause européenne, en 1953, même si de nombreux problèmes restent en suspens. Il est possible, conclut-il, que même ces professeurs d'histoire en politique qui pensent tout savoir à l'avance soient obligés d'apprendre les nouvelles leçons d'une « histoire autre ».

---

46 Lüthy, *Frankreichs Uhren*, p. 309.

47 *Ibid.*, p. 309–310. Lüthy présente une longue liste de noms à l'appui de son argument.

48 *Ibid.*, p. 319–337.

2. Épilogue : Herbert Lüthy, l'ambiguïté d'un intellectuel européen en temps de guerre froide

Jeune docteur en histoire, commentateur engagé en temps de guerre pour le journal de Saint-Gall, Herbert Lüthy devint un intellectuel européen à la suite de son départ pour Paris, en 1946. Correspondant du journal zurichois DIE TAT[49], il jeta le regard détaché du proche voisin sur les affaires de la France d'après-guerre, un pays à la recherche d'un retour à la vie normale. En même temps, il se consacra à ses travaux de recherche dans les archives françaises portant sur les réseaux européens de la banque protestante en France, avant la Révolution, pour préparer son habilitation. Toutefois, ses activités ne s'arrêtaient pas là. Le jeune journaliste qui, dans le Zurich de l'année 1943, avait rêvé de la création d'une revue intellectuelle transnationale qui contribuerait à la reconstruction immatérielle de l'Europe et dont il aurait pu être le rédacteur en chef[50], se rapprocha du *Congrès pour la liberté de la culture* (CCF), fondé en 1950 et domicilié à Paris. Cet « enfant de la guerre froide » visait à réunir la gauche libérale pour s'opposer à l'emprise communiste sur la vie culturelle dans l'Europe occidentale d'après-guerre[51]. Dès fin 1950, Herbert Lüthy participa régulièrement aux nombreuses activités de l'organisation dont l'un des principaux coordinateurs fut un compatriote suisse, le neuchâtelois Denis de Rougemont (1906–1985), fervent partisan d'un fédéralisme européen[52]. Lüthy écrivit de nombreux

---

49 Voir : Herbert Jaeckle, *Erinnerungen an Die Tat 1943–1971*, Hans Rohr Verlag, Zürich, 1989, p. 116.

50 Lüthy avait l'idée de lancer cette initiative avec son ami François Bondy, le futur rédacteur en chef de *Preuves*: Thomas Maissen, « Einleitung », in : Herbert Lüthy, *Gesammelte Werke III*, Zürich, Verlag NZZ, 2003, p. VII–XXIX (ici XXIV).

51 Michael Hochgeschwender, *Freiheit in der Offensive ? Der Kongreß für kulturelle Freiheit und die Deutschen*, Munich, Oldenbourg, 1998, p. 18; voir aussi: Pierre Grémion, *L'intelligence de l'anticommunisme. Le congrès pour la liberté de la culture à Paris (1950–1975)*, Paris, Fayard, 1995.

52 En novembre 1950, Lüthy a assisté pour la première fois à une réunion du CCF (Grémion, *L'intelligence*, p. 57). Pour le fédéralisme européen de Denis de Rougemont, apport intellectuel spécifiquement helvétique, qui a sans doute

articles pour les revues de haut vol intellectuel gravitant autour du CCF qui assurait leur financement : *Der Monat* (Berlin), *Preuves* (Paris), *Encounter* (Londres), *Tempo Presente* (Rome) etc. Le public n'a appris qu'en 1967 que les activités du CCF dont ce réseau impressionnant de revues culturelles dépendait furent largement financées par l'agence de renseignement américaine CIA afin de soutenir ce contrepoids à l'influence communiste au sein des sociétés de l'Europe de l'Ouest[53].

Pour Lüthy, il s'agissait surtout de profiter de la liberté d'expression et de la marge de manœuvre que ce réseau lui offrit. Face à la menace soviétique qui pesait sur l'Europe de l'Ouest, il était d'accord avec les positions américaines qui favorisaient la naissance d'une Europe (occidentale) capable de se défendre et de se maintenir économiquement. Lorsque la dynamique européaniste se brisa, à l'apogée du débat sur la CED, en 1953/54, il partagea les idées de la politique officielle de Washington en déplorant la mise en demeure du grand projet européen. Lüthy publia souvent dans la revue allemande du CCF « Der Monat », militant avec instance pour sa conception qui visait l'unité de l'Europe sur la base d'une étroite coopération franco-allemande[54]. Début 1954, il fit preuve dans les pages de cette revue de sa compréhension pour l'accès de colère du responsable de la politique étrangère américaine

---

inspiré Herbert Lüthy: Mary Jo Deering, *Denis de Rougemont et les fondements de l'unité européenne*, Lausanne, Fondation Jean Monnet, 1991.

53 Le sociologue américain Edward Shils (1910–1995) a défini le réseau du CCF comme « un réseau mondial d'intellectuels libéraux et socialistes dont l'action traverse les frontières de la nationalité, des parties, des champs disciplinaires » (« a world-wide network of liberal and socialist intellectuals, acting across the boundaries of nationality, party, intellectual field and discipline »): Hochgeschwender, *Freiheit*, p. 26, n. 33. Il ne serait pas approprié de réduire l'activité du réseau aux seuls aspects de son financement, certes problématiques.

54 Voir: Thomas Keller, « Der Monat. Zwischen Verwestlichung und Europäisierung », in : Michel Grunewald, Hans M. Bock (dir.), *Le Discours européen dans les revues allemandes (1945-1955)/Der Europadiskurs in den deutschen Zeitschriften (1945–1955)*, Berne, Peter Lang, 2001, p. 245–282, ici p. 279. Pour les origines de cette revue américaine de langue allemande: Birgit Bödeker, *Amerikanische Zeitschriften in deutscher Sprache, 1945–1952. Ein Beitrag zur Literatur und Publizistik im Nachkriegsdeutschland*, Francfort-sur-le Main, Peter Lang, 1993, p. 157–189.

face à l'indécision et l'incohérence des Européens. Lors d'une réunion du Conseil de l'Atlantique nord, en décembre 1953, le secrétaire d'État John Foster Dulles, s'exclama que l'Europe de l'Ouest était au bord du gouffre et que les Américains ne l'empêcheraient pas de faire le dernier pas fatal. Face à l'autodestruction de l'Europe, les États-Unis se limiteraient au rôle d'observateurs résignés : « Si l'Europe occidentale veut commettre un suicide, il faudra qu'ils le fassent sans nous »[55].

55 « If Western Europe decide to commit suicide, they may have to commit it alone » : Herbert Lüthy, « Von Versailles nach Berlin (1954) », in : *Gesammelte Werke III*, p. 249–254 (ici p. 254). Pour la citation et son écho médiatique voir : Ivan T. Berend, *The History of European Integration. A new perspective*, London, New York, Routledge, 2016, p. 47.

Jean-Paul Cahn

« Le but, c'était l'Europe »[1] : la Sarre autonome entre Europe et Allemagne

Lorsqu'à la fin de la Deuxième Guerre mondiale les troupes françaises prirent en charge l'occupation du territoire sarrois des considérations de réparations et de sécurité primaient. En 1944 l'annexion était encore privilégiée pour satisfaire « toutes les exigences de l'économie française »[2]. Mais peu à peu l'absence d'interlocuteurs allemands et de négociations sur un traité de paix ainsi que l'évolution générale des relations internationales obligèrent Paris à imaginer des solutions répondant aux intérêts français sans obérer l'avenir : détachement du territoire de l'Allemagne et renforcement des secteurs faibles de l'économie française, donc autonomie et union économique franco-sarroise soutenues par une politique d' « assimilation ».

A partir de 1949 l'indépendance de la Sarre de l'Allemagne se fragilisa. Sur place le sentiment d'être privilégié par rapport aux zones d'occupation cédait peu à peu la place au regret d'être défavorisé – dans l'attribution des aides du plan Marshall par exemple. Au plan international le statut d'autonomie, toléré par les occupants, fut contesté par le premier chancelier fédéral. Jusqu'alors portées par des partis et des régions, les protestations allemandes l'étaient désormais par une autorité centrale. Le poids et la marge de manœuvre de Bonn restaient contraints, mais Paris et Sarrebruck savaient dorénavant devoir compter avec une

1 Johannes Hoffmann, *Das Ziel war Europa. Der Weg der Saar 1945–1955*, Munich, Vienne, 1963.

2 Ministère des Affaires étrangères (MAE), cit. in : Ulrich Lappenküper, *Die deutsch-französischen Beziehungen 1949–1963. Von der „Erbfeindschaft" zur „Entente élémentaire"*, Munich, 2001, p. 316.

mouche du coche. En même temps qu'il devenait franco-allemand le problème sarrois prit une dimension clairement européenne.

Le discours de Schuman du 9 mai 1950 eut pour Sarrebruck un goût d'éclaircie : le gouvernement Hoffmann entrevit la possibilité d'une solution pérenne pour le triangle France-Sarre autonome-Allemagne en marche vers une souveraineté. Bien qu'il fît droit à l'exigence américaine de supranationalité le plan Schuman était compatible avec la défense d'intérêts nationaux[3]. Cinq ans plus tard pourtant l'électorat sarrois repoussait par référendum le « statut européen » décidé par Bonn et Paris. Cela revenait-il à donner raison à ceux qui affirmaient alors que l'idée européenne était bien fragile face aux considérations nationales ?

La Sarre autonome et l'Europe jusqu'en 1954

Dès l'exil Johannes Hoffmann avait vu dans l'Europe une solution pour l'après-guerre[4]. Chef du gouvernement, il resta fidèle à cette conviction. En 1949 son parti, la *Christliche Volkspartei* (CVP), favorisa la création d'une « *Europa-Union* » et les socialistes (SPS) de Richard Kirn celle des « Nouvelles Equipes Internationales ». La carte de vœux pour 1951[5] du représentant de la France, Gilbert Grandval, dessinée par Jean Chièze et représentant une allégorie de l'Europe coupant les barbelés qui entravaient le monde, marquait son soutien à cette politique. La même année le maire de Sarrebruck Peter Zimmer suggéra à Robert Schuman de proposer sa ville pour accueillir le siège de la Communauté européenne

3 Corine Defrance, Ulrich Pfeil (éd.), *Eine Nachkriegsgeschichte in Europa 1945 bis 1963*, Darmstadt, 2011, p. 66–67.

4 Heinrich Küppers, *Johannes Hoffmann (1890–1967). Biographie eines Deutschen*, Düsseldorf, 2008, p. 272–279.

5 Historisches Museum Saar, reproduction in Gerhard Ames, Ludwig Linsmayer (éd), *Ja und Nein. Das Saarreferendum von 1955, Katalog zur gleichnamigen Ausstellung im Historischen Museum Saar*, Sarrebruck, 2005, p. 47.

du charbon et de l'acier (CECA). A l'université de la Sarre, ouverte à l'étranger, bi-/plurilingue dès l'origine et proclamée « université européenne »[6], fut créé un « *Europa-Institut* ». Grandval baptisa « Europa » l'avion de tourisme qu'il offrit aux étudiants pratiquant l'aviation sportive[7]. L'année suivante le CVP fit de « *Europa Heimat der Zukunft* » son argument électoral[8], la société *Französisch-Saarländische-Petroleum GmbH...* commercialisa un « *Europa-Motorenöl* »[9] et, quelques années plus tard, fut créée la station Europe1 !

Riche dans les secteurs qu'englobait le plan Schuman la Sarre espérait à terme consolider et élargir son autonomie en n'étant trop proche ni de Paris, ni de Bonn. L'enjeu n'était pas seulement politique. Il y allait de l'accès au marché allemand. Mais la France contrecarra ce projet en gardant par exemple la haute-main sur le charbon et l'acier qu'elle exploitait mais alimentait assez mal en capitaux. Le projet Grandval de réunir les charbonnages lorrain et sarrois se heurta à l'hostilité des départements frontaliers. A l'image du CNPF l'entrepreneuriat privé français se désintéressait du territoire. CVP et SPS avaient peu de concessions françaises à faire valoir. L'union économique profitait surtout à l'un des partenaires.

Les partis sarrois

A l'exception du PC, autorisé mais peu influent, les partis prônant en Sarre le retour à l'Allemagne et refusant l'autonomie étaient inconstitutionnels. Le CVP attendait de l'Europe une consolidation du régime. Le SPS y voyait un moyen de mobiliser un électorat que séduisaient peu ses thèses (cf. nationalisation de la sidérurgie). Le projet Sarrebruck capitale européenne promettait des avantages économiques et politiques. Mais, bien que l'irrédentisme progressât dans les syndicats et que les partis non autorisés gagnassent des sympathies, les partis

6 Ludwig Linsmayer, « Gründervision: Politik und Kultur im Saarstaat (1947–1955) », in : Linsmayer (éd.), *Die Geburt des Saarlandes. Zur Dramaturgie eines Sonderweges*, Sarrebruck, 2007, p. 25.

7 *Ibid.*, p. 18.

8 Historisches Museum Saar, *Ja und Nein*, p. 59.

9 *Ibid.*, p. 53.

officiels sous-estimaient la volonté d'une part (croissante avec les années 1950) de la population de réintégrer le giron allemand. L'Europe était populaire mais sa priorité ne faisait pas consensus.

Les partis allemands

Alors que la plupart des partis français, peu intéressés et mal informés, voyaient dans la Sarre un plus pour la balance commerciale mais divergeaient sur les moyens de faire vivre l'union économique, les partis allemands comprirent bientôt que le territoire ne serait réintégré que moyennant dédommagement : l'idée de compensations financières à la France fut acquise avant même la naissance de la RFA. Le SPD rejetait toute amputation territoriale. Il n'était pas hostile à une construction européenne, mais il combattit les plans Schuman et Pleven tout en refusant que la « petite question sarroise »[10] fît obstacle à la construction européenne. Le FDP faisait de l'unité nationale un incontournable de son credo et se montrait intransigeant face à qui considérait l'unification de l'Europe plus importante que le retour de la Sarre[11].

La CDU était divisée. Le 10 mai 1951 Adenauer dit en interne que « Le plan Schuman achemine la question sarroise vers une meilleure solution : par le plan Schuman le charbon et l'acier sarrois deviennent du charbon européen et de l'acier européen »[12]. En 1952 il affirma à la radio : « Chaque pas vers l'Europe est en même temps un pas sur la voie de la solution du problème sarrois. Avec l'intégration progressive de l'Europe le problème sarrois perdra de son acuité et se résoudra de lui-même »[13], propos qui firent craindre au Quai d'Orsay que Bonn veuille faire dépendre la solution sarroise non seulement de la Communauté européenne de défense, « mais aussi de la constitution de la Communauté

10 Congrès de Hambourg, cit. in : Willy Albrecht, *Kurt Schumacher. Reden-Schriften-Korrespondenzen 1945–1952*, Berlin-Bonn, 1985, p. 157.

11 Friedrich Klingl, « Das ganze Deutschland soll es sein ! ». Thomas Dehler und die außenpolitischen Weichenstellungen der fünfziger Jahre, Munich, 1987, p. 120.

12 Konrad Adenauer, *"Es mußte alles neu gemacht werden." Die Protokolle des CDU-Bundesvorstandes 1950–1953. Bearbeitet von Günter Buchstab*, Stuttgart, 1986, p. 36.

13 Interview NWDR du 11 novembre 1952.

politique »[14]. Cependant le 10 avril 1953 le Haut-commissariat français rapportait que « les gouvernements américain et allemand estiment qu'il ne doit y avoir aucun lien direct entre la Communauté Européenne de Défense et la question sarroise »[15], preuve que le chancelier gérait le problème sarrois avec constance mais qu'il savait aussi prendre en compte l'agacement que provoquaient aux USA les Etats-Unis les entraves que mettait ce petit territoire à des projets plus vastes qu'ils soutenaient. En réalité Adenauer faisait du territoire une variable d'ajustement de ses relations avec Paris. Il misait sur le temps, évitant de fortes tensions franco-allemandes en régime de croisière et lançant parfois des offensives opportunistes. Les négociations sur la CECA lui permirent d'obtenir de Schuman la reconnaissance écrite du caractère provisoire du statut sarrois. Il s'efforça de maintenir la question ouverte, fort des dispositions de la conférence de Potsdam[16] qui prévoyaient que les frontières allemandes ne seraient modifiées que par un traité de paix.

Ce volet de sa politique d'intégration occidentale et les louvoiements qui s'ensuivaient l'exposaient jusqu'au sein du gouvernement au reproche de faire peu de cas de l'unité nationale. Le ministre CDU des Affaires germano-allemandes Jakob Kaiser s'opposa vigoureusement à lui en 1952 à propos de l'européanisation. Kaiser voulait prolonger le statu quo qu'il jugeait plus propice à une réintégration de la Sarre. Il soutint l'appel à l'abstention aux élections législatives (*Landtagswahlen*) du 30 novembre 1952. Mais celles-ci furent favorables à la ligne autonomiste et Adenauer en profita pour affaiblir son ministre : « Monsieur Kaiser, là-bas, la majorité des gens ne veut même pas de nous »[17]. Cependant, encouragé par l'inertie des gouvernements René Mayer puis Joseph Laniel, Kaiser poursuivit jusqu'en 1954 dans la ligne qui était la sienne.

---

14 MAE, Colmar, dossier JUR414.

15 *Ibid.*, dossier JUR413.

16 Voir Per Fischer, « Das Saarstatut des Europarats. Vorstoß in europäisches integrationspolitisches Neuland », in : Rainer Hudemann, Raymond Poidevin (éd.), *Die Saar 1945–1955. Ein Problem der europäischen Geschichte*, Munich, 1992, p. 115 *sq.*, ici p. 119.

17 Cit. in : Armin Heinen, *Saarjahre. Politik und Wirtschaft im Saarland 1945–1955*, Stuttgart, 1996, p. 313.

Ebauches de solutions européennes

Dès janvier 1950 Ludwig Erhard avait envisagé une intégration à une Europe économique[18]. A l'été 1951 Bonn avait joué la carte d'une européanisation, mais sans vision claire à terme, la suite allait le montrer. Le lien avec les pressions simultanées en faveur de la CED semble établi. En mars 1952, peu après la « note de Staline », Adenauer, Hoffmann et Schuman convinrent de négocier sur une base européenne et le *Landtag* sarrois assortit la ratification du traité de Paris d'un préambule affirmant son exigence d'une représentation autonome dans les organes communautaires – l'européanisation pour compenser une légitimité étatique qui s'érodait[19]. En été, escomptant une large approbation populaire, Grandval reprit en marge des difficiles discussions franco-allemandes l'idée d'un référendum sur l'européanisation de la Sarre, mais le Quai préféra garder en réserve cette solution qui constituerait « un avantage certain »[20] en cas d'échec. Bonn, qui trouvait l'européanisation moins séduisante, ne fut pas mécontente de voir s'enliser son initiative. La République fédérale chercha désormais à contester l'autonomie par voie judiciaire.

Au Conseil de l'Europe il fut surtout question des entraves aux libertés publiques en Sarre. En 1951, l'affaire fit long-feu : une démarche de la *DemokratischePartei Saar* à propos de ces libertés se retourna contre elle lorsqu'à la veille du rendez-vous de ses représentants avec Paul-Henri Spaak le parti pronazi *Deutsche Reichspartei* dit considérer le DPS comme un « parti ami »[21]. Mais à partir de février 1952, profitant de l'écho international qu'elle pouvait en espérer, la RFA reprit ce thème et se posa à Strasbourg en défenseur de la démocratie dans le territoire.

En avril le Conseil de l'Europe prit une initiative. Il chargea Marinus van der Goes van Naters d'élaborer un plan faisant de la Sarre « un

18 Lappenküper, *Die deutsch-französischen Beziehungen*, p. 345.

19 Linsmayer, « Gründervision », p. 32.

20 Lappenküper, *Die deutsch-französischen Beziehungen*, p. 376.

21 Voir Bruno Leuvrey, « La Sarre et le Conseil de l'Europe 1949–1954 », in : Hudemann, Poidevin, *Die Saar*, p. 97 *sq.*, ici p. 100–101.

territoire européen dans le cadre du Conseil de l'Europe » dans l'attente de la création d'une communauté politique. Le document Naters déboucha en 1954 sur un plan du Conseil de l'Europe inscrit dans le cadre d'une Europe supranationale. Le statut de « territoire européen » ne contrevenait pas aux dispositions de Potsdam sur les frontières allemandes, la Sarre devant être membre d'une instance à laquelle appartenait aussi l'Allemagne. Mais il devint caduc le 30 août, marquant le dessaisissement de fait du Conseil de l'Europe de la question sarroise et faisant la preuve des limites de son pouvoir face aux intérêts nationaux. Dès lors, l'idée d'européanisation de la Sarre ne fut plus conçue en lien avec une Europe supranationale.

Ainsi, consciente de la fragilité de sa position au regard du droit international, la France chercha, avec l'approbation de Sarrebruck, à consolider l'union économique en instrumentalisant une Europe à la construction dans laquelle Bonn trouvait son intérêt. Mais le pas d'Echternach français à propos de l'armée européenne entravait cette tactique depuis des mois. Hostile à la tournure que prenait sur le Vieux continent l'organisation de la sécurité occidentale Paris réduisait depuis quelques temps déjà à la seule Communauté Charbon Acier l'atout que constituait pour elle le levier européen dans l'affaire sarroise. Quand l'Assemblée nationale enterra le 30 août 1954 la CED et la CPE, elle sembla priver l'exécutif, aux yeux de l'opinion sarroise en particulier, de cette carte majeure. Pourtant, preuve que l'argumentaire français susceptible de mobiliser l'électorat sarrois était par ailleurs assez pauvre, on vit resurgir à l'automne la thématique européenne.

1955 : l'électorat devant l'alternative Europe ou nation

Les discussions, conduites par Herbert Blankenhorn et Jean-Marie Soutou en octobre 1954 en marge des conférences de Paris, furent rudes : la partie française était consciente qu'elle ne pourrait faire accepter par son parlement à la fois le réarmement plus la souveraineté de l'Allemagne et une solution sarroise qui ne fût pas jugée clairement favorable aux intérêts français. Les exportations sarroises réduisaient grandement le déficit commercial – en particulier, depuis 1950, pour les échanges avec la RFA, dans lesquels sa part des importations était de l'ordre de 20% alors qu'elle contribuait à hauteur de 33 à 35% aux exportations françaises vers l'Allemagne[22]. Aussi Pierre Mendès France avait-il pris soin dès septembre de souligner dans un télégramme à diverses capitales que Paris faisait de la Sarre un préalable à la souveraineté allemande et à la contribution fédérale à la défense occidentale[23].

Le 23 octobre 1954 fut signé un texte qui ne parlait plus de « territoire européen » mais prévoyait de soumettre à référendum en Sarre un « statut européen » dans le cadre de l'Union de l'Europe de l'Ouest, les prérogatives de Sarrebruck étant élargies. Nul ne doutait alors de son approbation. Mais cette conviction fut démentie à l'été 1955 par un sondage de l'institut EMNID qui révéla que le vote sarrois n'était pas acquis. Cela changea la donne de fond en comble.

Les irrédentistes, qui avaient appelé initialement au « non » juste pour faire entendre le désir de retour à l'Allemagne, entrevirent la possibilité qu'une Sarre réintégrée pût prendre part à la construction européenne en étant partie de l'Allemagne, sous l'égide d'un chancelier qui bénéficiait d'une image de bon élève de la construction européenne, au lieu de continuer à servir les intérêts d'une France qui profitait de l'union économique grâce à l'idée européenne.

La stratégie du « non » consista à repousser la dimension européenne du débat au second plan pour privilégier la thématique nationale : « Le *Heimatbund* va jusqu'à effacer de ses affiches électorales le terme d'européanisation pour déplacer l'enjeu du scrutin et parvenir à toucher l'électorat »[24]. Les frustrations des années d'interdiction, plus encore la personnalité de leurs leaders, poussèrent les partis du retour à

---

22 Voir entre autres : Rapport SK n° V/34 du 5 septembre 1955, in : Friedrich-Ebert-Stiftung, papiers Karl Mommer, non classés (12B).

23 *DDF*, 1954, juill.-déc., doc. 214, p. 436.

24 Marie-Alexandra Schneider, thèse de doctorat, titre provisoire *L'image de la France en Sarre (1945–1956) : approche iconographique* cotutelle Paris-Sorbonne/Aix-la-Chapelle, en cours de rédaction, introduction partie III.

franchir dès le début de la campagne le pas d'un nationalisme fort. En vertu du principe qui veut que la meilleure cuisine se fait dans les vieilles marmites ils œuvrèrent à réinstaller le choix de 1935, « pour ou contre la patrie allemande », détournement de l'enjeu auquel Paris et Sarrebruck s'opposèrent en vain. Les partisans du « non », qui excluaient de fait le statu quo, mirent habilement en avant le slogan « vers l'Europe avec l'Allemagne ». Autour du libéral Heinrich Schneider, qui avait dans les années 1930 succédé à Hans Globke à la tête des Affaires sarroises du ministère de l'Intérieur à Berlin et inspiré la campagne pro-allemande entre 1933 et 1935, homme pour qui l'honneur avait probablement nom fidélité, ils puisèrent largement dans la panoplie du premier rattachement à l'Allemagne, simplifiant les termes du débat jusqu'au manichéisme, usant de tous les ressorts du populisme, exploitant, voire exacerbant dans la tradition des nationalismes les peurs, les frustrations... En publiant dès le début de la campagne sa photo en uniforme de SA, le bras tendu (*Saarschwur*), Schneider montra l'orientation qu'il entendait donner à sa campagne : « Ecrivez tranquillement que nous sommes d'anciens nazis, déclara-t-il à des journalistes. Avec des hommes qui 'pensent allemand' c'est la meilleure propagande pour nous »[25]. Le *Deutscher Saarbund* n'en sera pas moins embarrassé début octobre 1955 par la demande d'adhésion du *Bund Deutschlands Erinnerung* signée par Otto Strasser ; il fera trainer le dossier[26]. Comme le note Heinrich Küppers,

> La dimension nationale dans la lignée des modèles de pensée *völkisch*, les sentiments de solidarité avec l'Allemagne et le peuple allemand, la fascination intacte qu'exerçait l'Etat-nation et son rôle apparemment indispensable pour l'être individuel et social de l'homme, tout cela déterminait encore de manière décisive les conceptions de la plupart des Sarrois.[27]

Schneider, que son propre passé n'empêchait pas de s'ériger en procureur de la démocratie selon Hoffmann, trouva un public dans cette

25 Cit. Etienne Dannery, 28 septembre 1956, MAE, AOFAA, Sarre, Cabinet, 66.

26 Note d'information 1903 du 10 octobre 1955, in MAE, AOFAA Colmar, Sarre, JUR 484.

27 Küppers, *Johannes Hoffmann*, p. 464.

Sarre qui avait voté allemand à 97% vingt ans plus tôt et qui, n'ayant pas soldé son passé, n'avait pas clarifié ses sentiments envers ceux que le nazisme avait contraints à l'exil, les « *Remigranten* ».

Adenauer avait mis en garde dès octobre 1954 contre le risque qu'un référendum ressuscite les nationalismes[28]. Il déplora le préjudice que les irrédentistes causaient à l'Allemagne tout entière. Dans un message confidentiel à Walter Hallstein du 25 août il regretta

> que les développements de la campagne aient totalement déplacé les termes de la question et que la campagne ait pris des formes indignes de la liberté qui nuisent à la réputation de l'Allemagne et qui ne sont pas de nature à informer objectivement la population sur ce pour ou contre quoi ils ont à voter.[29]

L'attractivité croissante de la RFA tenait à l'image dynamique qu'elle offrait. Elle montrait aussi que l'« assimilation » qu'avait espérée la France n'avait pas fonctionné[30]. Celle-ci avait effectivement contribué à la reconstruction de la Sarre, mais dans l'opinion cet aspect s'était estompé. En imposant la primauté de l'émotion sur l'enjeu politique le camp du « non » se donna la possibilité de grossir les faiblesses de ses adversaires tout en relativisant les siennes. A cette condition il put faire entrer sa ligne nationaliste dans un cadre européen.

Encore traumatisé par les excès du référendum de 1935 Johannes Hoffmann sur-réagit. Armin Heinen note justement que le traumatisme de 1935 empêcha les porte-paroles du « oui » de voir qu'adhérer à la démocratie ouest-allemande de 1955 n'avait pas la même signification que suivre une *Deutsche Front* nazie[31].Il est vrai que certains de ses adversaires ne l'y aidèrent guère. Le *Ministerpräsident* s'engagea avec la dernière énergie, craignant de voir resurgir les démons de l'entre-deux-guerres et parce qu'il continuait à croire en une solution

---

28 Armin Heinen, « Die Saarfrage und das Europa der Vaterländer. Diskurslogiken, gesellschaftliche Veränderungen und die Pariser Außenministerkonferenz », in : Hélène Miard-Delacroix, Rainer Hudemann (éd.), *Wandel und Integration*, Munich, Oldenbourg, 2005, p. 125 *sq*.

29 Archiv der Christlich Demokratischen Partei, fonds Heinrich Krone, I.-28-055/5.

30 Rainer Hudemann, « Brücke oder Streitobjekt? Zu Frankreichs Saarpolitik 1919–1959 », in : Linsmayer, *Die Geburt*, p. 11.

31 Heinen, *Saarjahre*, p. 234.

européenne[32]. Cela focalisa le débat autour de sa personne[33] et, l'érosion du pouvoir aidant, ouvrit une brèche dont profitèrent les irrédentistes. Accusé de « séparatisme » ou de « trahison de la patrie » il mit en accusation le passé des porte-paroles du « non » qui était aussi celui de nombreux électeurs. Qualifier Schneider de « *UK-Heini* » (« Riton le planqué ») par allusion à son passé devait servir à le dissocierdes souffrances des autres. Le but ne fut pas atteint, pas plus qu'avec l'argument d'une Europe garantie de la paix : la réception de cette défense était brouillée par l'impopularité du *Ministerpräsident* et la fougue avec laquelle il combattit ses opposants rappela par trop la démocratie autoritaire qu'il avait installée et accrédita le statut de victimes qu'eux se donnaient. Le camp du « non » parvint même à retourner contre le gouvernement sa politique éducative, l'enseignement du français dès le primaire, dont nul ne conteste plus de nos jours les avantages, en la présentant comme un outil de la pénétration, voire une manifestation de l'arrogance culturelles françaises – argument fondé sur le caractère obligatoire de cet enseignement[34].

Pour le « oui » l'enjeu était l'existence-même de la Sarre autonome. Le plébiscite prévu risquait de devenir naufrage : le statut « européen » était assimilé à l'union économique elle-même assimilée à une exploitation de « *Saarabien* » par la France. Or, contrairement à l'opposition qui avait le choix de l'angle d'attaque, Hoffmann, Kirn etc. se devaient d'idéaliser l'Europe pour contrebalancer l'idéalisation du retour à l'Allemagne. Une déclaration de Johannes Hoffmann de janvier 1955, alors que la victoire du « non » n'était pas encore une hypothèse de travail, montrait la fragilité de l'argument européen : « Le statut européen de la Sarre est une preuve solide, après l'échec de tant d'espérances européennes, que l'idée d'une unification européenne n'a pas été abandonnée, et le point de départ de réalisations futures concrètes dans l'intérêt

32 Küppers, *Johannes Hoffmann*, p. 533.

33 Cf. entre autres Jacques Freymond, *Le conflit sarrois 1945–1955*, Bruxelles, 1959, p. 322 *sq*.

34 Hudemann, « Brücke », p. 113.

de l'intégration européenne »[35]. Quand une promesse d'avenir doit illuminer les réalités du présent…

Depuis il y avait eu Messine, que n'avaient pas épargné les difficultés[36], les discussions étaient en cours mais leur succès futur hypothétique tandis qu'au présent la référence de l'accord franco-allemand lui-même à l'UEO, un second choix européen, rappelait qu'une solution dans le cadre d'une Europe supranationale n'était pas possible depuis l'échec de la CED et la disparition de laCPE. Le « oui »ne put que marteler une double équation : Europe = paix, nationalisme = guerre (« Europa oder Chaos »), ce à quoi les nonistes répondaient : l'Europe oui, mais pas à n'importe quel prix : « Europa ? Ja – aber kein Kolonialstatut. Daher : NEIN und neue Verhandlungen »[37]). Alors que les autonomistes défendaient une solution figée, témoin des tensions qui avaient jusqu'alors accompagné la construction européenne, le « non » offrait la perspective d'une possible dynamique tellement plus séduisante que l'espoir en une amélioration des relations économiques franco-allemandes[38] qu'avait à proposer Hoffmann.

L'un des handicaps du « non » était la politique sociale très généreuse de la Sarre autonome. Elle était à certains égards plus favorable qu'en France et beaucoup plus qu'en RFA. Cela concernait autant la politique sociale, les compensations aux métiers exposés aux intempéries, p. ex., que la politique familiale (allocations, etc.). Qu'à cela ne tienne ! Afin de préserver l'argument de l'attractivité de la RFA les irrédentistes prirent des engagements qu'une fois la Sarre redevenue allemande Bonn refusa catégoriquement d'honorer. Mais dans l'immédiat les électeurs les crurent. Qui plus est, des éléments extérieurs vinrent peser sur le débat, en particulier les développements que connut en 1955 l'engagement de la France en Algérie. Théâtre de mouvements sociaux chroniques, voilà qu'après sa défaite indochinoise ce pays s'enfonçait dans un nouveau conflit colonial alors que le Maroc et la Tunisie

35 *Saarländische Volkszeitung* du 3 janvier 1955.

36 Eckart Conze, *Die Suche nach Sicherheit. Eine Geschichte der Bundesrepublik Deutschland von 1949 bis in die Gegenwart*, Munich, 2009, p. 99.

37 Historisches Museum Saar, *Ja und Nein*, p. 111 et p. 151.

38 Sur ce point, Küppers, *Johannes Hoffmann*, p. 513.

s'agitaient encore. Les protestations spectaculaires des « rappelés » avivaient les inquiétudes. Dans le climat de tensions internationales des années 1950 cet aspect n'était pas négligeable. Son effet fut renforcé par une rumeur – et chacun sait combien une rumeur est tenace. Le bruit courut qu'en cas d'approbation du statut les jeunes Sarrois seraient engagés en Afrique du Nord. Si les effets n'en sont pas précisément mesurables, il eut un impact. La RFA, qui alliait affirmation internationale et prospérité économique à un bon niveau de consommation était décidément plus attractive qu'une France militairement défaite, économiquement moins dynamique et socialement agitée – « l'homme malade de l'Ouest »[39].

Enfin deux atouts jouèrent en faveur du « non ». D'une part il avait le soutien d'une partie du clergé. Dès les débuts de l'autonomie Mgr Bornewasser, évêque de Trèves qui avait déjà soutenu le vote allemand en 1935, s'engagea contre toute forme de séparation de la Sarre de l'Allemagne ; son successeur, Mgr. Wehr, adopta la même ligne sur un ton plus modéré. Bien que le clergé ne parlât pas d'une voix, la tradition catholique solidement implantée depuis le dix-neuvième siècle joua en apportant un fondement théologique à l'irrédentisme. L'autre facteur fut plus tardif et politique. Les deux camps se réclamaient d'Adenauer, les uns de sa signature du 23 octobre 1954, les autres de ses intentions « réelles », affirmant que sa signature lui avait été « extorquée » à Paris. Une affiche du dessinateur Roland Stigulinszky, articulée autour de deux mains (allemande et sarroise) qui se serrent, proclamait : « Wir wollen ein EHRLICHES [sic] Europa. Darum nein zu diesem Statut » ; elle faisait pendant à une affiche du CVP qui, sous le mot « *Endlich !* », laissait entendre que l'adoption du statut rapprocherait Allemands et Français[40]. Le 2 septembre 1955 Adenauer, fidèle à sa stratégie d'affirmation de la bonne volonté allemande, intervint directement dans la campagne. Soucieux de montrer à la France sa fidélité à son engagement parisien et agacé par le préjudice que causaient à l'image de l'Allemagne les excès des irrédentistes il appela à voter pour le statut, ce qui incita les partis « pro-allemands » à se regrouper dans un *Heimatbund*,

39 Defrance, Pfeil, *Eine Nachkriegsgeschichte*, p. 84.
40 Historisches Museum Saar, *Ja und Nein*, p. 75 et p. 83.

mais dans le même temps il fragilisa le camp du « oui » en demandant le départ de Johannes Hoffmann.

En soulignant d'un trait européen le maquillage du statut proposé afin de faire passer l'autonomie de la Sarre les négociateurs français avaient tenté de sauver l'union économique. Pour prix de la souveraineté et de l'intégration à l'Ouest et convaincus comme leurs homologues parisiens que le statut serait adopté à une large majorité mais comptant que le temps jouait en leur faveur, les Allemands avaient accepté de signer. Mais la période pendant laquelle mieux valait être dans le bateau français était révolue.

L'après 23 octobre

Le 23 octobre 1955 67,7% des votants rejetèrent le « statut européen ». Ce résultat ne supportait aucune contestation, la participation ayant dépassé 96% des inscrits. En admettant sans tarder que leur « non » n'exprimait pas une hostilité à l'Europe mais la volonté d'un retour à l'Allemagne le gouvernement Edgar Faure fit un pas vers une solution négociée par Paris et par Bonn – que différèrent cependant des élections anticipées qu'il provoqua. La question sarroise fut mise en jachère jusqu'en février 1956.

Tout se passa alors comme si le rejet du « statut européen » avait valu condamnation de l'emploi utilitariste de la notion d'Europe et ouvert la voie au règlement d'un problème qui hypothéquait depuis 1949 les relations franco-allemandes. Les négociations sur la Sarre rendirent à l'Europe l'importance qu'avait estompée la campagne : l'Europe n'était plus au service d'intérêts en Sarre, mais la Sarre inscrite dans des visées européennes.

Européen convaincu et considéré comme tel par Adenauer Guy Mollet qui, face au député social-démocrate Karl Mommer, s'était dit favorable à des discussions SPD-SFIO sur la Sarre[41] et qui avait fait voter trois jours après le référendum par son parti un texte rejetant le statu quo et refusant que l'échec sarrois entrave la construction européenne[42], avait besoin du soutien allemand en Algérie où la situation se dégradait. Le rapport de force à l'Assemblée nationale depuis les élections du 2 janvier (renforcement de la représentation communiste et arrivée en nombre des poujadistes) fragilisait l'exécutif. Or Bonn ne souhaitait pas voir s'installer en France un gouvernement susceptible d'annihiler les espoirs de relance européenne ; aussi y était-on disposé à ne pas affaiblir Mollet.

Les deux parties avaient intérêt à dramatiser le début des négociations sur la Sarre afin de donner le change à leurs opinions et à leurs parlements. Elles le firent avec talent, mais elles s'accordèrent d'emblée pour tenir à l'écart du règlement les Ney ou Schneider qui avaient porté le « non », et qui présidaient désormais l'un le gouvernement, l'autre le *Landtag* de la Sarre dont on réglait le sort. Le président du Conseil craignait leur intransigeance, le chancelier n'avait aucune confiance en leur sens politique et il voulait éviter qu'ils vinssent affaiblir la position allemande par leurs maladresses. Les conversations franco-allemandes qu'avaient réclamées les porteurs du « non » se firent sans eux.

Bien que pugnaces, les négociations progressèrent rapidement. Dès juin l'accord était acquis sur la plupart des sujets, en septembre les secrétaires d'Etat Walter Hallstein et Maurice Faure réglaient une partie du contentieux franco-allemand autre que sarrois… Les deux délégations veillèrent, eu égard aux nécessités d'un redémarrage de l'Europe, à œuvrer ensemble à un règlement équilibré. On renonça entre autres au retour immédiat de la Sarre pour une période transitoire qui devait permettre l'adaptation de l'économie du territoire et faire droit aux exigences françaises – Paris obtenant en outre d'importants travaux de canalisation de la Moselle.

Replacée dans la sphère politique, la construction européenne ne se posait plus en termes d'émotions, mais d'intérêts. En accaparant

---

41 Rapport non daté de Karl Mommer, Friedrich-Ebert-Stiftung, Parteivorstand, Abt.II, Erich Ollenhauer, dossier 119.

42 Entre autres: *Allgemeine Zeitungsdienst West* du 31 oct. 1955.

l'attention des Français l'Algérie fit que les questions allemandes perdirent leur valeur de chiffon rouge, les rodomontades germanophobes se firent plus rares au parlement. A Bonn l'idée de compensations financières était acquise depuis longtemps, la perspective et l'exemplarité de la « petite réunification » en relativisaient le prix. Certes, Ludwig Erhard embellit rétrospectivement les choses le jour de la réintégration économique, lorsqu'il déclara que trois ans plus tôt : « Les deux gouvernements agirent dans la conviction que les frontières économiques et nationales ne sépareraient pas plus longtemps les peuples en Europe »[43]. En fait, le rattachement à l'Allemagne convenait aux deux parties : cette fois on était d'accord sur les rives de la Seine et du Rhin pour que ce territoire ne fît pas plus longtemps obstacle à une relance de l'Europe grosse de promesses plus importantes. La question n'était plus « comment », mais « combien ».

Chacun fut dans son rôle jusqu'au bout. La ratification des accords de Luxembourg vit l'opposition allemande faire au chancelier le reproche d'avoir payé un prix trop élevé tandis qu'à Paris Mollet encourut celui d'avoir bradé la Sarre. Mais la voie de la coopération vers plus d'Europe était ouverte, comme le montrèrent l'attention plus soutenue que Guy Mollet apporta aux questions européennes une fois le problème sarrois réglé[44], la proposition du chancelier de faire progresser l'intégration en y associant Londres, fin septembre 1956 à Bruxelles[45], son voyage à Paris du 6 novembre, en pleine crise de Suez[46], ou ses concessions sur l'association des territoires d'outre-mer pour faciliter le traité de Rome[47].

43 Discours radiodiffusé, 4 juillet 1959, Ludwig Erhard, « Zur wirtschaftlichen Rückgliederung des Saarlandes », in : *Deutsche Wirtschaftspolitik: Der Weg zur sozialen Marktwirtschaft*, p. 433.

44 Karl Kaiser, *EWG und Freihandelszone. England und der Kontinent in der europäischen Integration*, Leyden, 1963, p. 80 *sq.*

45 Entre autres : *Neue Zürcher Zeitung* du 30 septembre 1956.

46 Jean-Paul Cahn, Klaus-Jürgen Müller, *La République fédérale d'Allemagne et la guerre d'Algérie 1954–1960*, Paris, 2003, p. 109 *sq.*

47 *Ibid.*

En avril 1956 le drapeau de l'Autriche, nouvellement admise au Conseil de l'Europe, remplaça à Strasbourg celui de la Sarre[48]. Mais ce territoire, qui avait longtemps engendré la discorde entre les deux voisins ouest-européens, se profila peu à peu comme un vecteur de leur rapprochement, et tandis que la crise du charbon privait sa population de la prospérité espérée, il s'engagea résolument dans la voie de la construction européenne.

Conclusion

L'intérêt économique dicta de plus en plus la politique sarroise de la France. L'Europe devint à la fois un levier et un alibi de cette politique. Mais peu à peu, avec la conviction croissante que Paris tirait unilatéralement bénéfice de l'union économique et le constat que la prospérité était du côté allemand, un nombre croissant de Sarrois trouva de moins en moins d'attrait à l'autonomie. Une formule par laquelle le SPD résumait l'attitude du Quai d'Orsay, « Ils parlent de l'Europe mais ils pensent à la Sarre », s'installa dans les esprits. Avec le naufrage de la CED le crédit européen de la France s'étiola.

Aussi le « statut européen » sous l'égide de l'UEO que Konrad Adenauer et Pierre Mendès France proposèrent à référendum prêta-t-il le flanc à un scepticisme dont les défenseurs du « non » profitèrent, tout comme ils firent leur bénéfice de l'impopularité du porte-drapeau du « oui », Johannes Hoffmann, assimilé à la présence française. Quelles que fussent la force de ses convictions et la fougue de son combat, les cartes dont disposait le *Ministerpräsident* étaient trop mauvaises pour que son talent politique pût les compenser : qu'attendre d'une aventure commune avec une France qui refusait d'être solidaire de son voisin pour assurer la sécurité de l'Europe dans un monde lourd de menaces ? Et cette Europe sans identité, à l'avenir incertain, justifiait-elle la

48 *Le Monde* du 17 avril 1956.

prorogation d'un partenariat hasardeux alors que l'on pouvait aller vers l'Europe en partageant la croissance et la prospérité allemandes ?

Le premier tour de force du « non » fut de convaincre l'électorat que, dans une alternative, une troisième option est possible. Le second fut de substituer à la question sur l'avenir européen de la Sarre qui était posée un débat centré sur la fidélité à la nation ; soutenus par la hiérarchie catholique, avec des formules ancrées dans le passé, les irrédentistes appelèrent à rejoindre une nation qui, contrairement à 1935, était à la fois démocratique, prospère et européenne. Leur troisième tour de force fut d'obtenir l'adhésion d'une majorité irréfutable de votants. A leur argumentaire émotionnel le « oui » n'avait à opposer qu'une mise en accusation d'adversaires qui se présentaient comme des victimes, un appel argumenté à la raison et, pour solliciter l'imaginaire, une Europe garant de paix de faible crédibilité.

A partir de là la dimension européenne du statut proposé le 23 octobre 1955, biaisée dès son intégration aux accords sur la Sarre de l'année précédente et, qui plus est, au centre de la question posée à l'électorat, ne pouvait plus occuper dans le débat qu'une place de second rang. Cela était d'autant plus vrai que les deux camps promettaient l'Europe. Elle resta présente, mais pour nombre d'électeurs l'adoption du statut équivalait à prolonger la présence française. Si bien qu'en dépit des excès de part et d'autre il est difficile de considérer le résultat du référendum comme l'expression d'un nationalisme antieuropéen. Il convient plutôt de dire qu'une Europe en panne assimilée à une autonomie sous tutelle n'avait que peu de chances de s'imposer face à la promesse d'une intégration pleine dans une Allemagne dont le « miracle économique » renforçait l'attrait.

Reiner Marcowitz

Le plan Schuman et le traité de l'Elysée : deux mythes fondateurs du rapprochement franco-allemand

Le « miracle de notre temps », a qualifié Charles de Gaulle en 1962 le rapprochement franco-allemand qui eut lieu après la Seconde Guerre mondiale[1]. En réalité, ce n'en était pas un du tout, mais ce sont plutôt des intérêts réels et un contexte international favorable qui ont permis cette évolution des choses. C'est quand-même une spécificité des relations entre la France et la République fédérale d'Allemagne (RFA), après 1945, que ce processus ait été assez rapidement mythifié et parfois même sacralisé. Cette réduction, voire falsification, de la vérité historique a, sans doute, aidé à rendre populaire la bonne entente entre Allemands et Français. En revanche, la construction d'une « amitié héréditaire»[2] risque de ne pas se contenter de déformer la réalité mais de créer même des attentes irréalistes envers les relations actuelles. Du fait que le quotidien de cette coopération se trouve être fort souvent assez difficile, les déceptions sont programmées[3]. Ce sont notamment l'interprétation du plan Schuman et celle du traité de l'Elysée qui sont au cœur de ce processus

---

1 De Gaulle dans un discours au palais de l'Elysée, 3 juillet 1962, in : *Charles de Gaulles, Discours et messages. T. 3 : Avec le renouveau, mai 1958-juillet 1962*, Paris, Plon 1970.

2 Wolfgang Bergsdorf et al. (dir.), *Erbfreunde. Deutschland und Frankreich im 21. Jahrhundert*, Erfurt, Bauhaus-Universität Weimar, 2007. Cf. Ulrich Pfeil (dir.), *Mythes et tabous des relations franco-allemandes au xx*e siècle. *Mythen und Tabus der deutsch-französischen Beziehungen im 20. Jahrhundert*, Berne, Peter Lang, 2014.

3 L'article se concentre sur les relations entre la France et la République fédérale d'Allemagne, car seules ces relations ont été impactées par les phénomènes qui nous intéressent. En ce qui concerne les relations entre la France et la RDA

de mythification qui, lui, perdure jusqu'à aujourd'hui. C'est la raison pour laquelle nous allons les analyser : tout d'abord l'initiative de Robert Schuman du début des années 1950 (I) ; puis le traité de l'Elysée de 1963 (II) ; enfin l'impact de la mythification de ces deux événements sur les relations franco-allemandes actuelles (III).

I. Le plan Schuman : l'œuvre de « saints » politiques ?

La fin de la « grande Allemagne » en 1945, à l'issue de la Seconde Guerre mondiale, se traduisit pour l'Allemagne par la perte de son autonomie en tant que grande puissance mondiale et pour l'Europe par la fin de plus de trois siècles de domination directe ou indirecte à l'échelle mondiale[4]. Tous les pays européens se trouvèrent face à un monceau de ruines – de ruines avant tout matérielles et politiques, mais aussi culturelles et morales : les « puissances de l'Axe », conduites par l'Allemagne, parce qu'elles avaient perdu la guerre criminelle qu'elles avaient provoquée ; si les autres, les membres de la « coalition anti-hitlérienne », avaient gagné la guerre, ce n'était que grâce à l'aide des États-Unis et de l'Union soviétique et – exception faite de la Grande-Bretagne – seulement après avoir subi au préalable l'expérience humiliante d'une défaite rapide et d'une longue période d'occupation allemande assortie d'une collaboration partielle. Il ne s'en suivit pas encore un changement décisif pour les relations franco-allemandes. Tout d'abord, côté français s'affrontaient deux conceptions – celle d'un contrôle total de l'Allemagne et celle d'un rapprochement avec elle –,

cf. Ulrich Pfeil, *Die « anderen » deutsch-französischen Beziehungen. Die DDR und Frankreich 1949–1990*, Köln, Böhlau Verlag, 2004.

4 Andreas Hillgruber, *Der 2. Weltkrieg. Kriegsziele und Strategien der grossen Mächte*, Stuttgart, Kohlhammer Verlag,1983, p. 156–169 ; Maurice Vaïsse, *Les relations internationales depuis 1945*, Paris, Armand Colin, 1995, p. 7–46 ; Georges-Henri Soutou, *La guerre des cinquante ans. Les relations Est-Ouest 1943–1990*, Paris, Fayard, 2001, p. 19–49 ; Jost Dülffer, *Europa im Ost-West-Konflikt 1945–1991*, Munich, Oldenbourg, 2004, p. 7–17.

alors qu'en Allemagne dominait une perception négative des occupants français, nourrie aussi bien de l'expérience d'une occupation sévère que de souvenirs historiques, mais oublieuse du fait que l'occupation de la France par les Allemands après la débâcle de 1940 ne fut pas non plus une période facile pour les Français[5].

En outre, il manquait toujours dans la plupart des gouvernements européens, et cela même dans l'immédiat après-guerre, une volonté de se détourner réellement de la politique prioritairement nationale et interétatique. Ils n'étaient pas encore prêts à s'approprier ces plans d'unifications régionales ou même de fédération européenne globale que d'anciens gouvernements en exil ou des groupes de résistants avaient élaborés dans la première moitié des années 1940 en tenant compte de l'expérience de la guerre et de la défaite, plans que l'on retrouvait après 1945 dans les revendications de différents groupes de la société civile. Toutefois, la fin de la Seconde Guerre mondiale créa, du moins à moyen terme, les conditions pour un changement structurel des relations entre la France et l'Allemagne de l'Ouest, d'autant que leur contexte international se modifiait totalement. Ce fut surtout la formation progressive de deux espaces d'intégration en Europe orientale et occidentale – de qualité et de philosophie complètement différentes, voire opposées – qui s'avéra être un véritable catalyseur favorisant des mesures concrètes en vue de l'unification du continent.

Cette évolution eut pour effet de rendre obsolètes les espoirs d'une Europe « troisième force » répandus dans l'immédiat après-guerre : à l'Ouest émergea un « Empire by invitation » (Geir Lundestad) d'un type inédit, sous la direction américaine, qui reposait à la fois sur le ralliement volontaire des partenaires moins importants au modèle attractif de la puissance prédominante, les États-Unis, et sur la force de persuasion liée aux avantages économiques et politiques qui découlaient de cette alliance. En revanche, à l'Est, l'URSS imposa une hégémonie

5 Ulrich Lappenküper, *Die deutsch-französischen Beziehungen 1949–1963. Von der „Erbfeindschaft" zur „Entente élémentaire", t. 1: 1949–1958*, Munich, R. Oldenbourg Verlag, 2001, p. 33–48 ; Corine Defrance, Ulrich Pfeil, *Entre guerre froide et intégration européenne. Reconstruction et rapprochement 1945–1963,* Villeneuve d'Ascq, Septentrion, 2012, p. 45–62 et p. 141–201.

classique, qui reposait sur un contrôle militaire massif, des pressions politiques et une dépendance économique. En raison du conflit Est-Ouest, qui éclata alors, les Européens occidentaux avaient besoin de l'aide des États-Unis, qui exigeaient en échange d'une assistance militaire et d'un soutien économique une coopération intra-européenne renforcée. C'est dans ce contexte que se formèrent en 1948 l'Organisation européenne de coopération économique – pour la répartition de l'aide du Plan Marshall – et, en 1949, le Conseil de l'Europe. Ces deux institutions fonctionnaient toujours dans les limites traditionnelles de la coopération interétatique. Elles correspondaient exactement à ce que le mot *intégration* signifiait à cette époque, aussi bien dans l'usage commun que dans l'usage scientifique : une forme de concentration, signifiant imbrication et regroupement d'unités autonomes, qu'il s'agisse d'États nationaux ou d'entreprises[6].

Dans cette situation, le gouvernement français présenta en 1950 une nouvelle initiative en vue d'une unification, au niveau de l'Europe occidentale : lors d'une conférence de presse spectaculaire qui fit date et eut lieu le 9 mai, le ministre des Affaires étrangères, Robert Schuman, proposa de placer l'industrie du charbon et de l'acier de la République fédérale d'Allemagne et de la France sous la responsabilité d'une autorité commune[7]. La nouvelle structure devait de surcroît rester ouverte à d'autres pays de l'Europe occidentale. Ce plan, appelé « plan Schuman », était en réalité l'idée de Jean Monnet, commissaire au plan, et fut, dans la politique internationale de l'époque, un véritable coup de théâtre qui prépara d'une part le chemin vers la création de la Communauté européenne du charbon et de l'acier (CECA) et, d'autre part, la percée décisive vers l'intégration supranationale de l'Europe de l'Ouest.

---

6 Ludolf Herbst, « Die zeitgenössische Integrationstheorie und die Anfänge der europäischen Einigung », *Vierteljahrhefte für Zeitgeschichte*, 34, 1986, p. 161–205.

7 Andreas Wilkens (dir.), *Le plan Schuman dans l'histoire. Intérêts nationaux et projet européen*, Bruxelles, Peter Lang, 2004 ; Lappenküper, *Beziehungen*, p. 229–276 ; Franz Knipping, *Rom, 23. März 1957. Die Einigung Europas*, Munich, dtv, 2004 ; Wilfried Loth, *Europas Einigung. Eine unvollendete Geschichte*, Francfort-sur-le-Main, New York, Campus, 2014, p. 34–41.

Cependant, l'idée selon laquelle la proposition faite par Robert Schuman aurait été de caractère extraordinaire s'est trouvée relativisée au cours des dernières années : on a réduit le projet à l'expression d'intérêts purement nationaux des États et des gouvernements concernés ou bien on a contesté son effort de rupture[8]. Et, de fait, les considérations qui motivaient Schuman et Monnet étaient moins altruistes qu'égoïstes : en raison de son importance stratégique dans le contexte de la guerre froide, la RFA allait se trouver libérée d'une partie des restrictions économiques qui pesaient sur elle. Le gouvernement français accepta, plus ou moins de gaieté de cœur, de passer d'une surveillance unilatérale de l'Allemagne à un contrôle coopératif de celle-ci. Cette mesure correspondait par ailleurs à une exigence économique car le plan élaboré par Monnet pour moderniser l'industrie lourde française pouvait échouer en raison d'une surproduction d'acier et d'un sous-approvisionnement en coke. Un tel danger pouvait se trouver écarté par la mise en place de la Communauté européenne du charbon et de l'acier (CECA), grâce aux pouvoirs de régulation et de contrôle de celle-ci. Par ailleurs, la prospérité économique de la France était une condition indispensable pour que celle-ci recouvre un rôle de grande puissance dominante en Europe. Ainsi, à travers sa proposition, Monnet espérait aussi obtenir pour son pays « la confirmation de la position de leader sur le continent »[9]. Enfin, l'idée de la CECA pouvait tout à fait s'appuyer sur les exemples pratiques de l'entre-deux-guerres – comme le Cartel international de l'acier – et sur des ébauches proposées au cours des années précédentes.

Cette critique fait partie d'une révision complète de l'évaluation de la politique française d'occupation en Allemagne au cours des années

8 Reiner Marcowitz, « Idealistische Aussöhnung oder realistisches Machtkalkül ? Eine (Forschungs-)Bilanz der Frankreichpolitik Konrad Adenauers, 1949–1963 », in : Klaus Schwabe (dir.), *Konrad Adenauer und Frankreich 1949–1963. Stand und Perspektiven der Forschung zu den deutsch-französischen Beziehungen in Politik, Wirtschaft und Kultur*, Bonn, Bouvier Verlag, 2005, p. 14–39.

9 Jean Monnet à Robert Schuman le 9.9.1950, cit. d'après Gilbert Trausch, « Der Schuman-Plan zwischen Mythos und Realität. Der Stellenwert des Schuman-Planes », in : Rainer Hudemann, Hartmut Kaelble, Klaus Schwabe (dir.), *Europa im Blick der Historiker*, Munich, R. Oldenbourg Verlag, 1995, p. 105–128 (p. 116).

allant de 1945 à 1949 et de la politique de la France envers l'Allemagne après la Seconde Guerre mondiale en général. Pendant assez longtemps, elle a été présentée d'une manière très négative. Mais l'ouverture des archives françaises à partir de la seconde moitié des années 1980 – et avant tout, en 1986, de celles de Colmar, qui sont consacrées à l'occupation française en Allemagne – a été le « prérequis essentiel d'un changement de paradigme en termes d'interprétation »[10]. Celui-ci peut se référer à plusieurs documents qui prouvent que derrière la façade des demandes « dures » concernant l'Allemagne d'après-guerre, il y eut aussi, assez tôt, des réflexions « molles » quant à une coopération avec elle. Par conséquent, distinguer simplement entre un concept de « domination » et un concept d'« intégration », comme l'ancienne recherche l'a fait, est trop simplificateur. En revanche, on doit plutôt constater une « double politique allemande » (Dietmar Hüser) qui comprenait en permanence les deux éléments. Le plan Schuman de 1950 pouvait donc profiter des travaux préparatoires qui avaient été faits par la diplomatie française au cours des années précédentes. De telle manière, l'interprétation « révisionniste » de la politique allemande française a contribué à éclaircir l'image purement négative de la zone française d'occupation en Allemagne vue jusque-là comme une simple « colonie d'exploitation » (Theodor Eschenburg) ainsi qu'à relativiser la perception d'une politique allemande purement destructive de la France.

---

10 Dietmar Hüser, « Frankreich und Deutschland: Forschungsansätze, Thesen, Aktualitätsbezüge », *Dokumente*, 53, 1997, p. 108–115 (p. 111). Cf. id., « Struktur- und Kulturgeschichte französischer Außen- und Deutschlandpolitik im Jahre 1945. Für eine methodenbewusste Geschichte der internationalen Beziehungen », *Historische Mitteilungen* 16, 2003, p. 155–170 ainsi que Rainer Hudemann, « Reparationsgut oder Partner? Zum Wandel in der Forschung über Frankreichs Deutschlandpolitik nach 1945 », *Aus Politik und Zeitgeschichte*, B 6/97,1997, p. 31–40 et Edgar Wolfrum, « Französische Besatzungspolitik in Deutschland nach 1945. Neuere Forschungen über die "vergessene Zone" », *Neue Politische Literatur*, 1, 1990, p. 50–62 et id., « Französische Besatzungspolitik », in : Wolfgang Benz (dir.), *Deutschland unter alliierter Besatzung 1945-1949/55. Ein Handbuch*, Berlin Akademie-Verlag, 1999, p. 60–72 et enfin Rudolf Morsey, *Die Bundesrepublik Deutschland: Entstehung Entwicklung bis 1969*, Munich, R. Oldenbourg Verlag, 2000, p. 141–144.

En même temps, cette révision fait partie d'une controverse beaucoup plus large qui s'est développée à partir des années 1980 parmi les spécialistes de l'histoire de la construction européenne. Ceux-ci se sont posés des questions générales qui concernent également le domaine des relations franco-allemandes proprement dites. Deux clans s'opposaient : d'une part les « idéalistes », d'autre part les « réalistes », ainsi que l'on peut les nommer, en utilisant là des notions de politistes, pour distinguer les deux grands courants de la recherche de relations internationales[11]. Dans les années 1970, l'orientation « idéaliste » déployée autour de Walter Lipgens dominait la recherche de la construction européenne. Quant au motif de cette construction, il émanait de la belle idée qu'était la nécessité d'une solidarité européenne[12]. Déjà virulente dans l'entre-deux-guerres, celle-ci aurait été ensuite adoptée par les différents groupes de résistants dans toute l'Europe face aux crimes nationaux-socialistes et en raison de l'échec de leurs propres États nationaux, qui n'étaient pas capable de braver l'attaque du « Troisième Reich ». Enfin, les nouveaux défis économiques et sécuritaires auraient aidé à transformer cette conviction en un consensus, tout au moins en Europe de l'Ouest. Par conséquent, le concept des « États-Unis d'Europe » serait donc devenu l'atout de la politique des gouvernements de l'Europe occidentale.

Depuis les années 1980, cette interprétation a été critiquée par des représentants d'une orientation « réaliste », notamment par des spécialistes

11 Wilfried Loth, « Beiträge der Geschichtswissenschaft zur Deutung der Europäischen Integration », in : W. LothDers, Wolfgang Wessels (dir.), *Theorien europäischer Integration*, Opladen, Westdeutscher Verlag, 2001, p. 87–106, Jost Dülffer, « Europäische Zeitgeschichte – Narrative und historiographische Perspektiven », in *Zeithistorische Forschungen/Studies in Contemporary History*, Online-Ausgabe 1, 2004, H. 1, URL: http://www.zeithistorische–forschungen.de/16126041-Dülffer-1-2004, id., *Europa im Ost-West-Konflikt 1945–1991*, Munich, R. Oldenbourg Verlag, 2004, p. 149–160 et p. 174–183, Wolfram Kaiser, « Vom Staat zur Gesellschaft? Zur Historiographie der europäischen Integration », *Geschichte in Wissenschaft und Unterricht*, 55, 2004, p. 663–679.

12 Walter Lipgens, *Die Anfänge der europäischen Einigungspolitik 1945–1950. Erster Teil: 1945–1947*, Stuttgart, Klett-Cotta 1977 ; id. (dir.), *Europa-Föderationspläne der Widerstandsbewegung 1940–1945*, Munich, R. Oldenbourg Verlag 1968.

britanniques de l'histoire économique, et en particulier l'historien Alan S. Milward, qui se présentait comme un « anti-Lipgens »[13]. et comme « l'iconoclaste phare de la théorie de l'intégration »[14]. Selon lui et selon d'autres « réalistes », l'interprétation traditionnelle transfigurait l'évolution réelle et ignorait ainsi les vrais motifs de celle-ci. D'après eux, ce n'était pas du tout les intentions altruistes des « idéalistes » européens qui avaient motivé le lancement de la construction européenne. Bien au contraire, celui-ci s'expliquait par un calcul d'intérêts traditionnels des États participants. Précisément, ceux-ci se seraient aperçu de leur situation précaire après la Seconde Guerre mondiale : face à la perte de pouvoir des anciennes grandes puissances européennes et à la nécessité d'une reconstruction économique du continent ainsi que – du côté allemand – pour cause de discréditation morale, la participation à la construction de l'Europe de l'Ouest aurait été pour les États-nations la seule échappatoire à leur crise existentielle. C'est pourquoi les « réalistes » ont résumé leur recherche sous la forme d'une conclusion qui n'était qu'à première vue un paradoxe :

> The European Community has been [...] an indispensable part of the nation-state's post-war construction. Without it, the nation-state could not have offered to its citizens the same measure of security and prosperity which it has provided and which has justified its survival. After 1945 the European nation-state rescued itself from collapse, created a new political consensus as the basis of its legitimacy, and through changes in its response to its citizens which meant a sweeping extension

13 Loth, *Beiträge*, p. 93.

14 Wolfgang Krieger, « Die Eingliederung der Bundesrepublik Deutschland in die westliche Welt. Ein Beitrag zur Integrationsforschung », in : Horst Möller, Udo Wengst (dir.), *50 Jahre Institut für Zeitgeschichte. Eine Bilanz*, Munich, R. Oldenbourg Verlag 1990, p. 441–458 (p. 442). Cf. Alan S. Milward, *The Reconstruction of Western Europe 1945–51*, Londres, University of California Press,1984; id., « Nationale Wirtschaftsinteressen im Vordergrund – Neue Erkenntnisse statt überholter Schulweisheiten », *Integration*, 10, 1987, p. 100–106 ; id., *European Rescue of the Nation-State*, Londres, Routledge, 1992 ; John Gillingham, *Coal, Steel, and the Rebirth of Europe, 1945–1990. The Germans and French from Ruhr Conflict to Economic Community*, Cambridge, Cambridge University Press, 1991 ; id., *European Integration 1950–2003. Superstate or New Market Economy*, Cambridge, Cambridge University Press, 2003 ; Richard T. Griffiths, *The Creation of Efta*, Florence, 1991.

> of its functions and ambitions reasserted itself as the fundamental unit of political organization.[15]

De cette manière, les « réalistes » ont ironisé sur le « master narrative » de leurs collègues « idéalistes », le présentant comme le récit des « vies et des enseignements de saints européens »[16].

Les deux partis peuvent citer force documents qui donnent une preuve de leur interprétation : pour les « idéalistes », il s'agit avant tout de prises de position et de programmes des adhérents du mouvement européen ; en ce qui concerne les « réalistes », ils se réfèrent à des documents d'archives étatiques, à savoir des dossiers provenant des différents ministères impliqués dans la politique de construction européenne, au premier chef les ministères de l'Économie. Les références documentaires très diverses expliquent aussi les résultats contraires des deux groupes de chercheurs : alors que les déclarations de ceux qui s'étaient engagés déjà pendant l'entre-deux-guerres – et ensuite après la Seconde Guerre mondiale – en faveur de la construction européenne témoignent de l'approche normative du mouvement européen, les archives étatiques, elles, reflètent particulièrement les intérêts nationaux des États qui ont participé à cette construction. C'est la raison pour laquelle s'est établie, ces dernières années, une troisième orientation de la recherche sur la construction européenne qui adopte une position intermédiaire : selon elle, il y avait, à l'origine, un calcul national, c'est-à-dire la prise en considération des « déficits fonctionnels »[17] de l'État national face aux problèmes du maintien de la paix à l'issue de la Seconde Guerre mondiale, du règlement du problème allemand, des

15 « La communauté européenne fut [...] un acteur indispensable de la construction de l'Etat nation dans l'après-guerre. Sans elle, l'Etat-nation n'aurait pu offrir à ses citoyens le même degré de sécurité et de prospérité que celui qu'il a fourni et qui a justifié sa survie. Après 1945, l'Etat-nation d'Europe s'est sauvé de l'effondrement, a créé un nouveau consensus politique au fondement de sa légitimité et s'est réaffirmé en tant qu'unité d'organisation politique de base par le biais de changements dans la façon de répondre aux citoyens entrainant une extension de ses fonctions et de ses ambitions. », Milward, *European Rescue of the Nation-State*, p. 3.

16 « lives and teachings of the European saints », *ibid.*, p. 318.

17 Loth, *Beiträge*, p. 96 sv..

problèmes économiques et de la confrontation entre les deux nouvelles superpuissances, à savoir les États-Unis et l'Union soviétique. Ces multiples défis auraient motivé un changement de la politique européenne de ces États. En revanche, il « était décisif [...] que les acteurs politiques fussent disposés à fusionner les souverainetés nationales dans certains domaines »[18]. En complément, ces chercheurs accentuent le caractère novateur de l'intégration supranationale qui dépasse, au moins au sein de certains secteurs politiques, le système des États nationaux classiques[19].

Cette ambivalence fondamentale entre intérêts nationaux traditionnels et nouvelles orientations de la politique de construction européenne a aussi influencé le plan Schuman. Tout d'abord, celui-ci fut un coup de force libérateur opportun de la diplomatie française, à la suite duquel le gouvernement français accepta, plus ou moins de gaieté de cœur, de passer d'une surveillance unilatérale à un contrôle coopératif. Cela semblait être aussi une exigence économique, car le plan élaboré par Monnet pour moderniser l'industrie lourde française menaçait d'échouer en raison d'une surproduction d'acier et d'un sous-approvisionnement en coke. Un tel danger pouvait être écarté par la CECA grâce à ses droits de saisie et de contrôle. Par ailleurs, la prospérité économique était à son tour une condition indispensable pour que la France recouvre un rôle de grande puissance dominante en Europe. En conséquence, à travers sa proposition, Monnet espérait aussi obtenir pour son pays « la confirmation de la position de leader sur le continent »[20].

---

18 Id., *Der Weg nach Europa. Geschichte der europäischen Integration 1939–1957*, Göttingen, Vandenhoeck & Ruprecht, 1996, p. 139.

19 Guido Thiemeyer, *Vom „Pool Vert" zur Europäischen Wirtschaftsgemeinschaft. Europäische Integration, Kalter Krieg und die Anfänge der Gemeinsamen Europäischen Agrarpolitik 1950–1957*, Munich, R. Oldenbourg Verlag 1999 ; id., « Supranationalität als Novum in der Geschichte der internationalen Politik der fünfziger Jahre », in : *Journal of European Integration History* 4,1998, p. 5–21.

20 Jean Monnet à Robert Schuman le 9.9.1950, cit. d'après Gilbert Trausch, « Der Schuman-Plan zwischen Mythos und Realität. Der Stellenwert des Schuman-Planes », in : Rainer Hudemann, Hartmut Kaelble, Klaus Schwabe (dir.), *Europa im Blick der Historiker*, Munich, R. Oldenbourg Verlag, 1995, p. 105–128 (p. 116).

En revanche, le plan Monnet-Schuman rompait sciemment avec les modèles de coopération et d'unification qui avaient cours jusque-là au niveau de la politique internationale et du monde transnational des affaires, et il créa quelque chose de « révolutionnairement » nouveau : pour la première fois, des États-nations remirent leur souveraineté, du moins dans certains secteurs, entre les mains d'un organe supranational, la Haute Autorité de Luxembourg. Même le Conseil des ministres, instauré par les États du Benelux comme contrepoids, ne changeait rien à cela. En effet : lors de ses débats, les différents intérêts nationaux se heurtaient à tel point que les neuf membres de la Haute Autorité durent intervenir pour les harmoniser. L'approche pratiquée par Monnet et connue sous le nom de « méthode Monnet » devint plus tard la loi de mouvement de l'unification européenne. Son concept d'« intégration sectorielle successive » devint à partir du 9 mai 1950 celui d'une unification supranationale qui au moins dans le domaine économique, a l'effet d'entraînement espéré, le fameux *spill-over.* Du point de vue des institutions, la CECA devint également un modèle pour les avancées ultérieures de l'intégration. C'est pour cette raison que le plan Monnet-Schuman représenta, du moins à moyen et à long termes, une « révolution copernicienne » dans l'histoire européenne.

En revanche, ce changement ne se fit pas du jour au lendemain, mais seulement à moyen et à long termes, et il ne s'expliquait nullement par un « miracle », mais par un simple calcul d'intérêts des deux côtés du Rhin. On pourrait caractériser l'intégration économique de l'Europe occidentale désormais amorcée comme une « européanisation du problème allemand », en ce sens que par la coopération et l'intégration européennes se trouvaient neutralisées puis résolus les deux problèmes qui existaient depuis l'existence du Saint Empire romain germanique et qui s'étaient aggravés encore depuis la fondation de l'Empire allemand: le problème de l'équilibre entre l'Allemagne et ses voisins sur les plans démographique, économique et politique en Europe centrale et le problème d'une juste pondération entre les intérêts nationaux et sécuritaires de l'Allemagne et de ses voisins. C'est exactement ce que Monnet avait proposé dans le mémorandum du 3 mai 1950, dans lequel il présentait pour la première fois à Schuman son idée de pool charbon-acier : « Il ne faut pas chercher à régler le problème allemand qui ne peut être réglé avec les données actuelles. Il faut en changer les données en les transformant »[21]. Concrètement, cela signifiait qu'il fallait renoncer à canaliser comme jusqu'alors les divergences d'intérêts existantes sur des lignes bilatérales et interétatiques. Dans ce domaine, il s'était largement avéré que les blessures historiques et les vanités nationales empêchaient de s'accorder. En revanche, le déplacement du problème au niveau européen facilitait les compromis et les concessions mutuelles. Dès lors que la bonne volonté de s'accorder au-delà des frontières des États était présente, elle exigeait aussi de tous les pays concernés qu'ils sacrifient une partie de leur égoïsme national sur l'autel de la supranationalité. Mais de tels compromis ne se faisaient jamais facilement ; bien au contraire, dans la plupart des cas, ils demandaient un long et souvent difficile processus de négociation pour harmoniser les différents intérêts des partenaires. Au lieu de créer le mythe d'une ancienne politique européenne qui aurait été purement altruiste et idéaliste, il serait plus correct de rétablir la vérité historique, d'autant que cela éviterait des attentes irréalistes liées à la construction européenne d'aujourd'hui – attentes très souvent déçues.

II. Le traité de l'Elysée – une percée de « l'amitié héréditaire » ?

Les troubles que connut la IVe République au printemps 1958, lorsque le retour de Charles de Gaulle au pouvoir se profilait, inquiétaient outre-Rhin, car cette évolution des choses semblait à nouveau mettre en question la coopération qui s'était entre-temps établie entre la France et les autres pays de l'Europe de l'Ouest : « Si M. de Gaulle arrive, il

21 Commissaire général au plan Monnet, enregistrement du 3.5.1950, in : Horst Möller et Klaus Hildebrand (dir.), *Die Bundesrepublik Deutschland und Frankreich : Dokumente 1949–1963*, vol. 2, éd. par Andreas Wilkens, Munich, R. Oldenbourg Verlag, 1997, p. 577–580 (p. 578) (doc. 166).

détruira l'Europe »[22] prédisait au printemps 1958 Adenauer, qui pensait que l'ancien chef de la Résistance française était un antieuropéen par excellence et qui le soupçonnait d'être encore très marqué par les vieux stéréotypes antiallemands. La rencontre avec le Général dans sa maison de Colombey-les-Deux-Églises, à la mi-septembre 1958, le fit changer d'avis, le fait est connu. De Gaulle adhéra sans réserve à la réconciliation et à la coopération franco-allemandes. Elles devaient être le fondement de l'unification de l'Europe occidentale qu'il se proposait aussi de poursuivre[23]. Adenauer s'était-il donc converti au gaullisme ? Pas du tout : malgré le soulagement et même l'estime qu'il pouvait porter au président de la France, il était méfiant de nature : un « abîme de méfiance » continua de séparer les deux hommes[24]. Adenauer était pour le moins troublé par bon nombre d'actions de de Gaulle – son attachement obstiné à la souveraineté nationale ainsi que ses aspirations à faire de la France une puissance mondiale qui lui firent prendre ses distances à l'égard des États-Unis et de l'OTAN et se rapprocher de l'Union soviétique. À l'inverse, de Gaulle considérait la RFA comme un partenaire certes important, mais pas systématiquement sur un pied d'égalité, ce qui explique qu'il ait dénoncé dès son retour aux affaires une coopération nucléaire conclue quelques mois plus tôt. La rencontre de Colombey à peine terminée, il proposa aux Américains et aux Britanniques de former un directoire au sein de l'OTAN, ce qui aurait confirmé l'exclusion de la petite Allemagne de la cour des grands. En outre, la politique allemande de la RFA ainsi que sa politique orientale (Ostpolitik) lui paraissaient anachroniques et constituer un obstacle pour sa propre politique de détente Est-Ouest, nécessaire à ses yeux. Dans la politique européenne enfin, à la différence du gouvernement

---

22 Cité d'après Hans-Peter Schwarz (dir.), *Adenauers Regierungsstil*, Bonn, Bouvier, 1991, p. 25.

23 Id., Adenauer, t. 2 : *Der Staatsmann: 1952–1967*, Stuttgart, Deutsche Verlags-anstalt, 1991, p. 452–457 ; Maurice Vaïsse, *La grandeur. Politique étrangère du général de Gaulle 1958–1969*, Paris, Fayard, 1998, p. 228–235.

24 Hans-Peter Schwarz, « Das außenpolitische Konzept Adenauers », in : Rudolf Morsey et Konrad Repgen (dir.) : *Adenauer-Studien I*, Mayence, Matthias Grünewald Verlag, 1971, p. 73–108 (ici p. 81).

fédéral, il misait plutôt sur une coopération interétatique que sur une intégration supranationale.

Il fallut la crise de Berlin pour réunir les deux hommes politiques et leurs États : lorsque l'Union soviétique menaça, fin 1958, de dénoncer le statut quadripartite de l'ancienne capitale allemande, mettant ainsi en danger la capacité de survie du poste avancé de l'Occident qu'était Berlin-Ouest, de Gaulle manifesta ostensiblement son soutien à Adenauer[25]. Ce dernier était de plus en plus déçu par la politique des gouvernements américains[26]. À partir de 1961, et sous l'égide de John F. Kennedy particulièrement, toutes les positions prises par les États-Unis concernant l'Allemagne semblèrent remises en cause. En effet, la nouvelle direction américaine réduisit ses engagements à la seule survie de la République fédérale et de Berlin-Ouest. De ce fait, elle n'entama rien du tout, lorsque, le 13 août 1961, commença la construction du mur de Berlin. Le statu quo de la division allemande était scellé.

La dégradation des relations germano-américaines eut pour conséquence de revaloriser celles de la France et de l'Allemagne. Certes, lors d'une rencontre qui eut lieu au cours de l'été 1960 au château de Rambouillet, près de Paris, Adenauer avait encore décliné la proposition de de Gaulle qui souhaitait une étroite alliance, voire une « union » entre les deux pays. Le chancelier craignait un affaiblissement de la Communauté économique européenne (CEE). Toutefois, il rechercha dans les années 1962–1963 une concertation toujours plus intense avec le Général. Il était pour lui certain que les bases de sa politique occidentale étaient menacées par les tensions avec les États-Unis. En outre, la politique d'intégration européenne traversait une crise : en 1962, le plan Fouchet – dont l'inspiration gaullienne insistait sur la souveraineté des États et la coopération de leurs gouvernements, à contre-courant de l'approche communautaire préférée par les partenaires – connut un nouvel échec dans sa seconde version. On trébucha en particulier sur la

25 Vaïsse , *Grandeur*, p. 236–237 et p. 263–283.

26 Schwarz, *Adenauer*, p. 627–769 ; Ulrich Lappenküper, *Die deutsch-französischen Beziehungen 1949–1963. Von der „Erbfeinschaft" zur „Entente élementaire"*, t. 2 : *1958–1963*, Munich, R. Oldenbourg Verlag, 2001, p. 1782–1822 ; Defrance, Pfeil, *Guerre froide*, p. 97–112.

question de l'adhésion britannique à la CEE, le Royaume-Uni étant pour de Gaulle le cheval de Troie des Américains qui devait servir au gouvernement Kennedy à briser sa vision d'une Europe européenne indépendante. À l'inverse, la majorité des partenaires de la France y voyaient plutôt un correctif nécessaire à la volonté de prééminence française en Europe occidentale[27]. Enfin, Adenauer avait été de surcroît contraint de démissionner à l'automne 1963 pour des raisons de politique intérieure.

Compte tenu de l'instabilité de la situation internationale et de l'existence d'un successeur désigné – le ministre de l'Économie Ludwig Erhard, dont il contestait les aptitudes pour la fonction de chancelier fédéral –, Adenauer eut l'intention, à partir de la seconde moitié de l'année 1962, de marquer une dernière fois la politique étrangère par une initiative : il s'agissait de faire de son héritage franco-allemand un élément crucial de sa politique européenne et, plus généralement, de sa politique occidentale. De Gaulle avait de son côté de bonnes raisons de chercher le rapprochement avec Bonn. Il fallait compenser plusieurs déconvenues qu'il avait essuyées entre 1958 et 1962, de la rebuffade que lui imposèrent les deux grands alliés occidentaux en déclinant son offre de créer un directoire à l'échec de sa politique européenne, avec le rejet des plans Fouchet, le tout sur fond de difficultés liées à la décolonisation et de guerre d'Algérie. C'est pourquoi, durant la visite d'État d'Adenauer en France au mois de juillet 1962 et celle de de Gaulle en République fédérale en septembre de la même année, les deux chefs d'État discutèrent de la possibilité d'un arrangement bilatéral qui engagerait leurs pays dans la voie de la coopération. Ainsi naquit ce qu'on appelle le traité d'amitié franco-allemand, que tous deux paraphèrent le 22 janvier 1963 dans le salon Murat du palais de l'Elysée avant de se faire une cordiale accolade.

---

27 Eckart Conze, *Die gaullistische Herausforderung. Die deutsch-französischen Beziehungen in der amerikanischen Europapolitik 1958–1963*, Munich, R. Oldenbourg Verlag 1995 ; Frédéric Bozo, *Deux stratégies pour l'Europe. De Gaulle, les États-Unis et l'Alliance atlantique 1958–1969*, Paris, Plon 1996 ; Georges-Henri Soutou, *L'alliance incertaine. Les rapports politico-stratégiques franco-allemands 1954–1996*, Paris, Fayard 1996, p. 149–259.

Cette image constitua en quelque sorte l'acmé de cette « politique officielle symbolique »[28] qu'ils avaient déjà tenté, durant les mois précédant leur rapprochement, d'étayer au plan émotionnel. Lors de l'échange de visites officielles en juillet et septembre 1962, l'accent avait été mis sur la dimension historique d'une « réconciliation » incarnée par deux résistants au nazisme, sur l'appel à la fierté partagée et sur les perspectives offertes à une jeunesse qui construirait son avenir en Europe. Adenauer pensa ainsi avoir parachevé son œuvre de politique étrangère et en avoir garanti la viabilité. Mais, dans les mois qui suivirent, son « option pour Paris » déclencha en république fédérale une bataille politique de premier ordre[29]. Un important groupe parlementaire « atlantiste », constitué de députés de tous les partis mais boudé par quelques « gaullistes », craignait qu'un lien trop fort à la politique ambitieuse de de Gaulle ne portât préjudice aux relations de la république fédérale avec les États-Unis et les autres alliés européens à l'Ouest. Adenauer dut par conséquent accepter un préambule sans lequel le traité n'aurait pas pu être ratifié par le Bundestag. Ce petit texte contrecarrait la vision de de Gaulle d'une Europe européenne en affichant de manière ostentatoire l'adhésion allemande à l'alliance atlantique et à la CEE ainsi que son attachement à l'entrée de la Grande-Bretagne dans la communauté économique européenne.

De ce fait, affirmer que, déjà sous Konrad Adenauer et Charles de Gaulle, le traité franco-allemand avait non seulement consacré la transformation d'une vieille « haine héréditaire » en une nouvelle « amitié héréditaire » mais qu'il avait aussi dès le début été un instrument apprécié de tous pour une coopération franco-allemande efficace relève purement et simplement d'un mythe qui, depuis assez longtemps, est volontiers invoqué, précisément lors des cérémonies commémoratives. De fait, la demande de rapprochement allait de pair avec des

---

28 Defrance, Pfeil, *Guerre froide*, p. 109.

29 Reiner Marcowitz, *Option für Paris? Unionsparteien, SPD und Charles de Gaulle 1958 bis 1969*, Munich, R. Oldenbourg Verlag, 1996, p. 74–85 et p. 96–104 ; Benedikt Schoenborn, *La mésentente apprivoisée. De Gaulle et les Allemands, 1963–1969*, Paris, Presses universitaires de France, 2007 ; Tim Geiger, *Atlantiker gegen Gaullisten. Außenpolitischer Konflikt und innerparteilicher Machtkampf in der CDU/CSU 1958–1969*, Munich, R. Oldenbourg Verlag, 2008, p. 197–216.

intérêts divergents et une méfiance mutuelle. Cette situation ne changea qu'à la fin des années 1960 et au début des années 1970, après la démission du Général et l'apaisement des anciennes querelles. C'est à ce moment-là que le traité de l'Elysée put enfin déployer ses effets positifs sur la politique étrangère des deux pays. Et grâce à cette évolution des choses, le processus de la transformation de la mémoire des origines du traité ainsi que la mise en scène positive de celle-ci commencèrent. Les années allant de 1974 à 1982, quand le chancelier Helmut Schmidt et le président Valéry Giscard d'Estaing dirigeaient les affaires de leurs pays respectifs, constituèrent un premier point culminant[30].

Du fait des succès de la coopération franco-allemande et de la très bonne relation personnelle de ses deux nouveaux protagonistes, une nouvelle dimension apparut dans les discours et dans la mise en scène qui contribua fortement à une nouvelle appréciation du traité franco-allemand[31] : la coopération bilatérale fut qualifiée d'« axe » ou de « moteur » de la politique d'unification européenne, ou bien encore de « couple » ou de « tandem » expertisant en duo la politique internationale. Cette nouvelle mise en oeuvre entraîna une lecture rétrospective et une orientation prospective. Rétrospectivement, les relations, depuis 1945, furent volontiers présentées comme une alliance consensuelle entre deux partenaires de choix, incluant celle qui unit Adenauer et de Gaulle alors qu'elle avait été encore fort contestée une dizaine d'années auparavant. C'est donc à ce moment que, pour la première fois, s'opéra une transfiguration des relations entre les deux pays – et

---

30 Hélène Miard-Delacroix, *Partenaires de choix ? Helmut Schmidt et la France, 1974–1982*, Berne, Peter Lang, 1993 ; id., *Le défi européen de 1963 à nos jours*, Villeneuve d'Ascq, Septentrion, 2011, p. 59–65.

31 Joseph Jurt, « Le couple franco-allemand. Naissance et histoire d'une métaphore », Karl-Heinz Götze (dir.), « France-Allemagne : passions croisées », *Cahiers d'études germaniques*, 41, 2001, p. 51–60 ; Chrystelle Nourry, *Le couple franco-allemand : un symbole européen*, Bruxelles, Bruylant, 2005 ; Hélène Miard-Delacroix, *Défi européen*, p. 292–293 ; Reiner Marcowitz, « Der Deutsch-Französische Freundschaftsvertrag zwischen Mythos und Wirklichkeit », in : *Frankreich Jahrbuch 2012. Deutsch-französische Beziehungen: Entwicklungslinien und Funktionswandel*, Wiesbaden, Springer Fachmedien, 2013, p. 49–62.

du traité qui les liait. Celui-ci apparut soudain, et toujours davantage avec les années, comme le véritable déclencheur de la réconciliation et de la coopération franco-allemandes, ce qui produisit une double déformation historique : des initiatives anciennes – en particulier le plan de Jean Monnet et de Robert Schuman qui présidèrent à la fondation de la CECA – étaient menacées de tomber dans l'oubli au même titre que le souvenir des tensions franco-allemandes et des débats de politique intérieure en république fédérale au moment de la signature du traité de l'Elysée et dans les premières années de son existence.

Mais les conséquences de l'expérience du tandem Schmidt-Giscard d'Estaing furent tout aussi importantes, notamment par leur aspect prémonitoire. Elle suscita en effet l'attente qu'une bonne entente personnelle entre les dirigeants français et allemands allait désormais être la norme, d'une part, et, d'autre part, elle plaça les protagonistes eux-mêmes sous une pression aussi bien médiatique que politique, leur enjoignant de répondre à cet espoir. Symboles d'une concertation efficace, telle qu'elle avait été en effet déjà prévue dans le traité franco-allemand sans pour autant avoir connu de résultats concrets du fait de la persistance d'opinions divergentes, les images de l'« axe », du « moteur », du « couple » ou du « tandem » devinrent alors aussi constitutives d'un style que contraignantes. Pourtant, c'est ainsi que dans les années 1970 s'élabora un nouveau « sentier de dépendance » spécifiquement franco-allemand.

III. Bilan : conscience historique et sens de la réalité

Depuis les années 1950, des deux côtés du Rhin s'est établie de manière croissante la conviction que cela vaudrait la peine de dépasser les anciens stéréotypes et de coopérer, même si le processus de l'harmonisation des intérêts divergents des deux pays est toujours compliqué. C'est, jusqu'à aujourd'hui, l'héritage valable du plan Schuman et du traité de l'Elysée. En fonction de ce constat, l'évolution des relations franco-allemandes depuis la fin de la Seconde Guerre mondiale est l'histoire d'une réussite. De ce fait témoignent aussi les mythes de réconciliation que nous venons d'analyser : ceux-ci réduisent le processus du rapprochement franco-allemand, qui n'a jamais été sans rupture et a toujours été ambivalent et complexe, à une histoire de réconciliation unidimensionnelle et facile à comprendre et dont le résultat semble être une amitié héréditaire définitive et irréversible. L'expression symbolique de cette conviction se retrouve, surtout ces dernières années, dans les néologismes formés à partir de l'adjonction des noms des représentants français et allemand successifs – de « Merkozy » à « Homer » et « Merkollande » en passant par « Sarkokel ».

En revanche, nous ne devrions pas être dupes de cette simplification, voire falsification historique : même si soixante-dix ans se sont écoulés depuis la fin de la Seconde Guerre mondiale, sans parler des autres guerres où se sont battus les Allemands et les Français, le souvenir de ce passé belliqueux existe encore. Les témoins disparaissent petit à petit, et avec eux une mémoire communicative, légitimée par le vécu direct des événements historiques en question, mais il reste une mémoire collective qui se nourrit des anciens récits des témoins et d'un consensus historico-culturel au sein des sociétés concernées. Ce constat est avant tout valable pour les pays victimes du national-socialisme – y compris la France – et explique pourquoi le risque d'un renouveau des stéréotypes germanophobes demeure. Le problème s'aggrave par le fait que les relations franco-allemandes se sont banalisées et qu'une bonne partie de la jeune génération s'y désintéresse de plus en plus.

De plus, la coopération ne cesse de poser des problèmes : elle demande en permanence une concertation très souvent difficile, voire conflictuelle des deux partenaires qui ont, jusqu'à aujourd'hui, des intérêts économiques et politiques ainsi que des traditions culturelles très divergents. Dans ce contexte, des mythes historiques peuvent être utiles, comme nous l'avons démontré. Mais ils ne peuvent pas remplacer une coopération efficace de tous les jours. De plus, ils ne doivent pas trop glorifier le passé. Sinon, chaque nouvelle querelle nous semble novatrice et choquante ainsi qu'un mauvais présage anticipant une rupture des relations. Ce qui est indispensable, c'est de garder l'équilibre entre une mémoire qui respecte l'histoire et qui sensibilise à l'acquis franco-allemand, d'une part, et une vue réaliste de l'avenir de la coopération entre les deux pays. Une pérennisation du rapprochement demande une vraie volonté de coopération des deux côtés, un intérêt mutuel et une mémoire qui n'harmonise pas ce qui s'est passé de conflictuel dans l'histoire des relations entre la France et l'Allemagne, même à l'ère du rapprochement opéré depuis la Seconde Guerre mondiale.

Hélène Miard-Delacroix

Le « bien-être pour tous » dans la société des perdants / Consommation et perception du social dans l'Allemagne d'après-guerre

> L'économie allemande est redevenue saine et dynamique. Les Allemands en tirent un surcroît de fierté, de confiance en eux-mêmes, et même déjà, un complexe de supériorité. Cet essor continu traduit la volonté de vivre du pays. Il traduit aussi l'ampleur et l'efficacité de l'aide matérielle et financière américaine.[1]

Ce diagnostic qu'établit en 1951 le Haut-commissaire français en Allemagne, André François-Poncet, se situe dans la ligne de son observation attentive et souvent inquiète du redressement de l'Allemagne occidentale au début des années 1950[2]. Son obsession d'une résurgence d'un danger allemand imprégna les rapports envoyés au Ministère des Affaires étrangères et elle n'épargna pas, on le voit, son analyse du redressement économique et de l'essor de la consommation chez le vaincu. Or ce regard mêlant admiration et méfiance se porta sur un processus de moyenne durée, courant du début du XXe siècle aux années 1980, qui marqua un remarquable rapprochement franco-ouest-allemand en matière de consommation de masse[3]. Élément de modernisation des

---

1 André François-Poncet, Rapport mensuel du 28. 12. 1951, *Les Rapports mensuels d'André François-Poncet 1949–1955*, Paris, Imprimerie nationale, 1996, Tome 1, p. 610.

2 Hélène Miard-Delacroix, *Question nationale et nationalisme. Perceptions françaises d'une problématique allemande au début des années cinquante*, Villeneuve d'Ascq, Presses du Septentrion, 2004.

3 Andreas Wirsching, « Massenkultur in der Demokratie. Zur Entwicklung von Kultur und Gesellschaft », in : Hélène Miard-Delacroix et Rainer Hudemann (éd.), *Wandel und Integration. Deutsch-französische Annäherungen der Fünfziger Jahre – Mutations et intégration. Les rapprochements franco-allemands dans les années cinquante*, Munich, Oldenbourg, 2005, p. 379–396.

sociétés d'après-guerre, la consommation eut sans aucun doute une fonction stabilisatrice, en particulier du nouvel ordre démocratique et du système de valeurs le soutenant[4]. L'accès à des biens matériels eut plus tôt en Allemagne qu'en France un effet de nivellement social et de dilution des milieux, il participa aussi d'un changement de paradigme, plaçant l'individu, la satisfaction de ses besoins et l'accès au plaisir au centre des attentes et des représentations[5]. Si ce processus ne prit toute son ampleur que dans les années 1960, les années d'après-guerre furent portées par l'espoir de la prospérité et de l'accès au bien-être.

En Allemagne comme en France et ailleurs dans l'Europe d'après-guerre, la notion de bien-être se déclina d'abord en mieux-être. Vivre mieux, après les bouleversements et les pertes humaines et matérielles de la guerre, c'était d'abord retrouver une forme de normalité dont la référence, le « bon vieux temps », était selon l'histoire de chacun plus ou moins reculée dans le passé, dans l'entre-deux-guerres[6], voire une réalité jamais réellement vécue soi-même. Mais l'Allemagne, dans sa partie occidentale, présente une triple particularité dans cette histoire commune de mise en place de la société moderne du bien-être : le point de départ en 1945 qu'on qualifia d' « année zéro », la rapidité

---

4 Dans l'abondante littérature on retiendra Axel Schildt, Arnold Sywottek (éd.), *Modernisierung im Wiederaufbau. Die westdeutsche Gesellschaft der fünfziger Jahre*, Bonn, Dietz, 1998 ; Michael Wildt, *Am Beginn der 'Konsumgesellschaft'. Mangelerfahrung, Lebenshaltung, Wohlstandshoffnung in Westdeutschland in den fünfziger Jahren*, Hambourg, Ergebnisse Verlag, 1994 ; Jean-Pierre Rioux, Jean-François Sirinelli (dir.), *La culture de masse en France de la Belle Époque à aujourd'hui*, Paris, Fayard, 2002 ; Dominique Kalifa, *La culture de masse en France, 1860–1930*, Paris, La découverte, 2001.

5 Helmut Schelsky, *Auf der Suche nach Wirklichkeit. Gesammelte Aufsätze*, Düsseldorf, Diederichs, 1965; Stefan Goch, « Aufstieg der Konsumgesellschaft – Niedergang der Milieus? Viele Fragen », in : Michael Prinz (éd.), *Der lange Weg in den Überfluss. Anfänge und Entwicklung der Konsumgesellschaft seit der Vormoderne*, Paderborn, Schöningh, 2003, p. 413–436.

6 Axel Schildt évoque les années de paix du nazisme ou, pour les plus âgés, les années précédant la Première guerre mondiale, Axel Schild, « Einführung », in : Matthias Frese, Julia Paulus, Karl Teppe (éd.), *Demokratisierung und gesellschaftlicher Aufbruch. Die sechziger Jahre als Wendezeit der Bundesrepublik*, Paderborn, Schöningh, 2003.

de la croissance qu'on appela « miracle économique », et la cohérence entre le développement de la société de consommation et le modèle économique et social promu par les pouvoirs publics, que l'on baptisa « économie sociale de marché ». En outre, il n'est pas sans intérêt que l'Allemagne fédérale soit restée sous la surveillance – devenue plus bienveillante – des puissances d'occupation. Le regard porté en particulier par les observateurs français va ici accompagner le propos.

Dans sa conception par des théoriciens de l'économie, le modèle d'économie sociale de marché comportait une composante sociale forte, fondée sur une philosophie humaniste. La véritable concurrence dans le marché constituait la meilleure politique sociale possible, tel était le postulat de Walter Eucken. Il fut repris par le ministre de l'Économie du gouvernement Adenauer, Ludwig Erhard, avec l'idée que la croissance était la garantie de la prospérité et que la mise en place d'une concurrence contrôlée pouvait à elle seule assurer mieux-être et justice sociale. Il suffisait aux pouvoirs publics de corriger de manière ciblée les quelques effets néfastes pour les plus faibles. Autrement dit : favoriser la consommation, c'était améliorer l'état de la société et garantir son bien-être.

Ce n'est pas aux actions de communication d'origine publique ni à l'image d'un État providence réalisant les besoins des gens que l'on s'intéressera ici, mais à la promotion des produits issus de l'entreprise privée. Car ce qui intrigue, c'est la rencontre d'un projet politique à dimension sociale et sa réalisation par le marché, la rencontre de l'exaltation du plaisir dans la consommation et d'un projet économique et social fondé sur la liberté et la dignité de l'individu. Comment s'articulèrent le projet de réorganisation de la société et la mise en image de l'offre de consommation par l'entreprise privée ? Comment la mise en scène du bonheur et du bien-être par la consommation dans la publicité entra-t-elle en résonnance avec le modèle particulier d'État social de l'ordolibéralisme allemand ? Comment enfin ce processus fut-il observé par le suspicieux Haut-commissaire français devenu ambassadeur de France en Allemagne en 1955 ?

Examiner le contenu des messages et l'esthétique de la représentation conduit à s'arrêter sur le modèle de société promu et sur les valeurs transmises. On interrogera la notion de progrès face au rétablissement de rôles sociaux sexués et d'un modèle de famille traditionnelle. Face à la promotion d'un nouveau style de vie, on cherchera enfin à évaluer les effets d'uniformisation de cette mise en image du bien-être : à court terme au regard de l'illusion d'un nivellement issu des destructions de la guerre et de la réforme monétaire de 1948, et à plus long terme dans le cadre de la standardisation de styles de vie dans les pays développés.

1. Le mieux-vivre et ses références, premières représentations du progrès social

Les messages publicitaires du début des années 1950 pour la promotion de produits de consommation courante (alimentation, entretien de la maison), puis de biens plus durables (ameublement, appareils ménagers), mettent en image un mieux-vivre dont la référence est la situation exceptionnelle de la fin de la guerre, c'est à dire la pénurie très proche dans le temps et dans l'espace. Avec la démobilisation et le retour à la vie civile, le terme de « conditions de vie » avait été alors à prendre au sens littéral ; pour nombre d'Allemands il s'était agi d'abord des conditions de la survie. Les bombardements de l'hiver 1944 et du printemps 1945, destinés à abattre l'Allemagne nazie en touchant notamment le moral de la population civile, avaient détruit beaucoup d'espace d'habitation et comparativement moins d'installations industrielles que prévu[7].

7 Michael von Prollius, *Deutsche Wirtschaftsgeschichte nach 1945*, Göttingen, Vandenhoeck & Ruprecht, 2006, p. 20. Christoph Klessmann, *Die doppelte Staatsgründung. Deutsche Geschichte 1945–1955*, Bonn, bpb, 1991(5), p. 354. Werner Abelshauser, *Deutsche Wirtschaftsgeschichte seit 1945*, Munich, Beck, 2004, p. 68–69.

Le centre des grandes villes était endommagé dans une proportion de 60% à 80%[8], et pour l'ensemble du pays on évalue à 20% les destructions d'espace habitable, soit environ 5 millions d'appartements. Les conditions de logement étaient alors très dégradées pour de nombreux Allemands, entre baraquements et partage d'appartements par plusieurs familles. Le contexte était par ailleurs marqué par les effets démographiques, économiques et sociaux de la guerre et de l'immédiat après-guerre, avec en particulier un processus de prolétarisation des classes moyennes urbaines, des tensions sociales, de la criminalité, des familles déchirées et des changements dans les rôles sexués. Chargées de l'évacuation des ruines ou de l'entretien de la famille sans homme (mort, disparu ou prisonnier), les femmes connurent une mutation brutale de leur rôle et une énorme pression à la fois sexuelle et sociale, dont on vit les conséquences complexes dans la recherche d'un modèle paisible et pacifique dans les années 1950[9].

Dans cette première décennie, le mérite principal des produits à consommer était la satisfaction des besoins de base, au comparatif (« plus », « mieux ») avant d'être au superlatif habituel dans les réclames (« le meilleur »)[10]. L'examen des éléments représentés et leur agencement permet de dégager trois schémas d'organisation du mieux-vivre : l'importance de « l'intérieur », la place du « matériel » et la question de la mobilité.

Évoquant l'idéal d'un chez-soi protégé de l'extérieur, d'une cellule d'individualité isolée du dehors, les consommateurs y sont généralement présentés dans un espace fermé, les interlocuteurs placés

---

8 Le centre de Cologne était inhabitable à 72%, celui de Düsseldorf à 90%, à Hanovre seulement 1% de l'espace habitable était indemne.

9 Hartmut Kaelble, *Sozialgeschichte Europas. 1945 bis zur Gegenwart*, Munich, Beck, puis Bonn, bpb, 2007, p. 28, Kaelble place à 1945 la première rupture forte, avant celle des années 60, dans la mutation de la famille mais elle fut de courte durée et fut suivie dans les années 50 par le retour à la famille traditionnelle. Pour la « société de l'effondrement » selon le terme de Christoph Klessmann voir Klessmann, *Die doppelte Staatsgründung*, p. 37.

10 Arne Andersen, *Der Traum vom guten Leben. Alltags- und Konsumgeschichte vom Wirtschaftswunder bis heute*, Francfort-sur-le Main, New York, Campus, 1997, p. 7.

en cercle. La femme attentive à « son intérieur » est le personnage incontournable de cet espace de chaleur, évoquant le nid, l'idylle d'un couple paisible, le sourire affleurant aux lèvres de l'homme fumant et lisant sous le regard serein de l'épouse efficace. Cette représentation de l'espace privé, marqué par la propreté comme signe de modernité, met en avant l'intimité du couple, une intimité rétablie après la contrainte de partager avec d'autres un espace réduit. C'est sur ce bonheur conjugal qu'insiste la publicité pour la nouvelle fibre synthétique Perlon en 1953 : « la jeune femme n'a plus besoin de repriser et de repasser autant qu'avant, laver est plus facile. On a plus de temps l'un pour l'autre (…) On peut s'habiller mieux et on se plaît l'un à l'autre »[11]. Alors qu'en 1950 encore 40% des Allemands de l'Ouest habitaient en sous-location ou en habitat de fortune[12], ces messages publicitaires furent propagés après la construction massive de logements locatifs, un choix justifié comme une action immédiate sur le social. On construisit ainsi en 1949/50 près de 504.000 appartements à loyers bloqués pour dix ans. Puis avec la loi du 24 avril 1950 prévoyant la construction d'1,8 million de logements sociaux en 6 ans[13], le gouvernement fédéral s'engagea à produire « des logements dont la taille, l'équipement et le loyer les destinaient aux larges couches de la population »[14]. Après la mobilisation permanente des individus sous le nazisme et la difficulté à y préserver des espaces de liberté, le repli sur la sphère privée était rendu

11 Cité in : *ibid.*, p. 102. Aussi Arne Andersen (éd.), Perlon, *Petticoats und Pestizide. Mensch-Umwelt-Beziehung in der Region Basel der 50er Jahre*, Bâle, Berlin, Friedrich Reinhardt Verlag, 1994.

12 Leur nombre tomba à 25% en 1956, Werner Abelshauser, *Die Langen Fünfziger Jahre, Wirtschaft und Gesellschaft der Bundesrepublik Deutschland 1949–1966*, Düsseldorf, Schwann, 1987, p. 82.

13 Günther Schulz, *Wiederaufbau in Deutschland. Die Wohnungsbaupolitik in den Westzonen und in der Bundesrepublik von 1945 bis 1957*, Düsseldorf, Droste, 1994.

14 Abelshauser, *Die Langen Fünfziger*, p. 59. Wolfram Weimer, *Deutsche Wirtschaftsgeschichte : von der Währungsreform bis zum Euro*, Hambourg, Hoffmann und Campe, 1998, p. 86: „ein planwirtschaftlicher Eingriff großer Dimension“.

possible[15], concomitant avec l'apparition de biens d'équipement conçus pour la famille. La comparaison franco-allemande montre des similitudes. Le premier Salon des arts ménagers en 1948 et les suivants au début des années 1950 firent rêver bien des ménagères françaises mais, habitant des logements surpeuplés dans les villes ou très rustiques dans les campagnes, elles n'imaginaient pas accéder à ce bien être « à moins de gagner à la loterie »[16]. Les diplomates français en Allemagne le savaient et c'est l'admiration qui domine les développements sur la construction de logements dans les rapports mensuels du Haut-commissaire François-Poncet. Aux remarques inquiètes de 1951 succédèrent en effet, en 1954 et 1955, des suites de données chiffrées illustrant l'essor économique ouest-allemand : avec la production d'acier, le taux de croissance passé à 8,2% en 1954, la progression des exportations et de l'emploi, c'est la construction de logements qui est détaillée, dépassant le demi-million en 1954[17].

> Aujourd'hui le contraste est éclatant. Les villes se hérissent de constructions neuves, d'habitations à bon marché, d'orgueilleux buildings, de magasins de luxe. Bientôt les ruines, pour la plupart déblayées, ne seront plus qu'un souvenir (…) Ces images concrètes du redressement allemand attirent l'œil. Les statistiques les traduisent dans le langage rigoureux de la mesure.[18]
>
> On s'est habitué au « Miracle allemand » comme à tout ce qui n'a plus l'éclat de la nouveauté. Il se poursuit néanmoins.[19]

---

15 Axel Schildt (éd.), M*oderne Zeiten. Freizeit, Massenmedien und „Zeitgeist" in der Bundesrepublik der 50er Jahre*, Hambourg, Christians, 1995, p. 109. Axel Schildt, « Freizeit, Konsum und Häuslichkeit in der „Wiederaufbau"-Gesellschaft. Zur Modernisierung von Lebensstilen in der Bundesrepublik Deutschland in den 1950er Jahren », in : Hannes Siegrist, Hartmut Kaelble, Jürgen Kocka, *Europäische Konsumgeschichte. Zur Gesellschafts- und Kulturgeschichte des Konsums (18. bis 20. Jahrhundert)*, Francfort-sur-le Main, New York, Campus, 1997, p. 327–348.

16 Claire Leymonerie, « Le Salon des arts ménagers dans les années 1950. Théâtre d'une conversion à la consommation de masse », *Vingtième Siècle. Revue d'histoire*, 3/2006, n° 91, p. 43–56.

17 Rapport mensuel du 3 mai 1955, François-Poncet, *Les Rapports mensuels*, tome 2, p. 1397.

18 Rapport mensuel du 1er octobre 1952, *ibid.*, p. 808–809.

19 Rapport mensuel du 31 décembre 1954, *ibid.*, p. 1316.

Plus encore qu'en France, la technicité soudain mise au service du quotidien privé marquait en Allemagne une nouveauté après qu'elle eut été réservée aux lieux de production, notamment de l'armement. Si en allemand le terme *Geräte* évoque des appareils avec un fonctionnement autonome, leur caractère tangible et palpable de machines destinées à réaliser les tâches pénibles est bien exprimé par le mot « matériel ». L'équipement du ménage fut un marqueur de la concentration sur la matérialité de la vie ; comme l'indiquent les sondages d'opinion révélant un rejet très généralisé de la politique et du débat d'idées, couplé à un désir de faire et d'agir[20], cet attachement aux biens tangibles fut caractéristique des années cinquante en Allemagne. Il fut aussi interprété comme le signe du refoulement de la culpabilité, selon le diagnostic du deuil impossible, parce qu'insupportable, que firent une décennie plus tard Alexander et Margarete Mitscherlich[21]. Il y eut de ce point de vue un accord tacite entre le volontarisme et l'activisme économique de Erhard et une population aspirant d'abord au bien-être matériel. L'amélioration de la situation de larges couches de celle-ci se fit brutalement grâce au boom provoqué par la guerre de Corée en 1950–1951 : par l'appel d'air de la demande extérieure, on assista à une hausse très forte des salaires en même temps que celle de la productivité des entreprises. Avec l'augmentation rapide du pouvoir d'achat la population fut frappée par l'aspect « miraculeux » de l'amélioration de son sort. On venait juste, en 1951, de retrouver le niveau de consommation de 1936[22]. Et ce miracle économique fut

20 C'est ce qu'indique notamment la part importante des refus de répondre (ne sait pas, sans opinion) qui témoignent autant de la méfiance face à tout questionnement issu d'une institution que d'un désir de désidéologisation, *Jahrbuch der öffentlichen Meinung 1947–1955*, Allensbach, Institut für Demoskopie Verlag, et *Antworten. Politik im Kraftfeld der öffentlichen Meinung*, Allensbach, Institut für Demoskopie Verlag, 1954.

21 Alexander und Margarete Mitscherlich, *Die Unfähigkeit zu trauern*, Munich, Piper, 1967 (en français: *Le deuil impossible*, Paris, Payot, 1972).

22 Et seulement en 1953–54 le nombre de calories de 1935–38, Abelshauser, *Die Langen Fünfziger*, p. 59. Voir aussi Hanna Schissler (éd.), *The Miracle Years. A Cultural History of West Germany 1949–1968*, Princeton Univ. Press, Princeton/N.J., Oxford, 2001.

mis en relation avec les choix des promoteurs de l'économie sociale de marché : dès 1948 des facilités considérables avaient été accordées aux entreprises qui produiraient des biens de consommation du quotidien dont le besoin se faisait immédiatement ressentir[23].

Les possibilités de repli sur la sphère privée comme réparation de l'omniprésence de l'espace public sous le nazisme se combinèrent avec de nouvelles perspectives de mobilité. Encore réservées aux plus riches, les voitures particulières se répandirent, leur nombre passant de 700 000 à 5 millions entre 1951 et 1961[24]. Dans les images commerciales du bien-être, cette nouvelle mobilité se dessine en complément de l'aspiration à l'immobilité entre les quatre murs d'un foyer évoquée à l'instant et qui s'opposait, elle, à la mobilité *subie* dans les bouleversements de la guerre. Ceux-ci avaient entraîné une vaste redistribution de la population entre les régions d'Allemagne, que ce fût pour les 3,5 millions de personnes évacuées des centres détruits ou pour les 12 millions de civils rapatriés des anciennes régions orientales de l'Allemagne dont 8 millions s'installèrent sur le territoire de l'Allemagne de l'Ouest[25]. Si l'on ajoute les 3,6 millions de personnes de RDA qui se réfugièrent en RFA entre 1950 et 1961, c'est une société ouest-allemande en mouvement qui aspirait d'abord à « se poser ». La mobilité pouvait ensuite être *choisie* et c'est la liberté et l'ouverture sur l'espace que mettent en scène les représentations de la motorisation : paysage en arrière-plan, jolie femme se laissant transporter par un homme calme au volant[26].

23 Cette opération d'incitation à la production de biens indispensables lancé le 1er novembre 1948 avait été baptisée « Jedermann-Programm », Prollius, *Wirtschaftsgeschichte*, p. 69–72.

24 Abelshauser, *Die Langen Fünfziger*, p. 57.

25 La population des zones occidentales augmenta de 10%, passant de 39,3 millions d'habitants en 1939 à 43,7 en 1946, Prollius, *Wirtschaftsgeschichte*, p. 18.

26 La voiture fut l'un des trois piliers de la société de consommation, motorisation, tourisme et mass-médias, Abelshauser, *Die Langen Fünfziger*, p. 58.

2. Exaltation du plaisir de la consommation dans la liberté et la dignité de l'individu

Cette évolution sembla réaliser la promesse de sécurité matérielle que Ludwig Erhard avait attachée à son nom et à l'économie sociale de marché en 1948 – sans que personne n'y eût vraiment cru alors. Est-ce à dire que le postulat social de la constitution, formulé dans l'article 20 non-révisable (« La République fédérale d'Allemagne est un État fédéral démocratique et social »), se réduisait à la liberté d'acheter et à l'accès à la consommation ?

Erhard, qualifié par François-Poncet de « thaumaturge du 'miracle allemand'»[27] et de « véritable docteur Tant Mieux de l'économie allemande »[28], voyait la dimension sociale de sa politique économique dans l'automatisme de la prospérité et dans la juste répartition des richesses qu'elle devait induire. Les concepteurs du nouveau modèle, Eucken, Röpke, Müller-Armack, avaient pour leur part développé plus fortement la valeur « sociale » de cet ordolibéralisme. Ainsi Wilhelm Röpke, en parlant „d'humanisme économique", soulignait un lien étroit entre liberté et souveraineté du consommateur, concurrence complète sur des marchés transparents et nécessité d'un accompagnement par un système amortissant les duretés et les tensions sociales[29]. Selon Alfred Müller-Armack, pour qui le progrès social découlait de l'initiative privée[30], « lier la force du marché conçu comme moteur de bien-être et

27 Rapport mensuel du 31 mars 1955, François-Poncet, *Rapports mensuels*, tome 2, p. 1365.

28 Rapport mensuel du 28 février 1955, *ibid.*, p. 1365.

29 Wilhelm Röpke, Jean Solchany, *L'autre Hayek. Aux origines du néolibéralisme*, Paris, Publications de la Sorbonne, 2015.

30 Selon les termes de Alfred Müller-Armack, « Der Begriff der sozialen Marktwirtschaft kann so als ordnungspolitische Idee definiert werden, deren Ziel es ist, auf der Basis der Wettbewerbswirtschaft die freie Initiative mit einem gerade durch die marktwirtschaftliche Leistung gesicherten sozialen Fortschritt zu verbinden », Alfred Müller-Armack, « Soziale Marktwirtschaft », in : Erwin von Beckerath (éd.), *Handwörterbuch der Sozialwissenschaften*, Stuttgart, Gustav Fischer, 1956, p. 390–392, ici p. 390.

le principe du rééquilibrage social »[31] devait assurer la dignité et l'épanouissement humain[32], dans un régime de solidarité.

Le style de vie présenté dans les médias – réclames, reportages mais aussi fictions – met en scène ces valeurs où se rencontrent libéralisme de tradition européenne et socialisme chrétien. Ces images de paix et de tranquillité sereine sont empreintes du même irénisme que l'on trouve dans le modèle réconciliateur du capitalisme rhénan, où la cohésion de la société est assurée par des institutions de régulation des conflits sociaux. La législation mise en place alliait ainsi solidarité et aide à l'initiative: loi sur la cogestion en 1951, aide conséquente aux rapatriés financée par un impôt de solidarité en 1952[33], allocations familiales en 1954, réforme des retraites désormais indexées sur les salaires en 1957, aide sociale en 1961, loi favorisant l'épargne des salariés la même année. L'accompagnement n'était pas celui d'un Etat-providence qui subviendrait à tous les besoins ; la politique sociale était conçue dans le principe de la responsabilité de l'individu, selon les termes de l'économiste Alexander Rüstow : « si tu as besoin d'une main secourable, commence par chercher au bout de ton bras »[34].

Lançant la formule du „Bien-être pour tous"[35], Ludwig Erhard déclarait en 1951 que le choix de consommer était un droit fondamental

---

31 « die Kraft des Markts als Wohlstandsmotor mit dem Prinzip des sozialen Ausgleichs zu verbinden », *ibid.*

32 Ce devait être « un ordre économique et social dans lequel puisse se réaliser une vie digne de l'Homme et économiquement réussie ». Citant Walter Eucken, F. W., Meyer, H. O. Lenel, « Vorwort, die Aufgabe des Jahrbuchs », in : *ORDO. Jahrbuch für die Ordnung von Wirtschaft und Gesellschaft*, vol. 1, 1948, p. VII–XI.

33 La loi dite de « péréquation des charges », *Lastenausgleichsgesetz* (LAG) du 14.8.1952 qui fit suite à une première loi d'aide d'urgence (*Soforthilfegesetz* d'août 1949) représenta le plus grand transfert financier de l'histoire de la RFA jusqu'à la réunification.

34 Cité in :Jan Hegner, Alexander Rüstow, *Ordnungspolitische Konzeption und Einfluss auf das wirtschaftliche Leitbild der Nachkriegszeit in der Bundesrepublik Deutschland*, Stuttgart, Lucius & Lucius, 2000.

35 Ludwig Erhard, *Wohlstand* für alle, Düsseldorf, Econ Verlag, 1957. Voir aussi l'affiche électorale des élections législatives fédérales de 1957 avec le slogan: « Erhard hält, was er verspricht: Wohlstand für alle durch die Soziale Marktwirtschaft ».

démocratique[36]. Si l'on put le croire, c'est aussi en raison de la cohérence entre la demande nouvelle de biens matériels et l'essor, en Allemagne-même, des industries de la seconde révolution industrielle, chimie, électrotechnique, machines et véhicules. L'euphorie de consommation marquait non plus le retour à la normalité mais l'ouverture de perspectives nouvelles pour les classes moyennes. Aussi la stratégie des entreprises consistant à attacher un produit particulier à un style de vie moderne misa sur une nouvelle répartition des facteurs de la qualité de la vie : l'accès aux biens matériels s'agrégeait aux signes de statut de la bourgeoisie en Allemagne, le confort et la culture, la *Bildung*.

3. Complexité des images et rétablissement d'un ordre social traditionnel

La mise en scène de la réussite, du bonheur et du bien-être dans les deux décennies d'après-guerre s'insère dans une narration où la normalité revenue pose la question du rétablissement d'une norme antérieure. La question des continuités avec le nazisme n'a pas été soulevée seulement dans la dénonciation de carrières politiques se poursuivant sans encombre en Allemagne fédérale[37]. Elle toucha aussi la question des mentalités. Il n'est pas faux que la représentation du bonheur familial et de la femme dans l'après-guerre eut des points communs avec celle de la mère de famille nombreuse du régime nazi. Il est vrai aussi que certains traits du modèle d'égalisation sociale des années 50 rappellent

36 Le 14 mars 1951, Deutscher Bundestag, Plenarprotokoll, p. 4800.

37 La question a été soulevée par les contemporains puis par la recherche, Norbert Frei, *Vergangenheitspolitik. Die Anfänge der Bundesrepublik und die NS-Vergangenheit*, Munich, dtv, 1999; Peter Reichel, *Vergangenheitsbewältigung in Deutschland. Die Auseinandersetzung mit der NS-Diktatur von 1945 bis heute*, Munich, Beck, 2001; Les travaux en cours sont nombreux, voir pour orientation Christian Mentel, Niels Weise, *Die zentralen deutschen Behörden und der Nationalsozialismus. Stand und Perspektiven der Forschung*, Munich, Institut für Zeitgeschichte, 2016.

la *Volksgemeinschaft*. Mais cette thèse de la continuité avec le régime totalitaire masque le fait que ce dernier avait lui-même mobilisé des représentations antérieures, issues du mouvement ouvrier, de traditions issues de l'Allemagne impériale et de codes sociaux de Weimar. Ainsi est-ce plus un idéal bourgeois, *die gute alte deutsche Bürgerlichkeit*, qui se mêla à la norme de la modernité après guerre. Instaurant un rapport complexe au temps avec la représentation positive du présent et du futur, cet idéal se matérialisa dans un style de vie – avec notamment la *Hausmusik* (jouer de la musique en famille) – et dans un type d'ameublement. En matière de goût, les enquêtes d'opinion relativisèrent l'acceptation des meubles ultramodernes en montrant le penchant dominant pour la chaleur et la sécurité d'un intérieur cossu, bourgeois, avec de lourds meubles et des livres sur un rayonnage[38].

La publicité des années 1950 pour les aspirateurs met en scène moins la ménagère avec son tablier que la femme bourgeoise habillée comme en ville, coiffée et laquée, en talons[39]. Il n'est donc pas si simple que le modèle social promu fût exclusivement marqué par un retour à un modèle antérieur, dans lequel les classes aisées déléguaient au personnel de maison les tâches que les femmes du peuple faisaient elles-mêmes. D'un côté on assista au retour de la famille traditionnelle (la re"normalisation" étant marquée par la chute du nombre des divorces et des naissances hors mariage) ; de l'autre côté s'imposait la présentation d'un style de vie de la femme moderne libérée du sort pénible des couches inférieures. On y retrouve pourtant le même irénisme avec une répartition sexuée des rôles dans la famille. Y est dévolu à la femme celui de maitresse de maison et de mère, l'idéal de la femme au foyer étant conforté par des programmes de télévision très populaires comme *Familie Schölermann*. Que la femme puisse arrêter de travailler était une aspiration répandue dans les milieux ouvriers jusqu'au milieu des

38 Elisabeth Noelle, Erich Peter Neumann (Hg.), *Jahrbuch der öffentlichen Meinung* (1), 1947–1955, Allensbach, Verlag für Demoskopie, 1956.

39 Ilona Konrad, « Bilder einer neuen Welt, Eine Betrachtung zur Werbung in der Elektrizitätswirtschaft », in *Das Paradies kommt wieder... Zur Kulturgeschichte und Ökologie von Herd, Kühlschrank und Waschmaschine, Museum der Arbeit* (éd.), Hambourg, VSA-Verlag, 1993, p. 46–61, ici p. 53.

années soixante. Modifiée par la technicité, devenant une zone fonctionnelle, la cuisine restait l'espace de la mère nourricière, mais celle-ci était libérée des tâches physiquement épuisantes comme le lavage du linge qui occupait auparavant une journée entière dans la semaine[40]. Le réfrigérateur, pour lequel on s'endetta aussi dans les familles populaires, libérait la femme de l'achat quotidien des denrées et jouissait d'un prestige équivalent au poste de radio, proche de celui de la voiture.

Les mises en scène idylliques du progrès peuvent nourrir la réflexion sur l'avancée que les bouleversements de la guerre avaient constituée pour le statut des femmes et semblent aussi indiquer que certaines des mutations avaient été subies. Pour reprendre l'image forgée pour les jeunes des années 50 et 60[41], les femmes « dépassaient » alors dans la population : après la guerre, on comptait 125 femmes pour 100 hommes. L'émancipation entrait souvent en concurrence avec le souhait de trouver un compagnon et de fonder une famille. Pour autant, la narration du bien-être dans les médias resta axée sur le progrès et le meilleur, se gardant bien de mettre en avant les aspects régressifs des mutations en cours[42]. Un exemple en est donné par la promotion des détergents et des produits d'hygiène corporelle qui marquent le changement des normes dans les années 1960. Les messages soulignent le progrès « sur soi » que les nouvelles lessives apportaient en facilitant le lavage du linge, allant jusqu'à jouer sur les valeurs traditionnellement attachées au mode de vie bourgeois bien allemand, la netteté et

---

40 Sur l'influence de la rationalisation sur le rôle des femmes voir Ulrike Lindner, « Rationalisierungsdiskurse und Aushandlungsprozesse. Der moderne Haushalt und die traditionelle Hausfrauenrolle in den 1960er Jahren », in : Frese, Paulus, Teppe, *Demokratisierung*, p. 83–106.

41 Jean-François Sirinelli, *Les baby-boomers. Une génération 1945–1969*, Paris, Fayard, 2003.

42 Sur la question des nouveaux rapports des genres par la suite, voir Ute Frevert, « Umbruch der Geschlechterverhältnisse ? Die 60er Jahre als geschlechterpolitischer Experimentierraum », in : Schildt, *Moderne Zeiten*, p. 642–660. Sur le rapport entre technique et repli sur la sphère ménagère, Gisela Dörr, *Der technisierte Rückzug ins Private. Zum Wandel der Hausarbeit*, Francfort-sur-le Main., Campus, 1996.

la rigueur (*Sauberkeit*)[43]. La fréquence de changement des chemises et des sous-vêtements passa en Allemagne de moins d'une fois par semaine en 1950 à une fois tous les 5 jours en 1970[44], le progrès technique implantant dans ce domaine aussi de nouvelles normes attachées à un style de vie.

4. Perspectives : mutations de la société du bien-être

La mutation des modes de consommation se fit en plusieurs vagues, suivant les changements structurels de l'offre de production : passant de la satisfaction des besoins de base à l'idée du jetable, on vit la généralisation des produits de consommation durable à l'ensemble de la population. En 1964 déjà 80% des ménages allemands possédaient un aspirateur ; en 1970 il y avait une machine à laver dans la moitié des foyers et en 1973 un réfrigérateur dans 93% d'entre eux; et à la fin des années 1980 on comptait en moyenne dix appareils électriques dans chaque ménage ouest-allemand[45]. Même si les femmes allemandes « réelles » ne s'habillèrent pas en dame pour utiliser leur aspirateur ou leur nouvelle machine à laver, les effets de la généralisation de ce type de produits furent la réduction des écarts entre riches et

43 Parfois avec humour d'ailleurs : Andersen évoque une annonce publiée dans *Der Spiegel* en mars 1970 présentant une famille avec des têtes de porcs et invoquant « die deutsche Sauberkeit », Andersen, *Traum* p. 107.

44 *Ibid.*, p. 105–106.

45 Schildt in Frese, Paulus, Teppe, Frese, *Demokratisierung*, p 582. L'équipement en machines à laver passa à 75% des ménages en 1973, Wolfgang Glatzer, « Haushalte und Haushaltsproduktion in der Bundesrepublik Deutschland », in : Bernhard Schäfers, Wolfgang Zapf (éd.), *Handwörterbuch zur Gesellschaft Deutschlands*, Opladen, Leske + Budrich, 1998, p. 288–299, ici p. 295. Aussi Andersen, *Traum*, p. 107–108. Plus généralement sur l'évolution de la consommation, Michael Wildt, *Am Beginn der ‚Konsumgesellschaft'. Mangelserfahrung, Lebenshaltung, Wohlstandshoffnung in Westdeutschland in den fünfziger Jahre*, Hambourg, Ergebnisse-Verlag, 1994.

pauvres : la possession d'appareils ne fut plus un critère de distinction sociale ; leur existence conduisit au recul de l'emploi de personnel de maison dans les couches aisées, de telle sorte que l'activité ménagère des femmes des différents milieux s'uniformisa par un nivellement[46]. Ce constat s'inscrit dans le diagnostic de Helmut Schelsky qui vit la société allemande des décennies d'après-guerre se transformer en une large « classe moyenne nivelée »[47].

Ce que semblent annoncer les représentations de la consommation dans les deux décennies d'après-guerre en fixant une sorte d'idéaltype de la ménagère moderne se réalisa par la suite : le processus d'uniformisation sociale par la consommation accompagna la fonte des milieux, en particulier la déprolétarisation des ouvriers ; on assista au découplage du style et de la classe sociale. L'image des larges classes moyennes que renvoyaient alors les médias est celle d'un embourgeoisement se combinant avec une nouvelle vague d'américanisation des modes de vie après celle des années 30[48]. On assista toutefois à la mise en place d'un style propre à une large formation sociale et qualifié de petit-bourgeois (*spießbürgerlich*) par les couches supérieures, elles-mêmes menacées de contamination et cherchant d'autres modes de distinction[49].

L'État social, qui se développa plus fortement dans les années 1970, eut, par le biais de l'individualisation des prestations, sa part dans ce mouvement de libération des milieux antérieurs. En 1965, Erhard tenta

46 Lindner, *Rationalisierungsdiskurse*, p. 85.

47 « Eine *nivellierte Mittelstandsgesellschaft* », Schelsky, *Auf der Suche nach Wirklichkeit*.

48 La littérature sur l'américanisation est nombreuse, ne citerons ici que Anselm Doering-Manteuffel, *Wie westlich sind die Deutschen? Amerikanisierung und Westernisierung im 20. Jahrhundert*, Göttingen, Vandenhoeck & Ruprecht, 1999. Et Kaspar Maase, *Bravo Amerika. Erkundungen zur Jugendkultur der Bundesrepublik in den fünfziger Jahren*, Hambourg, Junius, 1992.

49 Axel Schildt, « Bürgerliche Gesellschaft und kleinbürgerliche Geborgenheit – zur Mentalität im westdeutschen Wiederaufbau der 50er Jahre », in : Thomas Althaus (éd.), Kleinbürger, *Zur Kulturgeschichte des begrenzten Bewusstseins*, Tübingen, Narr/Attempto, 2001, p. 295–312. Jürgen Kocka, *Les employés en Allemagne : 1850–1980 : histoire d'un groupe social*, Paris, EHESS éditions, 1989 (traduit de *Die Angestellten in der deutschen Geschichte 1850–1980 : vom Privatbeamten zum angestellten Arbeitnehmer*, Göttingen, 1981).

de couler l'évolution dans un nouveau projet participatif en lançant la formule assez vague de la « société formée »[50], comprise comme équilibrage des intérêts et coopération des différents groupes sociaux. L'étape suivante observée fut celle du passage à la société des loisirs avec le rôle majeur joué par la télévision qui modifia la structuration de l'espace de la « salle de séjour »[51]. Elle fut contemporaine d'une mutation dans la demande de produits plus élaborés exigeant un effort du monde économique en matière de recherche et d'investissement en capital.

C'est surtout enfin dans le domaine des valeurs que se traduisit la mutation des styles de vie, avec les trois traits que furent l'individualisation, la privatisation et la dénormativation des systèmes de valeurs, plus nettement encore dans les années 1970. On était alors passé des « valeurs de devoir et d'acceptation » à celles « de liberté et de développement personnel »[52], l'hédonisme s'était affirmé en même temps que l'État social était devenu un « agent général du bonheur des gens »[53]. Les messages médias observés ici semblent bien marquer, dans leur complexité, le passage d'un système de valeurs vers l'autre et illustrent ce que Ronald Inglehart a qualifié de « révolution silencieuse » des sociétés modernes[54].

---

50 Ce fut le slogan de la « *formierte Gesellschaft* » au moment où allait se développer la démocratie de l'assistance, la *Fürsorgedemokratie*.

51 L'ouverture sur le monde, voir Andreas Fickers, « Radio und Fernsehen als nationale Sozialisierungsinstanzen? Der Rundfunk im Rahmen der westdeutschen und französischen Wiederaufbaumodernisierung der 1950er Jahre », in : Miard-Delacroix, Hudemann, *Wandel und Integration*, p. 291–308. Sur les années 1960, voir Markus Caspers, *Wohlstand für alle, die sechziger Jahre: von Beat-Club bis Bonanza – von Mauerbau bis Mondlandung,* Cologne, Naumann, 2007 ; Axel Schildt, Karl Christian Lammers, Detlef Siegfried (éd.), *Dynamische Zeiten. Die 60er Jahre in den beiden deutschen Gesellschaften*, Hambourg, Christians, 2000; Wolfgang Ruppert, « Zur Konsumwelt der 60er Jahre », in : *ibid.*, p. 752–767.

52 Andreas Rödder, *Wertewandel und Postmoderne: Gesellschaft und Kultur der Bundesrepublik Deutschland 1965–1990*, Stiftung Bundespräsident Theodor Heuss, Stuttgart 2004. Heiner Meulemann, *Werte und Wertewandel. Zur Identität einer geteilten und wieder vereinten Nation*, Juventa, Munich, Weinheim, 1996.

53 *Ibid.*, Sozialstaat als « Generalagent der Lebenszufriedenheit ».

54 Ronald Inglehart, *The Silent Revolution. Changing Values an Political Styles among Western Publics*, Princeton, 1977.

Une tentative de bilan fait retenir, dans le cas allemand, la généralisation et l'uniformisation du bien-être dans sa dimension matérielle en même temps que l'illusion d'un nivellement réel, en matière de fortune, tel qu'avait pu le laisser imaginer la réforme monétaire de 1948. La rencontre d'un projet d'encadrement social du libéralisme économique a accompagné la disparition d'une société organisée en classes. Mais la représentation du bien être par la consommation a mis en évidence deux mouvements contraires : la sortie des milieux sociaux ancrés dans un mode de vie et la fixation de nouvelles standardisations dans des styles de vie socialement situés. La prospérité créant, selon la théorie du manque de Inglehart, de nouveaux besoins, les années 1980 et suivantes virent l'avènement des valeurs postmatérialistes, des valeurs détachées de la consommation de biens matériels.

Quant au regard de la diplomatie française, il évolua dans le même mouvement. L'inquiétude face au retour d'un danger allemand s'estompa avec la stabilisation de la démocratie parlementaire, à la faveur d'ailleurs d'une concentration des énergies du pays sur un « mieux vivre » plutôt que sur les grandes promesses des idéologies. Pour autant, la façon dont les produits manufacturiers furent investis en Allemagne fédérale comme témoins d'une nouvelle réussite et support d'une fierté labélisée par le *made in Germany* continua à susciter des remarques soucieuses et parfois réprobatrices de la part des observateurs français, diplomates comme journalistes. Le libéralisme économique allemand et le choix de la prospérité sont restés jusqu'au début du XXIe siècle un objet de suspicion. Les propos d'André François-Poncet en 1955 n'ont pas perdu de leur actualité comme discours et comme représentation :

> Le « miracle allemand » qui a confirmé de façon éclatante les préceptes libéraux du Dr. Erhard, Ministre fédéral de l'Économie, a retrempé la confiance des grands capitaines d'industrie allemands dans les vertus de l'initiative, de l'audace, de la combativité. Ils n'ont que méfiance, en revanche, pour les règles, les normes, les plans. Entre M. Jean Monnet et le Dr. Erhard, leur choix est fait. Ils ne veulent pas s'écarter d'un libéralisme qui a apporté à leur pays une remarquable prospérité, ni accepter quoi que ce soit qui puisse gêner l'expansion de l'économie allemande.[55]

55 Rapport mensuel du 30 janvier 1955, François-Poncet, *Rapports mensuels*, tome 2, p. 1327.

COLLECTION
CONTACTS

Ouvrages parus dans les séries de la Collection CONTACTS 1984-2014

Série I · Theatrica

1. Raymond Heitz – Peter Hacks · Théâtre et socialisme, 1984
2. Jean Dewitz – Ludwig Thoma et le théâtre populaire, 1985
3. Jean-Jacques Alcandre – Ecriture dramatique et pratique scénique · Les «Brigands» sur la scène allemande des XVIIIe et XIXe siècles, 1986
4. Gérard Thiériot – Franz Xaver Kroetz et le nouveau théâtre populaire, 1987
5. Jean-Marie Valentin (Hrsg.) – Das österreichische Volkstheater im europäischen Zusammenhang 1830–1880, 1988
6. Jeanne Benay (Hrsg.) – Briefe von und an Friedrich Kaiser (1814–1874), 1989
7. Jean-Marie Winkler – L'attente et la fête · Recherches sur le théâtre de Thomas Bernhard, 1989
8. Jean-Marie Valentin (dir.) – Bertolt Brecht · Colloque de Paris, novembre 1988,1990. (En collaboration avec Theo Buck)
9. Jeanne Benay – Friedrich Kaiser · Gesamtprimärbibliographie seiner dramatischen Produktion zwischen 1835–1874 (Nachlass 1875), 1991
10. Jean-Louis Besson – Georg Büchner · Des sources au texte. Histoire d'une autopsie. Des essais de jeunesse à «La Mort de Danton», 1992
11. Jean-Louis Raffy – Le «Papinianus» d'Andreas Gryphius (1616–1664) · Drame de martyr et sécularisation du théâtre en Allemagne au XVIIe siècle, 1992
12. Francine Maier-Schaeffer – Heiner Müller et le «Lehrstück», 1992
13. Christian Klein – Heiner Müller ou l'Idiot de la République · Le dialogisme à la scène, 1992
14. Jeanne Benay – Friedrich Kaiser (1814–1874) et le théâtre populaire en Autriche au XIXe siècle, 1993
15. Claudie Villard – L'œuvre dramatique de Lion Feuchtwanger (1905–1948) et sa réception à la scène, 1994
16. Catherine Mazellier-Grünbeck – Le théâtre expressionniste et le Sacré, 1994
17. Raymond Heitz – Le drame de chevalerie dans les pays de langue allemande · Fin du XVIIIe siècle et début du XIXe siècle, 1995
18. Marielle Silhouette – Le grotesque dans le théâtre de Bertolt Brecht (1913–1926) Contribution à l'étude de la genèse d'une dramaturgie expérimentale, 1996
19. Gérard Thiériot – Marieluise Fleisser (1901–1974) et le théâtre populaire critique en Allemagne, 1999
20. Jean Dewitz – De Franz Prüller à Ludwig Thoma · Le «Volkstheater» à Munich (1850–1914), 1999

21. Wolfgang Sabler – Arthur Schnitzler · Ecriture dramatique et conventions théâtrales, 2002
22. Camille Jenn – Pensée politique et création littéraire chez Heinrich von Kleist: *La bataille d'Hermann,* 2001
23. Florent Gabaude – Les comédies d'Andreas Gryphius (1616–1664) et la notion de grotesque, 2004
24. Christine Roger – La réception de Shakespeare en Allemagne de 1815 à 1850 · Propagation et assimilation de la référence étrangère, 2008.
25. Anne Wagniart – Johann Christian Hallmann (1640) et le projet d'un théâtre impérial allemand, à paraître.
26. Thomas Zenetti – Du texte hydre au texte-sphinx · Les inserts dans le théâtre de Heiner Müller, 2007
27. Le Berre Aline, Gabaude Florent, Wellnitz Philippe – Le grotesque, 2012

Série II · Gallo-germanica

1. Jean-Paul Cahn – Le second retour · Le rattachement de la Sarre à l'Allemagne (1955–1957), 1985
2. René Stempfer – Roman baroque et clergé réformé · La *Mythoscopia romantica* (1698) de G. Heidegger. Introduction, traduction, notes, 1985
3. Rémy Colombat – Rimbaud-Heym-Trakl · Essais de description comparée, 1987
4. René Cheval (†) – Le Coq et l'Aigle, 1990
5. François Labbé – Jean-Henri-Ferdinand Lamartelière (1761–1830) · Un dramaturge sous la Révolution, l'Empire et la Restauration, 1990
6. Friedrich Taubert – Französische Linke und Hitlerdeutschland · Deutschlandbilder und Strategieentwürfe (1933–1939),1991
7. Michel Grunewald (dir.) / Jochen Schlobach (Hrsg.). Médiations / Vermittlungen – Aspects des relations franco-allemandes du XVIIe siècle à nos jours / Aspekte der deutsch-französischen Beziehungen vom 17. Jahrhundert bis zur Gegenwart, 1992
8. Yvon Lacaze – La France et Munich · Etude d'un processus décisionnel en matière de relations internationales, 1992
9. Anne-Marie Saint-Gille – Les idées politiques d'Annette Kolb (1870–1967) · La France, l'Allemagne et l'Europe, 1992
10. Hélène Miard-Delacroix – Partenaires de choix? · Le chancelier Helmut Schmidt et la France (1974–1982), 1993
11. Marco Schütz – Rassenideologien in der Sozialwissenschaft, 1994
12. Michel Grunewald / Jean-Marie Valentin (dir.) – Yvan Goll (1891–1950). Situations de l'écrivain, 1994
13. Anne-Marie Saint-Gille (éd.) – La vraie patrie c'est la lumière ! · Correspondance entre Annette Kolb et Romain Rolland (1915–1936), 1994
14. Annette Gautherie-Kampka – Les Allemands du Dôme · La colonie allemande de Montparnasse dans les années 1903–1914, 1995
15. Helga Abret / Michel Grunewald (dir.) – Visions allemandes de la France (1871–1914) / Frankreich aus deutscher Sicht (1871–1914), 1995
16. Yveline Pendaries – Les procès de Rastatt (1946–1954). Le jugement des crimes de guerre en zone française d'occupation allemande, 1995

17. Michel Grimberg – La réception de la comédie française dans les pays de langue allemande (1694–1799), vue à travers les traductions et leurs préfaces, 1995
18. Jean-Paul Cahn – Le parti social-démocrate allemand et la fin de la Quatrième République française (1954–1958), 1996
19. Michael Knauf – Yvan Goll. Ein Intellektueller zwischen zwei Ländern und zwei Avantgarden, 1996
20. Gilbert Merlio / Nicole Pelletier (dir.) – Bordeaux au temps de Hölderlin, 1997.
21. Claude Foucart – Gide et l'Allemagne (1933–1952), 1997
22. Josef Smets – Les pays rhénans (1794–1814) · Le comportement des Rhénans face à l'occupation française, 1997
23. Matthias Müller-Lentrodt – Poetik für eine brennende Welt · Zonen der Poetik Yvan Golls im Kontext der europäischen Avantgarde · Mit einem Rückblick auf 50 Jahre Forschungsliteratur zu Yvan Goll, 1997
24. Michel Grimberg – Die Rezeption der französischen Komödie · Ein Korpus von Übersetzervorreden (1694–1802), 1998
25. Danielle Risterucci-Roudnicki – France – RDA · Anatomie d'un transfert littéraire 1949–1990, 1999
26. Hubert Roland – Die deutsche literarische «Kriegskolonie» in Belgien, 1914–1918 · Ein Beitrag zur Geschichte der deutsch-belgischen Literaturbeziehungen 1900-1920, 1999
27. Jean Schillinger – Les pamphlétaires allemands et la France de Louis XIV, 1999
28. Jean Mondot/Catherine Larrère (dir.) – Lumières et commerce · L'exemple bordelais, 2000

Série III · Etudes et documents

1. Michel Grunewald – Klaus Mann (1906–1949), 1984
2. Michelle Le Bars – Le mouvement paysan dans le Schleswig-Holstein (1928–1932), 1986
3. Jules Keller – Lili Schoenemann, baronne de Turckheim · Lettres inédites, journal intime et extraits des papiers de famille, 1987
4. Marc Cluet – L'architecture du IIIe Reich · Origines intellectuelles et visées idéologiques, 1987
5. Astrid Starck – *Malina:* Lecture plurielle du roman d'Ingeborg Bachmann, 1987
6. Jack Feuillet – Linguistique diachronique de l'allemand, 1989
7. Helga Abret / Aldo Keel (Hrsg.) – Das Kopierbuch Korfiz Holms (1899–1903) · Ein Beitrag zur Geschichte des Albert Langen Verlags und des «Simplicissimus», 1989
8. Liliane Meffre – Carl Einstein et la problématique des avant-gardes dans les arts plastiques, 1989
9. Michel Grunewald (dir.) / Frithjof Trapp (Hrsg.) – Autour du «Front populaire allemand» · Einheitsfront-Volksfront, 1990
10. Claude Miquet – C. M. Wieland, directeur du «Mercure allemand» (1773–1789) · Un dessein ambitieux, une réussite intellectuelle et commerciale, 1990
11. Delphine Bechtel – Der Nister's Work (1907 to 1929) · A Study of a Yiddish Symbolist, 1990
12. Brigitte Desbrière-Nicolas – Identité et appartenance dans l'œuvre narrative de Peter Handke, 1991
13. Jack Feuillet – Linguistique synchronique de l'allemand, 1991

14. Alain Muzelle – L'écriture de Kleist comme élaboration progressive du discours. Une étude stylistique des nouvelles, 1991
15. Gérard Laudin – L'œuvre de Johann Anton Leisewitz jusqu'en 1782, 1991
16. Arlette Camion – Image et écriture dans l'œuvre de Peter Handke (1964–1983), 1992
17. Claude Winkler-Bessone – Les films de Wim Wenders · La nouvelle naissance des images, 1992
18. Bernard Bach – Bibliographie der deutschsprachigen Gegenwartsliteratur im Elsaß, 1992
19. Michel Durand – Les romans berlinois de Clara Viebig (1860–1952) · Contribution à l'étude du naturalisme tardif en Allemagne, 1993
20. Jack Feuillet – Grammaire structurale de l'allemand, 1993
21. Jean Royer – Detlev von Liliencron · Itinéraire et évolution du poète lyrique (18441891), 1993
22. Jean Schillinger – Abraham a Sancta Clara · Pastorale et discours politique dans l'Autriche du XVIIe siècle, 1993
23. Rolf Wintermeyer – Adam Bernd et les débuts de l'autobiographie en Allemagne au XVIIe siècle, 1993
24. Laurent Cassagnau – Utopie et dialogue dans la poésie de Nelly Sachs, 1993
25. Denise Cayla – Errance et points de repère chez Wim Wenders, 1994
26. Université de Toulouse Le Mirail – Les songes de la raison · Mélanges offerts à Dominique Iehl, 1995
27. Jacques Darmaun – Thomas Mann et les Juifs, 1995
28. Anne Besançon – La compréhension de l'allemand, langue et culture, 1995
29. Bernard Bach – Entre peur et révolte · La littérature d'expression allemande en Alsace (1945–1980), 1995
30. Danièle Beltran-Vidal – Chaos et renaissance dans l'œuvre d'Ernst Jünger, 1995
31. Jacqueline Magnou – Robert Musil. De *Törless* à *Noces* ou Le vertige du moi, 1995
32. Claire de Oliveira – La poésie allemande de Roumanie. Entre hétéronomie et dissidence (1944–1990), 1995
33. Sylvaine Reb – L'Aufklärung catholique à Salzbourg (1772–1803) · L'œuvre réformatrice de Hieronymus von Colloredo, 1995
34. Anne-Marie Corbin-Schuffels – Manès Sperber · Un combat contre la tyrannie (1934–1960), 1996
35. Anne-Marie Baranowski – Conquête du mouvement et recherche de soi · L'imaginaire de Karl Philipp Moritz, 1996
36. Serge Botet – Langue, langage et stratégies linguistiques chez Heidegger, 1997
37. Elfie Poulain – La recherche de l'identité sociale dans l'œuvre de Siegfried Lenz · Analyse de pragmatique romanesque, 1996
38. Eric Leroy du Cardonnoy – Les «Réflexions» d'Elias Canetti · Une esthétique de la discontinuité, 1997
39. Hélène Yèche – L'œuvre romanesque de Christoph Hein · De la provocation au dialogue, 1997
40. Jules Keller – Aus dem Alltagsleben einer Frankfurter Goethe-Freundin · Unveröffentlichte Briefe der Anna Elisabeth Schönemann geborene d'Orville an ihre Tochter Lili in Straßburg (1778–1782), 1997

41. Eric Guillet – Le roman picaresque en RDA, 1997
42. Françoise Lartillot – Le lieu commun du moi · Identité poétique dans l'œuvre d'Ernst Meister (1911–1979), 1998
43. Christine Jacquemard-de Gemeaux – Ernst Robert Curtius (1886–1956) · Origines et cheminements d'un esprit européen, 1998
44. Jean-François Candoni – La genèse du drame musical wagnérien · Mythe, politique et histoire dans les œuvres dramatiques de Richard Wagner entre 1833 et 1850, 1998
45. Valérie Le Vot – Des livres à la vie · Lecteurs et lectures dans le roman allemand des Lumières, 1999
46. Herbert Holl – La fuite du temps / «Zeitentzug» chez Alexander Kluge · Récit. Image. Concept, 1999
47. Fred Fischbach (†)/Franck Fischbach (éd.) – Hanns Eisler · Le musicien et la politique, 1999
48. Marie-Hélène Quéval – Les Paradoxes d'Eros ou l'Amour dans l'œuvre de Johann Christoph Gottsched, 1999
49. Stéphane Pesnel – Totalité et fragmentarité dans l'œuvre romanesque de Joseph Roth, 2000
50. Isabelle Chopin – Albin Zollinger · Entre politique et poésie (1933–1939), 2000
51. Ralf Zschachlitz – «Epiphanie» ou «illumination profane»? · L'œuvre de Peter Handke et la théorie esthétique de Walter Benjamin, 2000
52. Norman David Thau – Romans de l'impossible identité · Etre juif en Europe occidentale (1918–1940), 2001
53. Pascal Fagot – Mémoires et regards · Le thème de la Pologne dans la prose littéraire allemande (1949–1990), 2001
54. Christian Merlin – Le temps dans la dramaturgie wagnérienne · Contribution à une étude dramaturgique des opéras de Richard Wagner, 2001
55. Nicole Durot – Ludwig Thoma et Munich · Une contribution à la vie sociale, politique et culturelle à Munich au tournant du siècle, 2007
56. Jean-Michel Pouget – La science goethéenne des vivants · De l'histoire naturelle à la biologie évolutionniste, 2001
57. Fabienne Malapert – Friedrich von Logau (1605-1655) · L'art de l'épigramme, 2002
58. Jules Keller – Die jenseitige Welt ist nicht verschlossen · Das Elsass in der Tradition der volkstümlichen Geistergeschichten aus dem 18. und 19. Jahrhundert, 2001
59. Danielle Brugière-Zeiß – *Seelewig* de G. Ph. Harsdörffer et S. Th. Staden (1644): un opéra? · Un projet pastoral original entre musique et littérature, 2003
60. Alain Bideau – Paul Gerhardt (1607-1676) · Pasteur et poète, 2003
61. Barbara Lafond-Kettlitz – De l'amour courtois à «l'amour marié» · Le roman allemand (1456-1555), 2005
62. Jacques Fabry – Johann Heinrich Jung-Stilling (1740–1817) · Esotérisme chrétien et prophétisme apocalyptique, 2003
63. Elisabeth Rothmund – Heinrich Schütz (1585–1672): Kulturpatriotismus und deutsche weltliche Vokalmusik, 2004
64. Eric Chevrel – Les romans de Heimito von Doderer · L'ordre des choses, du temps et de la langue, 2008
65. Régine Atzenhoffer – Écrire l'amour kitsch · Approches narratologiques de l'œuvre romanesque de Hedwig Courths-Mahler (1867–1950), 2005

66. Jean-Claude Colbus – La *Chronique* de Sébastien Franck (1499–1543) · Vision de l'histoire et image de l'homme, 2005
67. Cécile-Eugénie Clot – Kleist épistolier · Le geste, l'objet, l'écriture, 2008
68. Konrad Harrer – Souveraineté et impuissance dans l'œuvre de Robert Walser, 2008
69. Frédéric Teinturier – «Zwischenfälle, die manchmal das Beste waren.» Heinrich Mann et la nouvelle · Pratiques d'un genre entre roman et théâtre, 2008
70. Gilles Buscot – Pouvoirs et fêtes princières à Fribourg-en-Brisgau (1677–1814), 2010
71. Catherine Gouriou – Du fatum au divin. Le mythe dans l'œuvre d'Alfred Döblin (1935-1957), 2012
72. Anne-Sophie Gomez – L'écriture de l'espace dans l'œuvre de Thomas Bernhard et de Paul Nizon · Essai de poétique comparée, 2013
73. Aurélie Le Née – La poésie de Friederike Mayröcker – une «œuvre ouverte» · Essai d'introduction, 2013
74. Marion Dufresne – L'ennemi de la mort · Le combat perpétuel d'Elias Canetti, 2014

Série IV · Bilans et enjeux

1. Fernand L'Huillier – L'Allemagne de 1830 à nos jours · Une problématique de l'unité, 1985
2. Henri Ménudier – Système politique et élections en République fédérale d'Allemagne, 1986
3. Marc Lengereau – Les frontières allemandes · Frontières d'Allemagne et en Allemagne. Aspects territoriaux de la question allemande, 1990
4. Nicole Gabriel – L'assemblée des femmes. L'organisation féminine du SPD, 1992
5. Brigitte Luck-Lestrade – Le travail intérimaire en République fédérale d'Allemagne (1967–1982) · Analyse d'un échec programmé, 1995
6. Bakyt Alicheva-Himy – Les Allemands des steppes · Histoire d'une minorité de l'Empire russe à la CEI, 2005

COLLECTION

CONTACTS

Nouvelle série

Directeur : Jean-Marie VALENTIN, Sorbonne / Institut Universitaire de France

Créée en 1984, cette collection, forte de 136 titres déjà parus, diffuse des travaux issus de recherches conduites dans les départements d'études germaniques des universités françaises. L'arc chronologique va du XVIIe siècle baroque à l'actualité la plus immédiate. Est privilégiée l'étude des textes et des modes d'écriture dont il s'agit de mettre en valeur le potentiel d'innovation. La pluralité des méthodes mises en œuvre vise à rendre compte de l'apport des textes considérés aux différents genres et discours selon aussi le contexte d'histoire littéraire ou des idées dans lequel ces productions s'inscrivent.

Une place particulière est faite aux enquêtes sur le théâtre depuis le XVIIIe siècle, abordé également du point de vue de la *performance*, ainsi qu'aux relations littéraires et culturelles (parallèles, transferts, réception) entre la France et le monde germanique.

Pour toute proposition nouvelle, s'adresser à jmedvalentin@gmail.com

1. Emmanuelle Terrones – Récits mythiques – Récits modernes. La Mythologie antique dans le roman contemporain de langue allemande, 2016
2. Sandie Attia – Signes et traces dans l'œuvre poétique de Günter Eich, 2017
3. Jean-Michel Pouget (éd.) – Conflit et coopération France – Allemagne, XIXe-XXe siècle. Mélanges en l'honneur d'Anne-Marie Saint-Gille, 2017

www.ingramcontent.com/pod-product-compliance
Ingram Content Group UK Ltd.
Pitfield, Milton Keynes, MK11 3LW, UK
UKHW021901290926
8980IPUK00015B/996

9 783034 326230